山陽本線126駅

降りて、見て、歩いて、調べた

鼠入昌史

イカロス出版

降りて、見て、歩いて、調べた 山陽本線126駅

CONTENTS

はじめに

新幹線を除いて、我が国の鉄道における大動脈といったら何か。筆頭が東海道本線であろうことは、衆目の一致するところだろう。東京・名古屋・大阪という三大都市を結んでいるのだから、ケチのつけようがない。では、東海道本線に次ぐ大動脈はどうだ。東北本線や鹿児島本線といった路線を候補に挙げる人もいるかもしれないが、やはりこちらも大多数は山陽本線に票を投じるのではないかと思っている。

そんなわけで、今回は日本で第二の大動脈たる山陽本線を端から端まで旅をした。数年前に東海道本線の各駅を訪れる旅をしたから、それに続けて山陽道を進んでいくというのも格好がつくというものだろう。

山陽本線は東海道本線の終点・神戸駅を起点にして一路西を目指す。古い街道でいえば西国街道、国道ならば国道2号、高速道路ならば山陽自動車道。忘れていたが、新幹線ならもちろん山陽新幹線とほぼ同じ役割を持っている。異国情緒溢れる港町からはじまってほとんどトンネルもなく、時には海を見ながら、時には山の中に分け入って、最後は世界初の海底トンネル・関門トンネルで九州に渡って終わりを迎える。

その途中には天下の世界遺産、白鷺城の姫路や桃太郎と後楽園で有名な岡山、造船の町の尾道、カープとお好み焼きの広島、捕鯨とふぐの下関などがある。工業都市の福山や徳山も外せない。どれもこれも名高い都市で、誰もがこれらのどこかには訪れたことがあるだろう。

しかし、もちろんそうした町ばかりではない。

東海道本線の旅でもそうであったように、ほとんどの駅が名もない小さな町の小さな駅である。よほどマニアックな人でもなければなかなか観光で訪れることもない。むしろ、聞いたこともないような町や駅ばかりが続く。だからツマラナイ、退屈だと言われたらそれまでなのだが、どんなに小さくて地味な駅であっても、駅があればお客がやってくる。かならずそこに、物語があるものだ。

山陽本線は、東海道本線の続きのような路線でありながらも成り立ちからしてまったく性質が異なっている。すべて国の手によって建設された東海道本線に対し、山陽本線は末端の下関～門司間以外は私鉄の山陽鉄道によって建設された。1888年11月1日に兵庫～明石間で開通したのを皮切りに、1901年に下関に到達した。そして寝台列車や食堂車、ステーションホテルなどいくつもの先進的な取り組みも行った。その多くがのちの国鉄にもそのまま取り入れられて、標準的なサービスになっていった。日本の鉄道の礎を築いたのが山陽鉄道、山陽本線だといっていい。

もちろんそうした山陽鉄道時代の面影はほとんど残っていない。残っていないといっても線路そのものは山陽鉄道が通した場所を踏襲しているのだが、それ以外はすっかり姿を変えている。

中には古い木造駅舎もあるし、真新しい橋上駅舎もある。どちらがいいとか悪いとかではなく、それぞれの駅と町が刻んできた100年以上の歴史がそこに詰まっているということだ。

……などと、ちょっとそれっぽいことを書いてみたが、東海道本線の旅と同じく山陽本線の旅は過酷なものであった。駅に行くだけだから楽しいでしょう、などと友人に言われた。行くだけならば確かに楽しいが、どんな駅でも何かを書かねばならないからそのネタを拾わなければいけない。各駅の滞在時間は短かったが、なんだかんだで頭をフル回転させていたから疲労困憊である。

ちなみに、駅には線路を挟んで両サイドがあるのだが、本書では特に必要のない限りは海側・山側と表現することにした。海側は瀬戸内海側、つまり下り電車に乗って進行方向左側。山側は中国山地側で、進行方向右側だ。その点はあらかじめご了承いただけるとありがたい。

さて、そろそろ旅の記憶を引っ張り出して、126駅を再び文章に綴る旅をはじめねばならぬ。スタートは、東海道本線の旅を締めくくった神戸駅。数年前に訪れたときの神戸駅と、2021年の神戸駅、何か変わっているところはあるのだろうか……。

宝殿
加古川
東加古川
土山
魚住
大久保
西明石
明石
朝霧
舞子
垂水
塩屋
須磨
須磨海浜公園
鷹取
新長田
兵庫
神戸

第1章 アーバンネット神戸

港町のターミナルの面影は

1 神戸

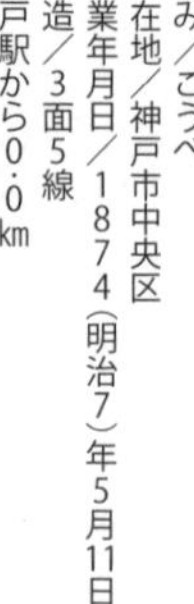
読み／こうべ
所在地／神戸市中央区
開業年月日／1874（明治7）年5月11日
構造／3面5線
神戸駅から0・0㎞

1930年建築の神戸駅舎

家に帰るまでが遠足です

DNAレベルでこの言葉がすり込まれているおかげで、日本人は旅に出ても帰宅するまで気を抜かない習性が身についている。

年末年始をふるさとや行楽地で過ごしたファミリーでも、後部座席で疲れ切って眠りこけている子どもたちを尻目にお父さん（もちろんお母さんでもいいんですよ）は眠気防止のあの手この手を繰り出して、体力の限りを振り絞ってハンドルを握り続ける。すぐ次の日から仕事が始まるというのに。まさに、「家に帰るまでが遠足」と耳にたこができるほど言われてきたおかげ、義務教育の勝利なのである。

ただ、ありがたい教えではあるが、画竜点睛を欠いているとも思っている。遠足はいつから始まっているのか。〝終わり〟を明確に定義するならば、〝始まり〟も教えてほしい。家を出るときからなのか、集合した時点がはじまりなのか。それとも旅のプランを練り上げて気持ちを高めているときからすでにはじまっているのか。

今回の旅は、山陽本線を全駅訪れる。となると、神戸駅がスタート地点である。だから旅の始まりは神戸駅、と言いたいところだが、果たしてそれは本当なのだろうか。

……などとくだらないことを考えながら、新大阪駅から新快速に乗っていたら神戸駅に着いた。意外とあっという間である。旅の始まりがいつからなのかを考えていいのは本当の旅が始まるまで。神戸駅に着いてしまったら、もう本当に始まっているのだから始まりがいつなのかはもはやどうでもいい問題である。

ただ、神戸駅に降り立ってちょっと気になった。神戸駅って、旅の始まりにふさわしい雰囲気ではないのである。

山陽本線の起点でありながらも実質上は大阪〜姫路間のJR神戸線の途中駅になっていること。京阪神の看板列車「新快速」デビュー時には停車駅に選ばれなかったこと。神戸という大都市の名を頂きながらも事実上の神戸市のターミナルは三ノ宮駅であること。山陽鉄道が現在の山陽本線を建設したとき、最初の起点は神戸駅ではなく兵庫駅だったこと。

理由はいくつかあるだろう。いずれにしても、神戸駅は古めかしい駅舎に相反して「さあ、旅の始まりの駅だ」という雰囲気には乏しい。

はじまりはいつも雨

神戸駅は1874年に開業した。新橋〜横浜間に次ぐ日本で2番目の鉄道であった官設鉄道大阪〜神戸間の終着駅として開業している。1889年には山陽鉄道が乗り入れ、現在の山陽本線の起点となった。

1930年には駅を高架化。それに伴って営業を開始したのが、現在の神戸駅の駅舎である。いまでも神戸駅の構内を歩けば往年の港町・神戸の玄関口たるターミナルの空気を感じることができる。その点で言うと神戸駅は古き港町の面影をとどめているということになる。

さらに神戸の駅舎は西側を正面にして建っている。西口の駅前広場に出ると、風に揺られて動く大きなモニュメント。これもなんとなく港町っぽいといえばそうだ。

だかしかし。これだけをもって、「神戸駅は日本の近代化を支えた異国情緒溢れる港町の玄関口なんですよね！」と盛り上がることは難しい。「ふーん、昔ながらの雰囲気もあって、いい駅じゃないの」くらいが精一杯だ。

西側の駅舎正面の広場とて、海側ではなく山側である。駅前広場から少し先の多聞通を渡ると、湊川神社という立派な神社が鎮座している。この神社は皇居前広場でもおなじみの楠木正成を祀る神社だ。

楠公マニアの諸君ならばこれ以上語らずともわかるだろう。湊川とは神戸市内を流れる川で、1336年には南朝方の楠木正成・新田義貞軍と北朝方の足利尊氏軍がここで激突（湊川の戦い）。戦いに敗れた楠木正成はこの地で自害して果てた。まさに歴史の1ページ、大河ドラマ『太平記』では36話と37話の二回にわたって描かれた大事件である。神戸の駅前は、そんな歴史の舞台であった。

が、別に難癖をつけるつもりはないが、〝異国情緒と港町〟という神戸のイメージとは少し違う。神戸が大都市へと発展したのは幕末の開港がきっかけだから、今の神戸の街と湊川の戦いや楠木正成はあまり関係がない。太平記マニアの諸君にとっては聖地であっても、港町らしさを期待してやってきた旅人にとっては期待外れである。

それならば、駅舎の正面たる西側、つまり山側ではなく海側に出てみるべきであろう。

神戸駅の東側には、神戸ハーバーランドという巨大商業施設が建ち並ぶ繁華街になっている。横浜でいうとみなとみらい地区をイメージしてもらえばいいだろうか。ハーバーランドの名は港町・神戸のイメージからそのまま頂いたようなものだから、まさしくこれをもって港町・神戸と結論づけてもよさそうだ。

しかし、そう簡単な話でもない。この神戸ハーバーランドが〝街びらき〟したのは1992年のことだ。神戸の街がもっとも異国情緒溢れる港町だった近代のはじめからだいぶ時が経ってからなのだ。

ではそれ以前の神戸ハーバーランドには何があったのか。かつて、この地には湊川駅という広大な貨物駅が広がっていた。そしてその先の海側には倉庫街があって、高浜岸壁に直結していた。神戸市内にはほかにも神戸港駅という貨物専用の駅があったが、それと並ぶ神戸の貨物集積地だった。倉庫街やすぐ南にあった川崎重工の工場への専用線も伸びていて、その様相

神戸駅の山側にある駅前広場

は港湾都市であると同時に工業都市でもある神戸という街を象徴するものだったのである。

湊川駅は貨客分離によって1928年に神戸駅から独立して誕生した（正確には長らく同一駅扱いで、正式に独立したのは1961年のことだ）。以来、神戸港駅とともに神戸の貨物輸送の拠点となっていたが、鉄道貨物の衰退によって役割を終え、1982年限りで貨物駅としての機能を停止している。その跡地の再開発によって生まれたのが、神戸ハーバーランドというわけだ。

海側にはハーバーランド

神戸駅という、山陽本線の起点でありながらもどうにも地味な印象が否めない駅の存在を語るとき、1930年以来の古い駅舎や西側の駅前広場とその先の湊川神社、さらに商業地としてのハーバーランドだけでは不十分である。1928年から1982年まで、すなわち半世紀あまり存在していた湊川駅という貨物駅の存在にも目を向けねばならぬ。そうすれば、神戸駅は〝異国情緒と港町〟の神戸ではなく、〝工業港湾都市〟としての神戸の街をみごとに体現していた駅だったことが見えてくる。そこに南北朝の歴史もアクセントに加われば、思った以上に魅力的な駅なのだ。90年を超える神戸の駅舎は、そうした歩みを見つめ続けてきたのである。

さて、そんな神戸駅から旅をはじめよう。雨男を自認する筆者のことだ。神戸駅前には夏の雨が降っていた。旅の始まりは、雨なのだ。

山陽本線、真の起点はここにあり

2 兵庫

読み／ひょうご
所在地／神戸市兵庫区
開業年月日／１８８８（明治21）年11月1日
構造／3面5線
神戸駅から１・８㎞

兵庫駅も神戸駅と同じ1930年完成の駅舎

親方日の丸への乗り入れは難しい

今回の旅のはじまりは神戸駅であった。

しかし、本当の意味での山陽路のはじまりということでいえば、この兵庫駅の方がふさわしいといっていい。それは、兵庫駅が山陽本線建設の起点であったからだ。

ここで山陽本線の歴史を振り返ろう。

山陽本線は、民営鉄道の山陽鉄道によって１８７４年11月１日に兵庫～明石間で開通したのがはじまりである。同年の12月23日には姫路駅まで延伸。その後も延伸を繰り返しておよそ四半世紀、１９０１年に馬関（現・下関）までの開通を果たした。

山陽鉄道が主役なのはここまでで、１９０６年に国有化され、戦時中の１９４２年に関門海峡が開通して現在の山陽本線が完成している（岩徳線が一時的に山陽本線に編入されていたとか、そういう話は横に置いておく）。

と、山陽本線の歩みをごく簡単にまとめてみた。ここでお気づきになるだろうか。山陽本線は、現在の起点の神戸駅ではなく、最初は兵庫駅を起点として開業したのである。

なぜ兵庫駅を起点としたのか。

神戸駅は官営鉄道の駅である。天下の親方日の丸である。「俺たち鉄道つくるからお宅のところに乗り入れますね」などと気軽には言えなかったのだろう。いや、言えたとしても神戸駅の一角に山陽鉄道のホームと線路を設けねばならず、簡単なことではない。

そこで、一旦兵庫駅を起点として開業し、状況が整ってから改めて神戸駅に乗り入れて起点とするということになったのだろう。山陽鉄道の神戸駅乗り入れは、開業翌年の1875年のことである。

こうした歴史を踏まえると、山陽鉄道は兵庫駅を起点として西側の区間と官営鉄道に結ぶべくひと駅だけ東に伸びた区間から構成されていると捉えていいのではないか。この点において、山陽本線の旅の起点は兵庫駅であるとも言えるのである。

かくのごとく、1874年に開業した兵庫駅。現在の駅舎は高架化にあわせて1930年に完成した歴史のあるものだ。お隣の神戸駅も、ターミナルの三ノ宮駅も長い歴史を持つ駅舎。空襲も阪神淡路大震災も乗り越えて、よくぞ無事にいまに残ってくれたものだと思う。

むき出しのコンクリートが白く輝き、駅前広場の車寄せに向かって庇を伸ばす。コンコースには丸柱が印象的に使われて、ホームに向かう階段も実に立派なしつらえだ。

せっかくの駅舎の正面に「自転車進入禁止」と赤い注意書きが掲げられているのはどうにも残念であるが、きっと駅の東西を自転車で駆け抜けようとする不埒ものが多かったのだろう。

コルビュジエの香りを漂わせ

東京に住んでいる立場からすると、この駅舎の外観はどことなく御茶ノ水駅に似ていると感じる。神戸駅や三ノ宮駅にも似た雰囲気があるが、やはり白いむき出しのコンクリート外壁は御茶ノ水駅を思わせる。

これは不自然なことではなく、設計したのがともに伊藤滋という建築家なのだ。

伊藤滋は大正から昭和にかけて、神戸駅や御茶ノ水駅以外にも多くの駅舎の設計を手がけた。長距離列車の利用者を優先し、乗車口と降車口を分けてターミナルには中央に皇族などＶＩＰの専用出入り口を設ける。そんな明治時代の駅舎の設計を大きく転換して庶民のための駅を生み出した功績者だ。

まあそういうわけで、兵庫駅が御茶ノ水駅に似ているのはごく自然なことなのである。

そんな昭和モダン漂う兵庫駅だが、その役割の中心は〝工業都市・神戸の駅〟としてのそれであった。

1890年には和田岬方面に向かう支線が開通する。いにしえの貨物支線は多くがのちに廃止されてしまったが、この支線は今でも現役で和田岬線などと通称される。終点（というか1駅区間しかないが）の和田岬駅の近くには三菱重工や三菱電機の工場が広がる。根元の兵庫駅の近くには川崎重工の工場だ。

今でこそ和田岬線は旅客専用の路線だが、かつてはこうした工場への専用線も分かれていて、工業地帯への貨物路線としての意味合いが強かった。現在でも和田岬線のダイヤは朝夕の通勤時間帯に列車が集中し、日中は7時間以上も運転間隔が開くという純然たる工場への通勤路線になっている。だからいまも和田岬線は〝工場路線〟であり続けているといっていい。

ちなみに、和田岬駅はこうした事情から一般の人が気軽に訪れることが極めて難しい存在になっていた。だが、2001年に神戸市営地下鉄海岸線が開通して和田岬駅も開業すると状況が変わり、和田岬駅は〝JRでは大変だけど地下鉄ならいつでも行ける駅〟に生まれ変わっている。

ともあれ、このように兵庫駅はそのモダンな駅舎とは反対に無骨な工業都市の中の駅であった。東側の貨物施設がキャナルタウンに生まれ変わった今では無骨なイメージはほとんど消え失せて、高層のマンションなどもあるような街の中の駅になっている。街の雰囲気が駅に追いついてきた、といったところだろうか。

再開発で生まれた海側の駅前広場

長田区を代表するターミナルだ

3 新長田

震災から復興、長田区最大のターミナル

読み／しんながた
所在地／神戸市長田区
開業年月日／1954（昭和29）年4月1日
構造／2面2線
神戸駅から4.1km

ビルのまちにガオー

神戸市中央区の神戸駅にはじまる山陽本線は、兵庫区の兵庫駅を出るとすぐに長田区に入る。長田区でいちばんお客の多い駅が、山陽本線の新長田駅である。

長田区は神戸市9区の中で唯一人口10万人を下回り、面積もいちばん小さい。だが、人口密度はナンバーワンだ。つまりどういうことかというと、狭いながらもそこにたくさんの人が住んでいるというわけだ。

区内でいちばんお客の多い新長田駅も、その周りには商業施設（東急スクエアもある）があって、背の高いマンションが駅を取り囲む。さらに少し歩けば小規模の住宅がびっしりと連なって、人口密度の高さをうかがわせる街並みが続いている。

新長田駅の駅舎は、1996年に完成した比較的新しい駅舎である。1995年の阪神淡路大震災で長田区内は大きな被害を受けており、区内だけでも倒壊・焼失家屋は2万8600棟におよび、900人を超える人の命が失われた。

新長田駅の駅舎も被災、駅舎もホームも倒壊してしまった。1月17日の震災当日から約半月後の同月30日には山陽本線神戸～須磨間の運転が再開されたが、3月に仮設ホームが設けられるまでは全列車が新長田駅を通過していたほどだ。現在の駅舎は、約1年かけて再建したものである。

街の風景も大きく変わった。人口密度の高い住宅地であることは変わらないが、住宅地や商業地の多くは焼失し、今の街はそのあとに再建された姿。駅の近くの防災拠点を兼ねた公園には、鉄人28号の像が建つ。原作者の横山光輝が当地出身だからということで、街の新たなシンボルとして2009年に完成したものだ。

鉄人28号のマンガが連載されていた当時の新長田は、どういう街だったのだろうか。ここで少しだけ昭和30年代にタイムスリップしてみよう。

その頃は、ちょうど新長田駅が開業した直後にあたる。明治時代のこのあたりは田園地帯に過ぎず、今のような都市らしさはまったく持っていなかった。長田区、長田という街の中心は、現在の長田駅（神戸市営地下鉄西神・山手線）の周辺。少し北には長田神社があって、その門前町がルーツなのだろう。戦前、まだ駅のなかった新長田駅付近は駒ヶ林地区と呼ばれていた。

新長田の町を守ってくれる

ところが明治の終わり頃の区画整理を経て駒ヶ林地区の人口は急増していく。戦後、在日外国人も多く暮らす街となり、コリアンタウンとしての側面も持ち始める。中小の工場も多数誕生し、中でも盛んになったのはケミカルシューズ。大阪を食い倒れ、京都を着倒れ、そして神戸を履き倒れの街として特徴付ける言い方があるが、それは新長田駅付近で盛んなケミカルシューズの生産によるものだ。駅の少し北側には巨大なハイヒールの靴のオブジェが目を引くシューズプラザという商業施設も建っている。こうした人口急増の中で、1954年に新長田駅が開業したのである。

後発の市街地・新長田周辺は大きく分類すれば〝下町〟ということになる。神戸の六甲山地沿いの丘陵地には高級住宅地が多いことも有名だが、下町としては新長田周辺がいちばんだ。

ここで、新長田という駅名がナゾになってくる。確かに、長田区内においては新しい街であることは揺るがない。揺るがないが、ならば長田駅が長田区内に先行してあったはずだ。現在、長田区の中心（長田区役所に近い）には確かに長田駅がある。神戸市営地下鉄と神戸高速鉄道の長田駅だ（神戸高速鉄道は高速長田駅という）。しかし、どちらも新長田駅よりも開業が遅い。新長田駅は古いのに〝新〟なのだ。

新長田駅が開業した1954年の時点で、長田区内に先行していた〝長田駅〟は2つあった。ひとつは神戸電鉄の長田駅。1928年に開業している。が、こちらは長田区内ではあっても六甲山地にとりついた場所にあって、区の中心に近いとは言いがたい。

もうひとつは山陽電鉄の長田駅だ。1910年、山陽電鉄本線が兵庫電気軌道と呼ばれていた時代に開業しており、駅の移転や経営体制の変更などを経て1933年に山陽電鉄の駅となっている。その場所は、現在の長田駅（高速長田駅）に近い。

つまり、天下の国鉄の新駅たる新長田駅は、地方の小私鉄（それもはじまりは鉄道ではなく〝軌道〟であった）の山陽電鉄に遠慮して〝新〟を冠したということになる。かつて、愛媛県において伊予鉄道から松山駅の名を奪ったほどの国鉄が、ずいぶんと遠慮深いことである。

駅舎の外壁にはSLの顔も

4 鷹取

山陽鉄道鷹取工場に併設されて誕生

読み／たかとり
所在地／神戸市須磨区
開業年月日／1900（明治33）年4月1日
構造／1面2線
神戸駅から5.1km

鉄道の町の面影はいずこへ

鷹取駅は、鉄道の町の駅である。

それはホームに立つだけでわかる。すぐ目の前にはいくつものコンテナが並んでいて、また和田岬線沿線にある川崎車両兵庫工場で生み出された車両はいったんこの駅まで回送されてから発送されていく。

つまり、それほど大きくはないが、鷹取駅は神戸貨物ターミナルという貨物駅と同じ場所にある駅なのだ。駅名は違うが、事実上は貨物と旅客が併設された駅といっていい。

この神戸貨物ターミナル駅、現在の形で開業したのは2003年のこと。そしてその少し前の2000年には、同じく鷹取駅の北側にあったJR西日本鷹取工場が閉鎖されている。

新たにやってきた神戸貨物ターミナル駅はそれまで神戸の貨物輸送の拠点だった神戸港駅からの事実上の縮小移転である。90年代の終わりから00年代のはじめにかけて、神戸市内においてダイナミックな鉄道施設の移転劇が行われたのであった。

この移転劇を理解するには、まずは時計の針を19世紀最後の年、1900年まで巻き戻さねばならない。

1900年3月1日、当時はまだ山陽鉄道だった時代。神戸郊外の田園地帯だった現在の鷹取駅付近に鷹取工場が開場する。工場名の由来は少し北にそびえる独立峰の高取山からとったものだという。

以降、国鉄からJRへと引き継がれ、長きに渡って蒸気機関車から電気機関車、そして電車に客車とあらゆる鉄道車両の検修を担い続けてきた。

鷹取駅はこの鷹取工場に遅れること1か月、1900年4月1日に開業した。その頃の駅周辺といったら、鷹取工場以外にはなにもなかった。少し離れた海岸沿いには駒ヶ林の集落があったが、鷹取駅がその集落のために生まれた駅とはまったくいえない。すなわち、文字通りに鷹取工場で働く職員たちのための駅として開業したのだ。

そこに大正末から昭和のはじめにかけて、神戸の市街地はどんどん拡大していって、鷹取駅付近もすっかり飲み込まれていく。

海沿いに石油の備蓄基地が設けられると、鷹取駅からの専用線も分岐した。この専用線はずいぶん前になくなったが、駅南口には線路端から絶妙なカーブをする道路がある。古い地図と見比べながら歩いてみると、どうやら専用線の廃線跡のようだ。この廃線跡の道路はすぐに市街地の中に消えてしまってわずか1分ほどの短い短い廃線散歩。それでも、鷹取が今以上に鉄道の町だった頃の面影をほんの少しだけ感じることができる。

そんな歴史と伝統の鷹取工場が貨物ターミナルに衣替えしたきっかけは、1995年の阪神淡路大震災である。この震災では、鷹取工場も大きな被害を受けている。そうした中で、神戸市が駅前一等地という鷹取工場を市街地復興事業の対象地に充てたいという意向もあって、2000年で工場を閉鎖。工場としての機能は他の車両所に移管されて100年の歴史に幕を下ろしたのである。

鷹取工場の跡地は、いまではすっかり住宅地や小学校に生まれ変わっていて、その面影を感じることはほとんどできない。

カーブが特徴的な専用線の跡

ヨットをモチーフにしたデザインなのか

短い駅間は平成生まれの新生ターミナル

５ 須磨海浜公園

読み／すまかいひんこうえん
所在地／神戸市須磨区
開業年月日／２００８（平成20）年3月15日
構造／1面2線
神戸駅から６・０㎞

海はどこにあるか

この山陽本線の旅は、乗ったり降りたりの繰り返しである。１駅ごとに降りて、また乗って、また降りて。これが永遠と続く途方もない旅である。

そうなると、ほとんど疲れを癒やすタイミングがない。都市部の駅であったら駅前にドトールコーヒーのひとつもあるが、いちいち立ち寄っていては先に進まないし、かといって電車で座って少し休むようなこともままならない。だから、駅と駅の間がちょっと離れているだけでもありがたいのだ。

ところが、である。鷹取駅から須磨海浜公園駅までは、そのわずかな休息を一切許してくれない。何しろ、駅間距離はわずか０・９㎞。時間はたったの１分だ。鷹取駅からわざわざ腰掛けていたら立つ・座るの動作でかえって疲れが増してしまう。

そんなあっという間の須磨海浜公園駅は２００８年に開業したばかりの新参駅だ。鷹取駅が１９００年、お次の須磨駅が１８８８年の開業。どちらも揃って明治生まれである。その古参駅に挟まれて、駅間距離も短い須磨海浜公園駅は平成生まれ。

そしていかにも平成生まれらしく、海浜公園などというハイカラな名前を持っている。明治生まれのおじいちゃんには「そんなふざけた名前はケシカラン」と思われているのか。それとも、玄孫レベルの平成生まれの後輩だから、あたたかく見守っているのか。ま、駅に人格なんてないのだからどうでもいいのだが、とにかく須磨海浜公園駅はお隣平成生まれの歴史の浅い駅なのである。

新しい駅で駅の外に出ると海浜公園、つまり白砂青松の砂浜が広がっているのではないか。

鷹取駅からわずか1分の電車の中で、こんな期待を膨らませて須磨海浜公園駅で降りた。するといきなり期待は裏切られた。駅に到着する前から車窓に海が見えないのだから期待するほうがバカなのだが、とにかく海浜公園の名に反して駅前に海も砂浜もない。

それどころが、駅舎と駅前ロータリーがあるのは海とは反対の山側だ。この駅の北東方面、鷹取駅付近に鷹取工場があって、その引込線がいまの須磨海浜公園駅あたりまで伸びていたから、山側のほうが開発の余地があったということなのだろうか。駅のまわりはマンションにスーパーマーケット、あとは戸建ての住宅街が広がるばかり。海浜公園らしさはまったくない。海、どこにあるの……。

山側ばかり歩いていても海がないのは当たり前なので、海側に向かう。橋上駅舎なので出入り口が海側にもあるのはありがたい。が、ロータリーのある山側に対して海側は線路に沿った道路に向かって直接階段が下っているだけで、広場のようなものは存在しない。住宅地の中に駅舎の出入り口だけが突き出ているような形になっているのだ。

どうしても海を見たければ、海側の出入り口から住宅地の中をしばらく歩き、国道2号を渡った先に行けばよい。駅から海はまったく見えないが、歩けば10分程度の道のりだ。国道2号を渡ると須磨海浜水族園。その先にようやく砂浜が見えて、須磨海水浴場が広がっている。ヨットハーバーもあって、〝海の町〟たるモボ・モガに愛された神戸らしさがちょこっとだけ垣間見える。

南口は海ではなく路地

駅前がすぐに海水浴場

駅直結の海水浴場、白砂青松の瀬戸内海

6 須磨

読み／すま
所在地／神戸市須磨区
開業年月日／1888（明治21）年11月1日
構造／2面4線
神戸駅から7.3km

下天のうちもくらぶれば

朧月夜との逢瀬が発覚した光源氏は暇乞いをして都から落ちた。流れた先が、須磨である。

と、とてつもなくかいつまんだが、須磨は『源氏物語』にも登場する。『源氏物語』だけではない。百人一首には「淡路島 かよふ千鳥の鳴く声に いく夜寝覚めぬ 須磨の関守」と詠まれているし、大宰府に流された菅原道真は道すがらに須磨に立ち寄り、道真を慕った松の木が京から須磨まで飛んできた、などという言い伝えも残る。

史実においても古代西国街道の須磨関が設けられた要衝で、平安末期には源平合戦のハイライト、逆落としの一ノ谷の戦いの舞台にもなった。平敦盛が熊谷直実に討ち取られた場面は『平家物語』の見せ場のひとつ。織田信長でおなじみ人間五十年～は、このエピソードをもとにして生まれた幸若舞『敦盛』の一節である。須磨寺には敦盛が愛用した青葉の笛が収められている。

このように、どちらかというと古代から中世にかけての歴史が息づく須磨の町。その中核にあるのが、山陽本線の須磨駅だ。

六甲山地西端の高倉山や鉢伏山、鉄拐山が急斜面になって海に落ちる際にあり、ごくごく狭い海際の平地を山陽本線と山陽電車が並んで通る。

須磨駅の橋上駅舎からロータリーのある北側に出て、少し歩いて国道2号を渡った先が山陽電車の山陽須磨駅だ。歩いてみてもわずか5分といったところか。

山陽電車側、北側も落ち着いた雰囲気の街並みでどことなく気持ちの良さを感じさせるが、この駅に来たならば何はなくとも南側、海側に出ねばならない。ひとつ手前の須磨海浜公園駅では駅名に反して少々期待を裏切られたが、須磨駅は正真正銘、海の見える駅である。橋上駅舎から南側に出ればそこはもうすぐに海水浴場、一面の砂浜が広がっている。

須磨海水浴場は古来より景勝地として愛された白砂青松の砂浜をそのままに、京阪神ではもっとも都心部に近い海水浴場として人気が高い。毎年80万人もの人がやってくるという。須磨駅前に広がる海水浴場はその西の端であり、須磨駅はまさに須磨海水浴場のための駅のようだ。駅から降りてすぐに海水浴場なのだから、そりゃあ便利に決まっている。

階段を降りたらすぐにそのまま砂浜という駅だけに、海側の駅舎の入り口には足洗い場があったり「足の砂を落としてね」と注意書きがあったりして、これはまさにこの駅だけの特徴だろう。夏のシーズン中には水着に軽く羽織っただけで電車に乗るような若者もいるとかいないとか。絶好立地の海水浴場でも、人に迷惑をかけてはイケマセン。

そして須磨海水浴場を含む須磨の海岸沿い一帯を須磨海岸という。背後に六甲山地が迫り、淡路島から遠く関西国際空港や紀伊半島も見える絶景の地。これが平安の昔からよく知られていたのは、最初に書いたとおりだ。

須磨駅が開業したのは１８８８年11月1日で、山陽鉄道兵庫～明石間の開通と同時、つまり一期生である。１０００年を遥かに超える伝統の景勝地。もう少し、全国的に須磨の名が轟いてもいいのではないかと思う。

山陽電車の山陽須磨駅も近い

国道沿いの橋上駅舎

山陽電車と並んで建つ、高級住宅地のターミナル

7 塩屋

読み／しおや
所在地／神戸市垂水区
開業年月日／1896（明治29）年7月1日
構造／2面2線
神戸駅から10.2km

ジェームス山といかなごと

塩屋駅の駅舎は橋上駅舎で、南北に出入り口を持つ。海が見たいと南側に出てみると、駅前広場のようなものはなくてすぐに国道2号だ。国道2号の向こうはもう海だから、海との近さにおいてはこの駅も抜きん出ている。

反対に北側はどうなっているのか。少し細い通路を通り、隣接している山陽電車の山陽塩屋駅の隙間を縫うように歩いて外に出る。山陽本線は地上駅だが、山陽電車はひとつ高いところを走る高架になっていて、北側に出るには山陽電車の高架の下をくぐるような形だ。

ＪＲの多くの駅は、それがどれだけ小さい駅であっても駅前広場が設けられているのが普通だ。それも山陽本線という大幹線、その神戸市内の駅だから塩屋駅にもそれがあっていい。だが、塩屋駅には南北どちらにも広場がない。南側は国道2号直結だし、北側は山陽電鉄の高架が覆いかぶさるような路地に出るだけだ。路地には小さな酒場や飲食店がいくつかあって、実に庶民的な趣である。

ただ、この駅前風景だけをもって塩屋駅とその町が庶民的な、つまり下町だと思ってはいけない。塩屋の町の本質は、神戸市内でも屈指の高級住宅街である。

神戸の市街地から六甲山地をひとつ越えたところの海の見える町は、明治以降に外国人が多く移住してきた〝異人さん〟の町だった。とりわけ名高いのが、1930年にこの地にイギリス人のための住宅地を開発したアーネスト・ウィリアムス・ジェームス。ジェームスが築いた邸宅と住宅地は没後に三洋電機創業者である井植歳男が買収。高級住宅地として発展し、一帯は「ジェームス山」と呼ばれるようになった。

塩屋駅の周辺、特に山側の高台を中心に広がっているのは、この高級住宅地、ジェームス山だ。ジェームス山は神戸の市街地から山を挟んだ郊外にあったため、戦時中の空襲被害も免れた。今でも往時の面影を留める邸宅がいくつも残っている。

駅の奥にはジェームス山

そうした古の神戸らしさをとどめるジェームス山の麓の塩屋駅。神戸を代表する高級住宅地の最寄り駅でありながら、新快速はもちろん快速すらも停まらない。駅前広場とて持たず、ずいぶん存在感が薄いようだ。通勤通学で電車を使うような人はもとより少なかったということなのだろうか。

塩屋駅の開業は1896年のことで、最初は仮停車場だった。1906年に山陽鉄道から国有化されたと同時に正式に駅になっている。まだジェームス山という通称もない時代のことだ。

ジェームス山になる以前の塩屋付近がどんな町だったのかはよくわからないが、海に近いから漁師町だったことは間違いないだろう。そしてそれよりもっと前には、製塩が盛んだったようだ。塩屋という地名もそれが由来だという。

塩屋駅前の国道2号沿いのアパートのエントランスの裏手にひっそりと、小さな碑が立っているのを見つけた。「いかなご釘煮発祥の地」とある。なんでも、塩屋に店を構えた魚屋がお客に頼まれていかなごを使った佃煮を作ったのがいかなごの釘煮のはじまりだというのだ。1935年のことだと明確に伝えられている。

実際には諸説あるらしいが、とかく発祥の地とは意外なところにあるものなのだ。

駅に寄り添って海神社が建つ

ベッドタウン・垂水区のターミナル

8 垂水

読み／たるみ
所在地／神戸市垂水区
開業年月日／1888（明治21）年11月1日
構造／1面2線
神戸駅から13.1km

たるせんと海神社のベッドタウンへ

それまで小さくも個性的な駅が続いていた神戸市郊外の山陽本線の旅。それが垂水駅までやってきて、ようやく「にぎやかな郊外のターミナル」といった雰囲気をまとう。

大都市はたいてい郊外がベッドタウンになっている。職場と自宅が分かれる職住分離が現代の大都市を構成する要素だから、当たり前といえば当たり前だ。そして六甲山地を越えた先、旧播磨国にはみ出した神戸市の垂水区はまさしく純然たるベッドタウンの町である。

垂水駅は、そんな垂水区を代表するターミナル。須磨駅の少し西から並走を続けてきた山陽電車の高架駅舎がすぐ北を通り、南側をゆく山陽本線も高架の駅だ。高架下に改札口があるというのもどちらも同じ。なので、山陽本線の垂水駅と山陽電車の山陽垂水駅は事実上同一の駅といっていい。

山陽本線の駅に面する南側はさすがの天下のJR、小さいながらもロータリーがある。が、駅の周りの雰囲気を見る限りは、垂水の町の中心ではなさそうだ。傍らに見える茂みは海神社。その名の通り航海や漁猟の神様で、神功皇后が創建だという由緒ある社だ。

海神社の参道の先は国道2号に通じていて、国道2号を渡ればもうすぐに海だ。このあたりの構造はこれまでの須磨駅や塩屋駅とほとんど変わらない。海の際には垂水漁港があって、すぐ西側には三井アウトレットパークが構える。

対して山陽電車のある北側は、これぞ私鉄の郊外のターミナル。駅前は高架の線路に沿った道路があるくらいだが、その先には広場とロータリーが東西に鎮座して脇を固める。西側のバスのりばを兼ねるロータリーの向こうにはイオン垂水店があって、区民憩いの場になっている東側の広場のさらに東には垂水区役所が建つ。人通りも途切れないにぎやかな町。まさしく、垂水の町の中心はここにあるのだろうと教えてくれる。

垂水そのものは駅が山陽本線一期生として1888年に開業していたことからもわかるように、古くから景勝地として名高く、昭和初期からは別荘地として栄えた。高台上がニュータウンとして開発されたのは1960年代以降になってから。このあたりは、他の地域のニュータウンと変わらない。

山陽本線の高架下にはプリコ垂水、山陽電鉄の高架下にはモルティたるみという商業施設が入る。同じ場所に高架下で並んでいるのだからまとめてひとつのショッピングセンターにしてくれればいいのにと思うが、このあたりにも両者のライバル関係が顔をのぞかせる。

この2つの商業施設は、1967年にオープンした通称〝たるせん〟、垂水駅ショッピングセンターがルーツである。垂水の町が急速に発展していった時代に生まれた〝たるせん〟。かつて持っていた昭和の面影はとうに失われて現代的に生まれ変わり、人口減少時代のベッドタウンを生きている。

ベッドタウン・垂水

奥には商業ビルがそびえる

頭上を抜けるは明石海峡大橋

9 舞子

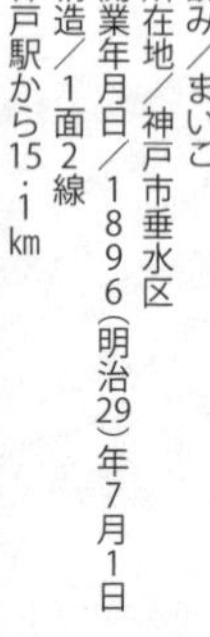
読み／まいこ
所在地／神戸市垂水区
開業年月日／１８９６（明治29）年7月1日
構造／1面2線
神戸駅から15.1km

鳳凰の舞うがごとき

日本人というのは昔から白砂青松の海岸が大好きらしい。

白い砂浜がどこまでも続き、その傍らには老松が茂る。砂浜の向こうには大海原が広がって……というアレだ。松の木は潮風や飛砂を防ぐためのものでつまりは人工林なのだが、とにかく白砂青松は海沿いの風景としては一級品である。

そんなわけで日本三大松原というのがあって、三保の松原（静岡）・気比の松原（福井）・虹の松原（佐賀）が挙げられる。どれをとっても文句のつけようのない風光明媚な海岸線だ。

ところが、そんな日本三大松原、かつては気比の松原ではなく舞子の浜が挙げられることもあった。神戸の市街地から六甲山地を挟んでほどよく離れた場所にあり、白砂青松はもちろん海の向こうには淡路島が浮かぶ景勝地。「龍が踊るがごとく 鳳凰の舞うがごとき」などと賞され、明治に入っても１８８８年に有栖川宮が別邸を設けるなど、ＶＩＰたちがこぞって足を運ぶ別荘地になったという。このあたりのエピソードは須磨や塩屋も似通っているが、舞子の浜は別格だった。１９００年には兵庫県立舞子公園として整備され、多くの人を集めた。

そしてこの舞子公園開園の少し前、１８９６年に仮停車場として開業したのが現在の山陽本線舞子駅である。開業時は舞子公園駅と名乗り、お隣の垂水駅が舞子駅を名乗っていた。現在の駅名に改められたのは１８９９年、正式に駅に昇格したのは１９０６年のことだ。

県立舞子公園が整備されるに前後して駅が開業したのは、白砂青松の舞子の浜が保養地として揺るがぬ地位を築いていたことの証といっていい。きっと、開業以来たくさんのお客が舞子の浜の景勝を楽しみにこの駅に降り立ったことだろう。

ところが、令和の今の時代にそんな白砂青松を楽しみに舞子駅にやってくると、期待はまったく裏切られてしまう。ホームの頭上には高速道路が覆い被さるように通っていてどことなく薄暗く、橋上駅舎もそれほどに大きなものではなくて、天下の山陽本線の駅といってもどことなくローカル色が漂う。駅から直結の高層ビル「Ｔｉｏ舞子」を間に挟んで山陽電車の舞子公園駅もあるが、どちらも小さな駅である点で共通している。

いまの舞子駅は、舞子の浜、舞子公園の最寄り駅としての存在感はない。新たにいまの舞子駅が得ている大きな役割は、明石海峡大橋への連絡である。

明石海峡大橋は舞子公園付近から海峡を渡って淡路島の岩屋までを結んでいる世界最長の吊り橋である。高速道路としては神戸淡路鳴門自動車道。舞子駅のホームを覆っているのはこの高速道路、つまり明石海峡大橋だ。高速道路上には高速舞子というバス停があって、舞子駅はいまではそのバス停への連絡という役割が大きい。マイカーがなくても淡路島と行き来するような人は、舞子駅（もしくは山陽電車の舞子公園駅）を降りて高速舞子のバス停から高速バスに乗り換える。そうした人のために、舞子駅も舞子公園駅も速達列車が停車するようになっている（舞子駅は新快速のみ通過）。

遠くに見える淡路島

橋上の舞子駅を出てデッキの上を少し歩くと、舞子デッキと名付けられた舞子公園の入り口のような一角がある。ここからさらに国道2号を跨ぐ陸橋を進んでいけば明石海峡大橋とその麓の舞子公園に行くことができるのだが、この舞子公園はいにしえの白砂青松の舞子公園とは違っている。

舞子公園は明石海峡大橋建設のために１０００本以上の松が移植され、孫文記念館などの施設は新たに造成された埋め立て地へと移設された。海峡を望む風景の美しさは、世界一の吊り橋とともにある光景としていまの時代を生きているのだ。

朝霧駅の駅舎は山側に

10 朝霧

ここから明石市へ、駅の裏には大蔵海岸

読み／あさぎり
所在地／兵庫県明石市
開業年月日／１９６８（昭和43）年６月20日
構造／１面２線
神戸駅から17.0㎞

サンフランシスコから太平洋ひとりぼっち

舞子駅のすぐ西側で山陽電車と交差して、そのまま海の向こうの淡路島を見ながら山陽本線の電車は走ってゆく。そしてようやく神戸市を出て明石市に入ったところで朝霧駅である。

朝霧駅の海側、海岸沿いには大蔵海岸という砂浜があって、国道２号を挟んで山陽電車が通る。山陽本線はそこから一段高いところを通っていて、朝霧駅を通過する新快速などが使う線路はさらにわずかに高いところをゆく。神戸～姫路間において、山陽本線・山陽電車・国道２号はどれも負けず劣らずの大動脈だが、それがここまでびっしりと並んでいる区間はそう多くない。

ちょっとだけ違和感があるのは、山陽電車には同じ場所に駅がないことだろうか。だいたい私鉄は地域輸送に特化しているという性質を持っているから、駅の数はＪＲ線と比べると多くなる。そのため、ＪＲ線とおおよそ同じ場所に駅を持ちつつ、さらに細かく駅を刻んでいくのが常だ。

ところが朝霧駅はＪＲの独壇場である。朝霧駅の開業は１９６８年と比較的新参の部類に属し、とうぜん山陽電車は開通済み。つまり、線路が仲良く並んで走っているものの駅とは無縁だった場所に朝霧駅が開業したというわけだ。

朝霧駅の駅舎は山側だけにある。駅前は立派な広場になっていて、ちょっとした商店街も延びる。朝霧駅の目玉といえる大蔵海岸へはすべての線路と国道2号をまとめて跨ぐ跨線橋によってつながれている。

この大蔵海岸も舞子の浜などと同じくかつては白砂青松の海岸だったというが、海岸線に国道28号（朝霧駅前で国道2号と分岐している）を建設する際に護岸工事が施され、砂浜は姿を消してしまった。それを改めて再生したのが大蔵海岸で、1998年に海浜公園として誕生したものだ。

その大蔵海岸の砂浜には、堀江謙一が太平洋を横断した際に用いたモルツマーメイドⅡ号（ビール樽とペットボトルを用いたリサイクルヨットだとか）がどかんと鎮座する。堀江謙一は1999年に、このヨットでサンフランシスコから明石海峡大橋までの単独横断航海に成功した。ヨットの奥ではフットサルに興じる若者の姿があり、海の向こうにはもちろん淡路島。舞子駅の脇から伸びる明石海峡大橋も含めて眺望は絶好である。

駅前（正確には〝駅の裏〟なのだが）の大蔵海岸沿いを少し西に行けば海峡に注ぐ朝霧川。この川が朝霧の地名と駅名の由来だ。さらに踏み込めば、朝霧の名は柿本人麻呂が読んだ「ほのぼのと　あかしの浦の　朝霧に　島隠れゆく　舟をしぞ思ふ」という和歌にちなむという。実際に訪れたのは真っ昼間だったので朝霧とは無縁だったが、条件が整えば明石海峡には朝霧が立ちこめるのだろうか。

大蔵海岸でいつまでも海を眺めていてもしかたがないので駅に戻る。線路を跨ぐ跨線橋は、2001年に明石花火大会歩道橋事故が起こった現場だ。それから20年が経ったいまも、現場の慰霊碑には花が絶えることはない。

淡路島も見える大蔵海岸

タコ焼きのルーツもホエールズもここで生まれた

11 明石

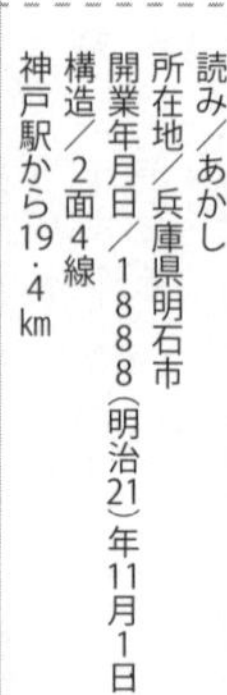

読み／あかし
所在地／兵庫県明石市
開業年月日／1888（明治21）年11月1日
構造／2面4線
神戸駅から19.4km

海峡のタコが世界に羽ばたく

日本人のソウルフードのひとつに、タコ焼きがある。

タコ焼きは関西人のソウルフードであって関東の人はそうでもないというややこしいツッコミも頂きそうだが、いまやタコ焼きは世界にも発信されている日本を代表するB級グルメ。関西人だけでなく全国津々浦々、たこパは親族友人が集まったときの定番になっている。

で、そのタコ焼きのルーツは何かと調べてみると、明石にあるという。

明石市内を中心に食べられているタコ焼きはソースではなく出汁で頂く。それを明石焼きと呼ぶんだよ、ということは関西に住んでいた頃に教わった。さらに言うと、明石焼きという呼称は明石では使われておらず、玉子焼きなどと呼ぶのが普通らしい。生地に卵をふんだんに使っているからだ。でも、よその地方で玉子焼きといったらあの黄色いのが出てきてしまうので、区別するために明石焼きと呼んでいるのだ。

ともあれ、タコ焼きの発祥は1933年、大阪西成の会津屋という店にあると伝わる。ところがそれよりはるか以前、江戸時代の終わり頃から明石では〝玉子焼き〟が食べられていた。タコ焼きは明石の玉子焼きを参考に考案されたとされているから、間違いなく明石にこそルーツがあるといっていい。

なぜ明石でタコなのか。それは言うまでもないだろう。明石駅のお隣、新幹線が停車する西明石駅の駅弁は「ひっぱりだこ飯」。〝イヤニチ〟とも呼ばれる明石海峡の激流が生み出す好漁場。そこで漁獲されるマダコは明石名物のひとつだ。タコを使った庶民的な料理が生まれるのは実に自然なことであった。

明石駅は、そうした明石の街におけるターミナルである。

兵庫県内においては5番目に人口が多く、播磨地域では姫路市に次ぐ約30万人。中核市にも指定されているちょっとした大都市であり、神戸・大阪方面に通勤する人たちが暮らすベッドタウンとしての側面も持つ。阪神工業地帯の一角を占める工業都市でもあるが、タコやイカナゴ、マダイにアナゴと水産物にも恵まれる。酒所としても有名である。

そうした街の顔だけあって、明石駅も実に立派な駅だ。JR神戸線と呼ばれるこの区間の山陽本線の看板・新快速は、神戸駅の次に明石駅に停まる。

すぐ南には高架を並べて山陽電車の明石駅（山陽明石駅）。高架下の自由通路はJR・山陽電車共通になっていて幅広く、駅の南側に大きなロータリーが設けられている。ロータリーの向かいにはパピオス明石と名乗るショッピングモール。

翻って北側は、高架下から抜け出るとすぐにお堀が水を抱き、その向こうには明石城が見える。

すぐ隣に天下の世界遺産、姫路城があるから明石城の存在感は今ひとつだが、こちらにも巽櫓・坤櫓という重要文化財が残る。この

明石駅前には商業施設が

2つの櫓は明石駅のホームからも見え、この街の歴史の古さを教えてくれる。

明石城を藩庁とした明石藩は江戸時代を通じて譜代・御家門の大名が入れ替わりに入っており、特に100年にわたって越前松平氏の居城であった。明石駅はそうしたお城を背後に持ち、海に向かって市街地を広げている。まさに、現代における明石の城といって差し支えなかろう。

大洋ホエールズと延長25回の死闘

ショッピングモールや市街地といってもベッドタウンのそれ。改めて歩いてみたところで特別なものはあまりない。というわけでお城の周りを少し歩く。明石城は兵庫県立明石公園となっていて、公園の中には兵庫県立図書館や明石トーカロ球場をはじめとするスポーツ施設が建ち並ぶ。

この明石トーカロ球場は、野球の歴史の中においても名を残しているスタジアムのひとつだ。実は、戦前から戦後にかけて読売ジャイアンツが春のキャンプをこの球場で行っている。瀬戸内海を望む明石は、東京と比べればいくぶん温暖だったのだろうか。あの長嶋茂雄もプロ1年目のキャンプを明石で送っているし、プロ野球選手だった時代のジャイアント馬場が元子夫人と出会ったのも明石である。こういう知る人ぞ知るエピソードが出てくるあたりはなかなか興味深い。

さらに、この明石にはもうひとつのプロ野球との関わりがある。

明石城、つまり明石公園に入る正門の傍らには、ひとりの人物の像が建つ。中部幾次郎。大洋漁業、いまのマルハニチロの創業者である。

中部幾次郎は江戸時代の末に明石に生まれ、父が営んでいた生魚運搬卸業の跡を継いだ。のちに下関に拠点を移して林兼商店を興し、これがのちの大洋漁業、マルハ、マルハニチロへと続いていく。明石が播磨灘・明石海峡という好漁場を抱える漁業どころだったことと関係ないとは言えないだろう。大洋漁業は1949年に大洋ホエールズを設立、翌1950年からセントラルリーグに加入し、身売りを経て現在は横浜ＤｅＮＡベイスターズとなっている。親会社の源流の地ということで、何度か明石でキャンプを行ったことがあるという。

明石と野球というとまだまだエピソードがあって、戦前には明石中学が強豪として甲子園を沸かしていた。1933年に中京商と延長25回に及ぶ死闘を繰り広げたエピソードは、高校野球ファンなら誰もが知っていることだ。

マルハニチロの創業地にして、大洋ホエールズ・読売ジャイアンツがかつてキャンプを張り、高校野球（戦前は中等野球）においても歴史に名を刻む。明石という街は、案外に奥深い。

そして明石と言えば、教科書にも出てくるアレを忘れてはならぬ。標準時子午線、東経135度が明石市内を通っている。日本の標準時は明石を基準に刻まれる。山陽本線においては、明石駅に到着する少し手前、山側に明石市立天文科学館が見えるあたりで東経135度を跨ぐ。まあ、日本は国内に時差がないから標準時がどうのということを実感することもないが、山陽本線の旅で標準時子午線を跨ぐのだ。標準時を少しだけいじることができれば、原稿の締め切りを延ばすことができるのではないかという邪念を抱くのは、数多の物書きに共通していることだと思う。

タコ焼きのルーツ、野球史にも名を刻み、標準時子午線が通る街。他にも明石原人（戦前に発見されたものの現物が失われて詳細は不明）やらアカシゾウやら、明石はいろいろと日本人の暮らしや文化の奥底にあるものとの関係が深い。時間があれば、もう少しゆっくり明石の街を歩いてみたいものである。

明石城前の中部幾次郎さんの像

新幹線接続は仮の姿、ＪＲ神戸線各駅停車終着の駅

12

西明石

読み／にしあかし
所在地／兵庫県明石市
開業年月日／１９４４（昭和19）年4月1日
構造／３面６線
神戸駅から22・８㎞

右に見えるのが新幹線の西明石駅

新在格差の裏側にはジェットエンジン

新快速電車は神戸駅からほとんどの駅をすっ飛ばし、その名に恥じぬスピードで神戸以西を駆け抜ける。そうしてようやく神戸以西で最初に停車する駅が、明石駅であった。

姫路方面へと先を急ぐお客にすれば、次はいきなり姫路まで、いや、加古川は仕方がないか、などと思う。ところが新快速電車は明石駅を出発してほどなくスピードを落としてゆく。隣に電車の車両基地を見ながら減速し、西明石駅に停車するのだ。なんと、この2駅は各駅停車、どうしたものか……。

と、もったいぶるまでもなく、西明石駅に新快速が停車する理由はわかっている。西明石駅は新幹線との接続駅なのだ。

新幹線は、山側から南西に向かって在来線の山陽本線と斜めに交差する。V字に交わる駅の間に駅前広場が設けられているのだ。そんなわけで、西明石駅の中心はこの広場だと思ってしまった。

在来線の電車を降りてホームの西の端っこにある階段を登って連絡通路を渡り、わざわざ1度新幹線の駅舎にまで足を運んでから改札を出る。つまり、逆に言えばすぐ脇を在来線が走っていてホームもあるのに、わざわざ新幹線の駅舎を遠回りしないと駅の中に戻れない。新幹線優位の現実がそこにあった。

広場にはバスやタクシーの待つロータリー、一般車の乗降スペースもちゃんとあって人の往来も多い。他には駅前にホテルなどもあって、新幹線の高架下を含めてちょっとしたお店がある。寂しくはないが、盛り上がっているほどでもなく、明石と

いう街の中心を名乗るのはやはりお隣の明石駅のほうがふさわしいようだ。

ああ、これはどうせ新幹線との交差地点に駅を作ろうということになって、在来線も新幹線も同時に開業した駅なのだろう。だったら新幹線優位が際立っていても文句は言えまい。何しろ新幹線がなければ駅ができなかったということですからね。

そう自分を納得させつつ、再び在来線のホームに戻ろうと思ったところで、もうひとつ在来線ホームの東端に出入り口があるのがわかった。

そちら側に回ってみると、これはどうだ。新幹線が圧倒的優位で、むしろ埋没しているくらいの西側と比べると東側は規模こそ小さいのに圧倒的に賑やかで、行き交う人の数も多い。とりわけ南側（東口の南側、という意味です）の階段からはひっきりなしにお客がやってきて跨線橋の上に設けられた改札口を通ってゆく。もしかすると、西明石駅の本来の〝軸〟は、東口の南側にあるのではなかろうか。

西明石駅は１９４４年に開業している。それよりも前に明石操車場（今の車両基地）が設置されており、その傍に新駅を開業した形だ。

１９４４年という戦争末期の開業からなんとなく推測できるとおり、大変に軍事色の強い駅であった。１９４０年に川崎重工の飛行機部門・川崎航空機の明石工場が開設しており、軍用機の開発・製造などを行っていた。西明石駅はその川崎航空機の従業員のための専用駅として開業したのがはじまりなのだ。川崎航空機は戦後川崎重工に再び合併されて、川崎重工業航空宇宙システムカンパニーの一事業所として今もジェットエンジンなどを製造しているという。

南東の小さな出口はにぎやかな駅前

戦後の１９４６年に一般のお客も利用できる通常の駅になった。新幹線がやってきたのは１９７２年のこと。それまでも、そして新幹線来襲後も、西明石駅の〝軸〟は川崎重工の従業員の駅であった。
新幹線と比べて格差がどうのこうのというのは、まったくの的外れ。西明石駅にやってきて新幹線と在来線を乗り換えて終わってしまっては、本当の西明石駅を知らぬままになってしまうのである。

快速が各駅にも停まる最初の小駅

13

大久保

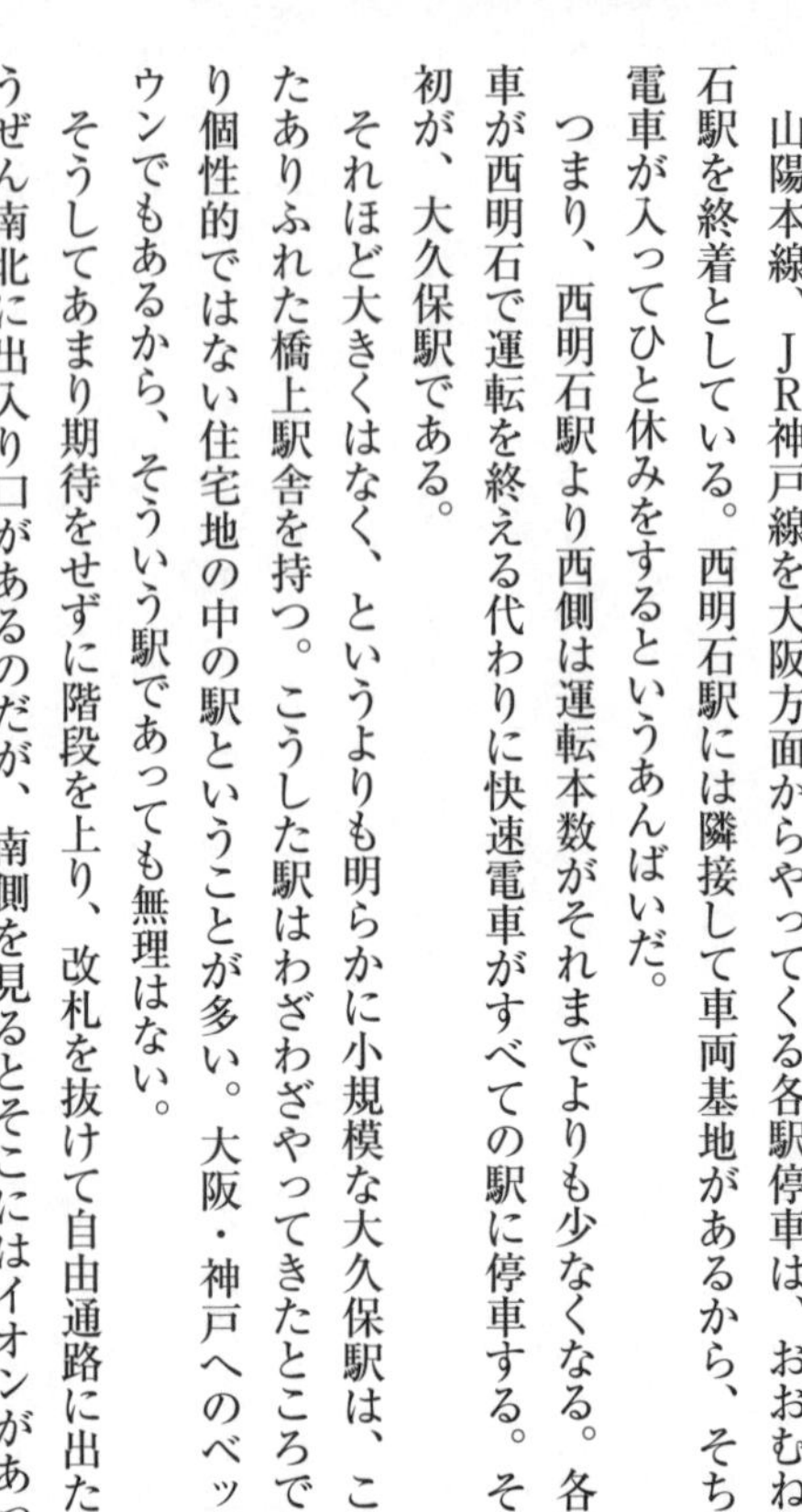

読み／おおくぼ
所在地／兵庫県明石市
開業年月日／1888（明治21）年12月23日
構造／2面4線
神戸駅から25.6km

工業地帯の看板を下ろしてイオン直結

山陽本線、JR神戸線を大阪方面からやってくる各駅停車は、おおむね西明石駅を終着としている。西明石駅には隣接して車両基地があるから、そちらに電車が入ってひと休みをするというあんばいだ。

つまり、西明石駅より西側は運転本数がそれまでよりも少なくなる。各駅停車が西明石で運転を終える代わりに快速電車がすべての駅に停車する。その最初が、大久保駅である。

それほど大きくはなく、というよりも明らかに小規模な大久保駅は、これまたありふれた橋上駅舎を持つ。こうした駅はわざわざやってきたところであまり個性的ではない住宅地の中の駅ということが多い。大阪・神戸へのベッドタウンでもあるから、そういう駅であっても無理はない。

そうしてあまり期待をせずに階段を上り、改札を抜けて自由通路に出た。とうぜん南北に出入り口があるのだが、南側を見るとそこにはイオンがあった。イオン明石ショッピングセンターである。

イオンの周りには大きなマンションが連なっていて、駅→イオン→マンションという住んでいる人にとってはまったくありがたい構造ができあがっている。

こうした駅前の風景をみるにつけ、大久保駅はベッドタウンとして近年発展した新しい街なのだろうか。

ところが、調べてみると案に相違して大久保駅の歴史は古い。

開業は1888年で、山陽鉄道明石～姫路間の開通と同時、つまり一期生である。古い地図を見るとこのあたりはいくつか池があるだけの田園地帯だった。ただ、大久保村（のちに大久保町を経て1951年に明石市に併合）という旧西国街道沿いの村が開けていた。戦国時代は明石城下に並ぶほど栄えていたと言うが、明治の初めにはごく小さな村。それでも黎明期の鉄道路線はひとつの市町村にひとつの駅を設けるという暗黙のルールがあったようで、それに従って駅が設けられたのだろう。

その後の大久保駅周辺は、工業地帯の一角として発展してゆく。駅の北側、国道2号に沿ってはいまも富士通やコカ・コーラ、三菱マテリアルの工場がある。南側には神戸製鋼や日本たばこ産業（JT）があったがいずれもすでに撤退しており、件のイオンは神戸製鋼の工場跡地だ。さらにまだ空き地のままだがJTの工場跡地には今後巨大なマンションが建設される予定らしい。

つまり、いまやイオン直結の大久保駅も、かつては明石市郊外の工業の駅として栄えた。工業都市としての顔はいまも持っていて、朝にはそこへの通勤客の利用も目立つ。工場が駅前から消えた南側はイオン＆マンションの街へ。

ちなみに、JR神戸線を走っている通勤特急「らくラクはりま」は2021年3月から大久保駅を停車駅のひとつに加えた。小さい駅とバカにすることなかれ。大久保駅に通勤してくる人もいれば、大久保駅から通勤してゆく人もいる。時代の流れの狭間にいるような駅である。

工場がマンション群に生まれ変わった

14 魚住

超特急が駆け抜ける高架の脇の小駅

読み／うおずみ
所在地／兵庫県明石市
開業年月日／1961（昭和36）年10月1日
構造／2面2線
神戸駅から29.1km

新しい橋上駅舎が出迎える

いちばん星みつけた、あれあのもりの杉の木の上に

言わずもがなのことであるが、山陽本線は山陽新幹線とつかず離れずの関係である。長年連れ添った夫婦のごとく、時には同じ空間をともにして、ときには距離を置いて、でも最終的には同じ方向を目指して走る。

そうした中で、駅そのものは共有していなくとも互いに接近する区間がある。ひとつは、駅が近い場合だ。まもなく新幹線と山陽本線が接続する駅に到着するとなれば、その少し前から並んで走るのは当たり前である。

もうひとつは、なぜかわからないが（後発の新幹線の線形上の理由からだろう）駅があるわけでもないのに新幹線が接近してくるケース。魚住駅は、そうしたケースを目撃できる駅のひとつだ。

新神戸駅から山陽新幹線は概して山側を走ってきた。西明石駅付近で新幹線が山陽本線を跨いで海側に移り、しばらくは山側から山陽本線・山陽新幹線・山陽電車の順に並ぶ。だいたいはそこそこ距離を取っているが、魚住駅付近で新幹線と山陽本線が急接近。線形上は山陽本線の方が寄り添ってくる形だ。

だから、魚住駅の南口を出ると駅前広場のすぐ先に新幹線の高架が見える。目にも留まらぬ速さで駆け抜けていく新幹線を見て、各駅停車の旅の悲哀を感じるのは得てしてこういう小さな駅である。

ともかく、新幹線の高架を駅前に望む魚住駅は1961年に開業した。比較的新参の駅だが、それ以前に海の近くには山陽電車の魚住駅があった。山陽本線の魚住駅開業に合わせ、山陽電車は駅名を電鉄魚住駅（現在は山陽魚住駅）に改称している。

新幹線をくぐった先の国道2号沿いにはライオンの工場などもあるが、魚住駅の周囲は南北どちらも住宅地が目立つ。

北口の駅前には広場があって、中央島には着物姿の男の子と女の子の像が建つ。説明書きを読むと、童謡『いちばん星みつけた』の作詞者・生沼勝が明石の女子師範学校で教えていたことにちなんでいるのだという。大正時代に文部省が国語読本の教材を公募、そのひとつが『いちばん星みつけた』だった。1918年に小学校1年生向けの読本に採用され、曲がついて歌になったのは1932年。数ある童謡の中では〝誰もが知っている〟というほどでないが、聞いたことがある人は多かろう。

魚住駅という戦後だいぶたってから開業した駅と生沼勝が深い関係にあったとは思えない。いちばん星も魚住の星ではなかろうが、意外なところで意外な歴史に触れることができるのも旅のおもしろさなのである。

『いちばん星みつけた』の像

別府鉄道が分かれていたのも今は昔

15

土山

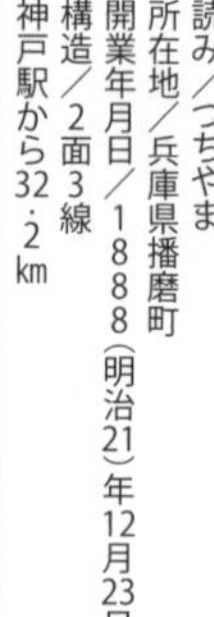
読み／つちやま
所在地／兵庫県播磨町
開業年月日／1888（明治21）年12月23日
構造／2面3線
神戸駅から32.2㎞

駅前も古代ロマン

古代ロマンに誘う廃線跡の遊歩道

女王・卑弥呼が暮らした邪馬台国がどこにあるのかという命題は、いまもって決着がついていない。九州にあったのか、それとも畿内か。喧々諤々議論紛糾、場合によっては日本という国のルーツにも関わるから、政治的な立場を絡める向きもあったりする。よほど奇跡のような何かが見つからない限り、決着がつくことはないだろう。

ただし、少なくともわかっていることは、邪馬台国があったのは2世紀から3世紀にかけて。弥生時代後期から古墳時代のはじめにかけての時期だ。その頃の遺跡は九州や畿内に限らず、全国あちこちで見つかっている。そのひとつが土山駅の近く、播磨大中遺跡である。

播磨大中遺跡は1960年代以降に発掘が進んだ弥生時代後期から古墳時代初期の遺跡で、竪穴住居が多数見つかったことでも知られている。

専門家ではないので詳しいことはわからないが、とにかく播磨大中遺跡は卑弥呼と同じ時代に播磨地方中央にも比較的規模の大きな集落があったことをいまに伝えているのだ。

実は、兵庫県内は播磨大中遺跡に限らず古代の遺跡が実に多く見つかっている。その数は、なんでも全国1位だという。古代の気象条件などはよくわからないが、瀬戸内海に面する播磨地方を中心に古代人が住居を構えるにはうってつけの地域だったのだろう。

そうした遺跡ナンバーワンの兵庫県、土山駅近くの播磨大中遺跡に隣接して兵庫県立考古博物館がある。いわゆる考古学、古代の時代の博物館だ。そんな由縁からなのだろう、土山駅前の広場には古代の遺跡の櫓をイメージしたかのようなオブジェが鎮座している。土山駅は古代ロマンへの玄関口なのだ。

古代ロマンとは関係がないが、土山駅から県立考古博物館や播磨大中遺跡に向かっては「ミュージアムロード であいのみち」という遊歩道が整備されている。駅のすぐ脇からゆったりとカーブをしながら進んでいくこの遊歩道、鉄道ファンならばピンとくる。まさに典型的な〝廃線跡〟の遊歩道なのだ。

かつて、土山駅からは別府鉄道土山線という私鉄路線が延びていた。播磨大中遺跡付近を通って別府港へ。別府港付近の海側は神戸製鉄や住友金属鉱山などの工場が建ち並ぶ工業地帯で、その中でも古参の多木化学（当時は多木製肥所）の製品輸送を目的として別府鉄道は開業した。

ただ、土山線は旅客列車が1日4往復だけで、せっかくの工業地帯や市街地を走る路線にもかかわらずそのポテンシャルを発揮することができず、1984年限りで廃止された。その跡地が遊歩道に整備されたというわけだ。

ちなみに、本来の土山駅の〝正面〟は播磨大中遺跡や別府鉄道廃線跡のある海側ではなく、小さな商店街に続いている北側である。駅のすぐ上り方に明石市と播磨町の市町境が通り、山陽本線においては播磨町唯一の駅（山陽電車に播磨町駅がある）。その玄関口としての土山駅の役割も、忘れてはいけない。

山側には小さな商店街が続く

コンビニはあるが他は住宅地の衛星駅

16

東加古川

読み／ひがしかこがわ
所在地／兵庫県加古川市
開業年月日／1961（昭和36）年10月1日
構造／2面3線
神戸駅から35.5km

都市部ではありふれたベッドタウンの橋上駅舎

東西南北、何がある

都市名に〝東西南北〟のいずれかを冠する名を持つ駅は、たいてい訪れたところで特徴もなくて肩を落とす。

……などというと浦和の皆様から怒られてしまいそうだが、実際にほとんどのところでそうなのだから仕方がない。確かに浦和は他の路線との接続駅としての機能を〝○浦和駅〟に持たせたりしていてその役割は重要だが、とりわけ地方都市においては東西南北の駅はその傾向が強い。

東加古川駅もそうした駅のひとつなのだが、どうしてそうなるのかを少し考えてみたい。

地方都市はターミナルとして市の玄関口になる駅を持つ。それは時に優等列車や新快速のような速達列車が停まったりして、駅の周囲には地場の百貨店があって商店街も駅商業施設も揃っている。よその地域から訪れる人に対しても恥ずかしくないようなしつらえになっているものだ。

ところが、東西南北の駅になると事情が違う。戦後の高度経済成長期以降の人口増加に伴って市街地が拡大し、その端っこに生まれた新駅であるケースが多い。となると、別段何かがあるわけでもなく、周囲にはとにかく住宅地が広がるばかり、となるのだ。地域の玄関口というよりは、その街に暮らす人が通勤通学するためだけの駅。

まるで大都市圏の郊外の駅にもよく似ているが、違うところも多い。大都市圏では郊外の駅といっても商業施設から金融機関、ちょっと一杯酒を飲むような場所までひと通り揃う小都市のようになっている。対して地方都市の東西南北駅ではせいぜい駅前にコンビニがある程度で、繁華街のようなものはほとんど見られない。

東加古川駅もまさにそうした駅であった。

駅の山側と北側、それぞれに立派なロータリーがあってどちらにもコンビニがある。そのほかには小さな商店や学習塾などもあるにはあるが、基本的には純粋なる住宅地の中の駅といっていい。少し加古川よりにはイオンがあるので、この街の人は買い物などもそちらで済ますことが多いのだろう。

開業したのは1961年。加古川市東部、1950年に加古川市が成立するまでは平岡村といった場所にできた新駅である。加古川市はいわゆる〝副都心〟の中心として期待していたらしい。古地図を見ると駅の西側、旧西国街道沿いの新在家と呼ばれる一帯に集落があったようだが、線路の周囲は不毛の地。駅の開業が遅れたのも無理はない。

開業に前後して東加古川駅のさらに東側に貨物駅を設ける計画もあった。ただ、阪神大震災に伴う仮設住宅用地に転用され、そのまま現在はニュータウンに生まれ変わって貨物駅の計画は立ち消えた。

とにかく、東加古川駅は通勤時間帯から外れると人気もまばらな住宅地の中の駅である。

駅の周りにはマンションや雑居ビル

加古川駅は高架の駅舎

加古川線を分ける工業地帯のターミナル

17 加古川

読み／かこがわ
所在地／兵庫県加古川市
開業年月日／1888（明治21）年12月23日
構造／3面6線
神戸駅から39.1㎞

加古川の人、帰られへん

「世界の盗塁王」と呼ばれた男がいる。

通算1065盗塁、1972年のシーズンには年間106盗塁という金字塔を打ち立てた、阪急ブレーブス黄金時代のリードオフマン・福本豊である。

生粋の関西人の福本は独特な発言でも世を賑わした。盗塁の世界記録を達成した際に中曽根康弘首相（当時）から国民栄誉賞の授与を打診されると「そんなんもろたら立ちションもできんようになる」と言って断ったという。本当のところは違う理由で断ったようだが、この独特の言い回しが福本流だ。

引退後も解説者として数々の珍言を残してきたが、その中にこんなものがある。「加古川より向こうの人、帰られへんね」。甲子園球場で行われていた阪神タイガース戦が長時間ゲームとなった折りの発言だとされる。

本当に福本がこの言葉を言ったのかどうかはよくわからない。が、甲子園球場最寄りの阪神電車甲子園駅が終電間際になると、加古川より向こうの人は帰ることができるかどうかの瀬戸際になることは確かである。

この加古川帰られへん問題、まさしく山陽本線のダイヤが関係している。甲子園駅から加古川方面に帰ろうとすると、阪神電車の神戸三宮駅から山陽本線

（JR神戸線）に乗り換えるルートが一般的だ。となると、終電間際のJR神戸線の電車は西明石終着が増えてしまうため、加古川方面は西明石以東と比べると終電が早くなってしまうのである。

この場合、2021年時点で甲子園駅23時33分発。2021年のダイヤ改正では終電が大幅に繰り上げられたので、それ以前でいうと甲子園駅23時53分発が最後の電車だった。いずれにしても23時を回る長時間ゲームなどほとんどないが、ごくごく稀には起こりうるので加古川より向こうの人は大変なのである。

そんなこんなで、加古川という播磨地方の一地方都市は世界の盗塁王の発言によって全国区の知名度を得た。よその地域から訪れるような観光都市とは言いづらい加古川が、野球ファンなら誰もが知っている知名度バツグンの都市に飛躍したのだ。さすが、世界の盗塁王である。

問題は、その加古川駅に何があるのかということだ。

西明石駅以来の新快速停車駅、25万人都市の玄関口というだけあって、行き交う人も駅の規模も立派の一言である。高架のホームの下に改札口と南北をつなぐ自由通路、高架下には駅商業施設も入っている。中心市街地に近いのは海側の南口。大きく素晴らしい駅前広場が出迎えてくれる。その向こうには巨大な商業ビル。壁面には、「ヤマトヤシキ」と書いてある。いったい何だというのだ。

加古川駅前のヤマトヤシキは百貨店、デパートである。筆者は寡聞にして知らなかったが、いわゆる播磨地方の地場の百貨店である。

ヤマトヤシキに棋士が集う

歴史は意外に古く、まだ明治時代の1906年に米田徳次という人物が姫路市内に洋品雑貨店を開いたのがルーツ。終戦直後の1946年に姫路に百貨店「ヤマトヤシキ」をオープンした。個性的な名前の由来はたくさんの商店が一つ屋根の下で仲良く営む、という思いを込めたのだという。

加古川には1960年代に一度進出したが撤退、現在の加古川駅前のヤマトヤシキは2000年に閉店した加古川そごうの跡地に入ったものだ。その後は経営難に陥り、投資ファンドの傘下に入るなどして経営立て直しに努め、現在はラオックスグ

駅前にヤマトヤシキ

ループに属する。創業地の姫路店は2018年に閉店、現在は加古川駅前の店舗のみがヤマトヤシキの名をつないでいる。

そんなわけで、とにかく加古川駅前にはヤマトヤシキ唯一の店舗がそびえ立つ。加古川を訪れた人は誰もが目にすることになる、街のシンボルといっていい。

加古川駅が開業したのはもちろん開通と同じ1888年のことだ。

加古川は歴史の古い街で、市内には〝西の法隆寺〟とも呼ばれる聖徳太子創建の鶴林寺がある。さらに海の近くには尾上の松で有名な尾上神社があるなど、歴史的なスポットが多い。古代には山陽道の賀古駅が置かれ、近代には西国街道の宿場街として賑わった。加古川駅のすぐ西側を流れる加古川水運の要衝でもあり、渡船場としての役割も持っていた街である。いま、加古川沿いには加古川線が通っていて、加古川水運の代わりを務めている。

近代以降、とりわけ戦後は工業都市として発展。臨海部の埋め立て地には神戸製鋼の工場などが建ち並び、1984年までは臨海部に向けて国鉄高砂線も通っていた。高砂線は旅客輸送はもとより、高砂港の物資輸送や加古川右岸にあった国鉄高砂工場への車両回送が役割。高砂工場の廃止が致命傷となって、国鉄末期に廃止されてしまった。

このように工業都市としての側面が強くなっている加古川の街だが、加古川駅の限りではそうした面影は見られない。むしろ、工業都市らしい無骨さとはまるで正反対とも言うべきか、「棋士のまち・加古川」などという幟がそこかしこにはためいている。さらに駅前広場の一角には、石のベンチに将棋盤が描かれたオブジェ（のようなベンチのような）ものもあって、〝棋士のまち〟をアピールしようとしているようだ。

なぜ加古川が棋士のまちなのかというと、タイトルを通算6期獲得した久保利明九段をはじめ、井上慶太九段、稲葉陽八段など5人のプロ棋士を輩出しているからだという。それにちなんで2011年からは加古川市などが主催する若手棋戦・加古川青流戦も行われている。

加古川が棋士を多く輩出し、市内でも盛んに指されている理由はよくわからない。ただ、〝帰られへん〟やら工業都市やら、ヤマトヤシキやらといったイメージの先立つ加古川にも、知る人ぞ知る意外な一面があるということなのだ。

ベンチの真ん中にあるのは将棋盤

相生の松にちなんだのか、駅前には松の木

18

宝殿

ブライダルシティへ通じるJRの玄関口

読み／ほうでん
所在地／兵庫県高砂市
開業年月日／1900（明治33）年5月14日
構造／2面3線
神戸駅から42.4㎞

フランス語の授業をするのは、これが最後です

国境はもとより、都道府県や市町村の境界などというものは偉い人が様々な都合で決めたものに過ぎない。アルザス・ロレーヌ地方だって、アメル先生が「フランス語の授業をするのは、これが最後です」というくらいにフランスとドイツの間で行ったり来たり。偉い人たちの思惑に翻弄されて、境界は定まっていく。

だから、国境のような大げさなものならばアイデンティティにも関わるから仕方がないが、県境や市町村境などは多くの人にとって日常生活に大きな影響を及ぼさない。それがちょうど駅のすぐそばを通っていたとしてもだ。

そんなわけで、加古川市から高砂市へとちょうど移り変わった場所にあるのが宝殿駅だ。

駅の南口には旧西国街道が通り、そこから南側と東側は加古川市。北口の商店街や駅の西側は高砂市にあたる。つまり宝殿駅そのものは高砂市内にあるが、駅勢圏という意味では高砂市と加古川市が共有しているようなものだ。こうした場合、宝殿駅はどこの駅だと胸を張って言うべきなのか、悩ましい。

ただ、この宝殿駅に限ってはどうやら高砂市の駅であることを誇りにしているようだ。

駅前の旧西国街道を渡れば高砂市から加古川市に出るというのに、南口のロータリーの片隅には「尉と姥 発祥の地」の碑が置かれている。「尉と姥」とは高砂ゆかりの相生の松にちなんだもので、根がひとつで幹が左右に分かれた松に尉と姥の2体の神が現れて神霊を松に宿し、夫婦の道を世に示すとしたのだとか。そんなわけで、高砂は縁結びの聖地になった。結婚式で新郎新婦が座る〝高砂〟はこの高砂が名の由来になっている。

宝殿駅にはそうした高砂市の伝説を伝える碑を駅前に置いているくらいに、高砂市の駅なのだ。

それは駅前の商店街もまるごと高砂市内に含まれる北口に出てもわかる。件の伝説の通りに高砂は結婚と縁が深く、それをもって「ブライダルシティ・高砂」と書かれた案内板が立っている。別に高砂にやってきて結婚式を挙げると夫婦の絆がより一層固くなる、などということはないだろうが、とにかく縁起のいい街であることは間違いがない。

ただし、宝殿駅がいくら高砂市の駅であることを誇ったところで、高砂市中心部を訪れるならこの駅は適さない。相生の松がある高砂神社は加古川右岸の海沿いにあって、最寄り駅は山陽電車の高砂駅だ。高砂市を代表するターミナルももちろんこちら。宝殿駅は、実態としては新快速は目もくれない小駅に過ぎない。

駅名の由来は日本三大奇岩のひとつ「石の宝殿」にちなみ、宝殿駅南西の切り立った崖の山の一角にある。1900年に開業し、加古川右岸山陽本線沿いにある日本毛織の工場までの専用線が分かれていた時代もあった。ブライダルシティ・高砂の案内板が立つ北口は今でこそすっかり宝殿駅の正面づらをしているが、橋上化して北口駅舎ができたのは1981年になってから。北口の開発が本格的に進んだのも、それ以降のことである。

「尉と姥」の像が駅の傍らに

初めて出会う古い木造駅舎

19 曽根

読み／そね
所在地／兵庫県高砂市
開業年月日／１８８８（明治21）年12月23日
構造／２面２線
神戸駅から46.4㎞

古い駅舎がベッドタウンに

赤と黄色のコントラストと木造駅舎

都市部の駅はどこもよく似ている。新快速が停まるようなターミナルともなれば立派なしつらえになっているが、それ以外の駅はだいたいホームの頭上に駅舎がある橋上駅になっている。そして駅の南北ないしは東西のどちらにも出ることができる。古くは橋上駅舎などはありえず、片側にしか駅舎がなかったものだ。それが橋上駅舎の登場で、線路によって阻まれた駅の両サイドが結ばれて便利になった。

ただ、地元の人にとって便利なのはいいけれど、各駅に降りたってうろうろする仕事をしている筆者にとっては橋上駅舎は地獄への入り口である。だいたい小駅にはエスカレーターのような優れものはないから、駅に降りるたびにホームから階段へ、橋上駅舎から地上へ、地上から駅舎へ、また反対側の地上へ……と、延々と階段の上り下りを繰り返さねばならないのだ。

これを何駅も繰り返すとさすがにツライ。が、エレベーターがあってもそこまで歩を伸ばすのもまたツライので、結局よたよたと階段を上るハメになる。

そしてもうひとつ、駅舎そのものがどこに行ってもそっくりで、ハッキリ言えば没個性という問題もつきまとう。これが都市部の駅巡りの厳しくやっかいなところなのである。

ところが、曽根駅はまったくそれとは違っている。駅舎があるのは北側だけで、それも１９２７年という昭和初期に建てられた木造駅舎が健在なのだ。

駅前には廃墟と化しつつある古い空き商店とそのお隣にはデイリーヤマザキ。赤と黄色の派手な看板と古き良き木造駅舎のバランスはあまりいいとは言えないが、こうしたところからも時代の移り変わりを感じ取ることができるというものだ。ちなみに、曽根駅舎の反対側には自動車教習所。

さて、そんな都市部にしては異彩を放つ曽根駅は、山陽鉄道時代の１８８８年に開業している。明石～姫路間の開通と同じタイミングだから、一期生の駅のひとつだ。開業当時は阿弥陀駅といった。

阿弥陀駅の名の由来は、駅の所在地が当時は阿弥陀村だったから。阿弥陀村はなくなったが、現在の住所も高砂市阿弥陀という。曽根駅に改称したのは１９０２年のこと。１９００年に上り方お隣に宝殿駅が開業したことがきっかけになったようだ。

宝殿駅は生石神社の石の宝殿にちなむ。お隣の新駅が地域の名所旧跡の名を頂いたのに、こちらは単に地名に過ぎぬ。それはいくらなんでもということで、「曽根の松」のある曽根天満宮を引っ張って「曽根の松駅」への改称を地元の人たちが願い出たという。実際には曽根天満宮とはだいぶ離れていて、むしろ山陽電車の山陽曽根駅が最寄りなのだが、鉄道黎明期には駅から数㎞程度などは歩くうちに入らないレベルだったのだろう。かくして、１９０２年に阿弥陀駅は曽根駅に改称していまに続く。

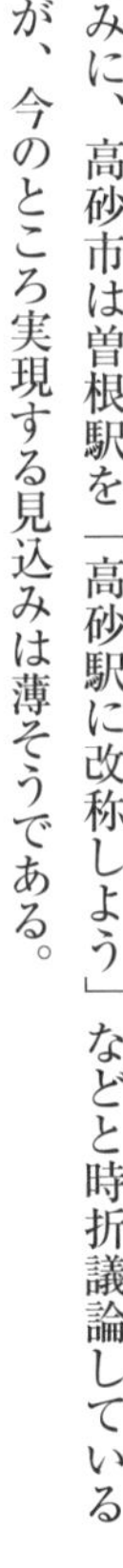

ちなみに、高砂市は曽根駅を「高砂駅に改称しよう」などと時折議論しているようだが、今のところ実現する見込みは薄そうである。

大きくカーブをする場所に曽根駅がある

消えた別所町の名を頂く新駅

20 ひめじ別所

読み／ひめじべっしょ
所在地／兵庫県姫路市
開業年月日／2005（平成17）年3月1日
構造／2面2線
神戸駅から48・4㎞

お隣には貨物駅が広がる

踊る獅子舞、主婦の店

街は駅ができることで劇的に変わってゆくことがある。

ひめじ別所駅の付近を古い地図や航空写真で見ると、線路が通っているだけでほとんどなにもない田園地帯に過ぎない。新幹線が少し海側を通っているが、新幹線開通前も開通後もさして変化はなく、山側の国道2号沿いに市街地らしきものが見えるくらいだ。

それが、いまひめじ別所駅に行ってみるとまったく違っていることを実感するのだ。

ひめじ別所駅の海側、新幹線の高架との間には貨物駅が広がっている。この貨物駅はひめじ別所駅とは別の名前、姫路貨物駅という。開業したのは1994年。鉄道貨物輸送の拡大という野望を抱き……ではなくて、姫路駅付近が高架化したことに伴うものだ。もともと姫路貨物駅は姫路駅の東側にあったが、高架化されると使えなくなっちゃうよ、というわけで移転先としてとりたてて何もなかったいまのひめじ別所駅付近に白羽の矢が立った。

1994年の姫路駅付近高架化時点では旅客駅はなく、貨物専用の駅に過ぎなかった。ただ、市域の拡大に伴って姫路市東部の拠点としての開発ターゲットとなり、姫路市が中心になって旅客駅としてのひめじ別所駅の開業にこぎつけている。駅開業は2005年のことだ。

荷物を扱っているわけでもないいまの時代、別段貨物駅と旅客駅が隣接している必要はない。運行上は姫路貨物駅とひめじ別所駅は同一扱いになっているようだが、お客の立場にすればそれこそどうでもいいことで、ひめじ別所駅をひとことで表現するならば「ホームの向こうに貨物駅が広がっている比較的新しい駅」。

駅舎のある山側は、広場の向こうに「主婦の店」という商業施設があって、その先に国道2号。古くからの町並みは国道2号よりも山側を中心に広がっている。少し西側にはマックスバリュなどもあるようだ。

真新しい駅前広場の中央島には別所獅子舞のモニュメント。獅子舞は播磨地方に伝わる伝統文化のひとつで、中でも大塩天満宮の毛獅子が有名。そうした中で、別所の獅子舞はいわばルーツのような存在なのだとか。

ちなみに、播磨地方と別所というと、歴史好きは別所長治をはじめとする戦国大名を思い浮かべるかもしれない。室町時代から播磨地方を治めていた赤松氏の家臣で、最後は羽柴秀吉に攻められて滅亡した。その別所氏のルーツはこの別所の町にあるのかもしれない。が、少なくとも別所氏が本拠を置いていたのは北東に離れた三木である。

中央島には獅子舞のオブジェも

ちなみに「ご運が〜」といったのは御着ではありません

旧宿場町の面影がいまも

21

御着

読み／ごちゃく
所在地／兵庫県姫路市
開業年月日／1900（明治33）年4月18日
構造／2面3線
神戸駅から50.5㎞

殿、ご運が開けましたぞ

本能寺の変で織田信長が明智光秀に討たれたことを知った秀吉に、岡田准一くん……ではなく黒田官兵衛は武運が開けたと天下取りを促した。というのは、岡田准一くんの大河ドラマの話であって本当のところはどうだかわからない。タイムマシンでもなければ、こんな細かいやり取りの実際はわかるわけがない。

ともかく、そんな黒田官兵衛は若い頃に御着にいた。姫路城（もちろん今のあの姫路城ではなく、もっと小さい中世城郭としての姫路城だ）に拠点をおいた黒田氏に生まれた官兵衛は、御着城の主君・小寺氏の養子に入って若き日を過ごした。小寺氏は官兵衛の進言を無視して信長・秀吉に敵対、滅ぼされてしまう。結果的にこれが官兵衛にとっても武運が開けたということになる。

いずれにしても、小寺氏が治めて官兵衛が仕えた御着の城は御着駅から少し北の旧西国街道をさらに進んだ一帯にある。さすがに戦国当時の町並みは残っていないが、御着は江戸時代を通じて西国街道の宿場町でもあった。だからその当時の面影がほんのりと残る。御着城址はもとより黒田官兵衛の祖父や生母の墓も御着の町に。

そんな歴史にゆかりのある町の駅だからなのか（関係ないですかね）、御着駅は古い駅舎をそのまま使っている。建物財産標には「昭和10年3月」とある。昭和10年は西暦にすると1935年。90年近くも前の駅舎が現役で、古の御着城の代わりのごとく町の玄関に建っている。

こうした古い駅はなかなか残りにくい。なぜかというと、地震や空襲といった被害を受けていれば、とうぜん建て替えをやむなくされるからだ。御着駅のある姫路市も空襲被害からは免れておらず、1945年6月と7月にB-29の襲来を受けている。が、少し東に離れた小集落に過ぎなかったからなのか、御着は被害を受けなかったのだろう。結果、古い駅舎が今も現役なのだ。

御着駅からすぐ山側を通り、西側で山陽本線の線路と交差する旧西国街道。その北には西国街道を受け継ぐ国道2号が通る。駅の上り方近くで交差している国道312号は、内陸の国道2号と工業地帯の海側を結ぶ。

いまの御着駅前の人通りは多くはない。だが、中世城下町にして旧街道の宿場町、そしてすぐ西の旧西国街道と国道2号の間には播磨国分寺跡もある。歴史の中に確かな存在感を残してきた町は、昭和初期の駅舎が見守っているのだ。

旧街道の面影を伝える細い路地

出入り口は山側にひとつだけ

姫路市東部の新ターミナル

22 東姫路

読み／ひがしひめじ
所在地／兵庫県姫路市
開業年月日／２０１６（平成28）年3月26日
構造／2面2線
神戸駅から52.9㎞

鳥の名は

東姫路駅そのものはごくありふれた、ハッキリいうと特に書くことがほとんどないような駅である。

御着駅から市川を渡ってすぐ、２０１6年に開業したばかりの真新しい駅だ。山陽本線においては関西地区では最も新しい駅で、JR神戸線と呼ばれる区間においては神戸以東の六甲道～灘間の摩耶駅と同じタイミングに開業している。姫路駅に続く高架区間にあって、山側にだけ小さな駅舎が建つ。駅前の広場はただただ広く、周囲にはマンションやらがポツポツと。わざわざよその地域の人が降り立つような駅ではない。

高架をくぐって海側にも出てみると、ここは広場もなく細い道が続いているだけだ。出入り口がないのだから無理もない。新幹線はひめじ別所～御着間で海側から山陽本線にすり寄ってきて、この区間ではすっかり並行して走っている。市川を渡るところまでは新幹線だけが高架だが、東姫路駅の手前で山陽本線も高架に駆け上ってほとんど並んで播磨最大のターミナル・姫路を目指すことになる。

と、うだうだと地図を見ればわかるようなことばかり書いたが、それくらいこの駅は特徴がない。

少し古い時代に遡ると、明治から大正時代にかけての姫路の市街地は旧西国街道沿いを除けば山陽本線の北側、播但線の西側に限られていた。東姫路駅付近はとにかくなにもない、川っぺりの田園地帯であったということだ。

それが時代とともに都市化が進み、1980年代にはすでにすっかり市街地に飲み込まれた。2009年には姫路警察署も移転してきている。

そうした状況下での高架化（いわゆる連続立体交差事業というやつだ）に伴って、このあたりに駅を作ったらどうですか？　とJR西日本から姫路市に提案したという。駅の開業に合わせて駅周辺の再開発も行われ、現在の形になったというわけだ。だからどうというわけではないが、とにかく東姫路駅はそうしたターミナルの衛星的存在の小駅である。

特に駅の周りを歩いていても何があるわけでもなし、平日の日中ということもあってか人通りもまばら（というかまったく誰も見かけなかった）。そこでそそくさと次の姫路駅を目指そうと再び改札に入り、高架下の通路を通って階段を上り、相対式のホームに向かう。

その途中で見つけたのが、階段の壁などに描かれている鳥のシルエット。おや、姫路にはツルでも飛んでくるのだろうか。

などとぼんやり思いつつ電車に乗り込んだが、筆者は無知蒙昧の輩であった。姫路の鳥といえばツルではなくて、あの天下の世界遺産・姫路城の別称、白鷺城。姫路の鳥はシラサギだ。だから、誰かに聞いたわけではないが東姫路駅の鳥はシラサギなのだろう、きっと。

右が山陽本線、左が新幹線

奥に建っているのは商業施設。中央の低い建物が駅の入口だ

23 姫路

国宝・白鷺城を正面に見る播磨最大のターミナル

読み／ひめじ
所在地／兵庫県姫路市
開業年月日／1888（明治21）年12月23日
構造／3面8線
神戸駅から54.8㎞

カニを食べに行こう

冬になると、JR西日本は「かにカニはまかぜ」という列車を走らせる。日本海側、浜坂駅周辺の名物はマツバガニ。そのシーズンに合わせて、大阪～浜坂間で運転される臨時特急だ。

といっても、実態はほとんど「はまかぜ」そのものなのだが、日本人はとにかくカニが好きなので「かにカニはまかぜを運転します」などと駅の貼り出されてしまうとあっさりノセられてしまう。新型コロナとかいうものがやってくる前に、浜坂駅から大阪方面の「かにカニはまかぜ」に乗ったことがあるが、ノセられた日本人で列車は満員に近かった。ま、筆者もそのノセられたひとりなんですが。

で、この「かにカニはまかぜ」が（というか「はまかぜ」が）山陽本線から分かれて日本海側を目指す分岐のターミナルが姫路駅である。

日本海側を目指す播但線は、姫路駅から北東方面に向けて走ってゆく。だから、大阪方面からやってくる「かにカニはまかぜ」は姫路駅でスイッチバック。進行方向を転換させてカニを目指す。スイッチバックなんて珍しくもなんともないのだが、カニを食べるためのスイッチバックと思えば格別である。進行方

向がグルっと変わる、それはもうカニを食べるための前座、プロローグなのだ。

ほかに姫路駅からは姫新線、中国山地をズバッと貫いて岡山県の新見駅までを結ぶ長大ローカル線も分岐している。また、私鉄では駅前の山陽百貨店ビルから山陽電車。神戸〜姫路間における山陽本線のライバルだが、なんとなく役割が違っているようでうまいこと共存できている。

いずれにしても播磨地方最大のターミナル・姫路駅は山陽本線を軸にして複数の路線が交わる交通の要衝になっている。もちろん、新幹線も忘れてはならないところだ。

その新幹線のホームに立つと、まっすぐ目の前に姫路城が見える。駅から城が見える駅は、意外と少ない。それは、お城を中心に古くからの町の中心市街地が広がっており、駅はその市街地の周縁、比較的遠くに設けられるものだから。それが姫路においては、なかなかお城の近くに駅ができ、駅前からの通りを真っ直ぐいけばお城がそびえるという最高のロケーションが実現した。

白鷺城とも言われる美しい近世城郭の姫路城。中に入ってあれこれ見学するのもいいが、これだけ立派な天守であれば遠くからその威容を眺めるだけでも充分満足できる。そのためには姫路城と真正面で向き合う姫路駅こそがベストポジションといっていい。2006年には山陽本線のホームも高架化されて、すべてのホームから真正面にお城が見えるようになっている。

新幹線の通る海側の駅舎

二重の折り詰め幕の内

城を真正面に望む姫路の駅は、1888年12月23日に開業した。

山陽鉄道時代の山陽本線は、まず最初に兵庫~明石間が開業している。1888年11月1日のことだ。それから遅れること約2ヶ月、明石~姫路間が開業。姫路以西への延伸は翌1889年11月11日だから、約1年間は姫路駅が終着の駅だった。

そしてそんな開業当初、日本の鉄道史に名を残すできごとがあった。今と同じような弁当箱に入った折り詰めの駅弁の発売である。

駅弁の発祥には諸説ある。通説になっているのは1885年の宇都宮駅だ。異説には1877年の梅田駅や神戸駅などもある。ただ、いずれにしても一般にイメージされる弁当とは違い、握り飯程度のものだったようだ。少なくとも宇都宮駅で販売されていた駅弁は、握り飯ふたつとたくあんを竹の皮で包んだものだった。だから、記録には残っていなくても似たようなものは全国あちこちの駅で売られていたのではないかと思う。

そんな駅弁前史の時代から今のような弁当の形になったのは、1889年に姫路駅で売り出された幕の内弁当からだとされる。

売られていた幕の内弁当は上折にはおかず、下折には白飯を入れた二重の折り詰め。おかずは鯛の塩焼きや伊達巻、卵焼き、蒲鉾や百合根、筍の煮物など13種。今どきの幕の内弁当でもこれだけ豊富におかずが入っていることはないだろう。実に贅沢、絢爛な駅弁のはじまりであった。

この幕の内弁当を売り出したまねき食品は、今でも姫路駅で駅弁を売っている。さらに旅人の食欲をそそるのが駅のホームで食べられる〝えきそば〟だ。

姫路駅のそばは普通の駅そばとはまったく違う。つゆは普通の和風だし。ところが麺が日本のそばではなくて中華麺なのである。食材が手に入らない終戦直後、小麦粉の代わりにこんにゃく粉とそば粉を混ぜた麺をつかったのがきっかけで、伸びにくく長持ちする麺を探す中でかんすいを使った中華麺にたどり着いたという。

実際に今回の旅でも姫路駅のホームで食べた。乗らねばならぬ列車がホームに入ってきたくらいのところで注文し、あっと

駅からまっすぐ姫路城

いうまに出てきて汗をかきながらすすってものの5分。さっと食べられるのが駅そばの良さである。中華麺と和風だしのコラボレーションも悪くない。

播磨最大のターミナルらしくたくさんの人が行き交う中で、姫路城を見ながら姫路ならではの〝えきそば〟をすする。姫路城観光をするほどの時間はなくとも、姫路駅は駅だけで充分に楽しいのであった。

大通りが駅の前をぶっちぎる

新快速も停まるけど、実態はしがない小駅

24

英賀保

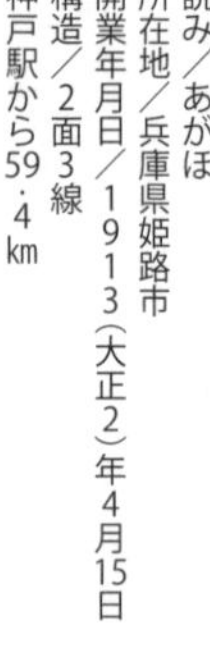
読み／あがほ
所在地／兵庫県姫路市
開業年月日／1913（大正2）年4月15日
構造／2面3線
神戸駅から59.4㎞

ここは田園調布かそれともパリか

「JR神戸線」と呼ばれる区間が終了する姫路駅を過ぎると、旅はいよいよ新しい段階に入る。

といっても、ほとんどはJR神戸線からの列車がそのまま乗り入れていくだけなので、あまり実感はわかない。それでも少なくとも鉄道ネットワークにおける〝関西〟はそろそろ終わり、本格的に中国地方の旅に移ろうという間のリリーフのような区間が、英賀保駅からしばらくの区間なのである。

実際、それは列車のダイヤからもわかる。

滋賀県内から京都・大阪・神戸を経由して走る東海道線・山陽本線（ここではJR琵琶湖線・JR京都線・JR神戸線と表現するほうがわかりやすいか）は、中核の京都・大阪・神戸を中心に運転本数が増減する。山陽本線の走る西側においては、各駅に停まる各駅停車は西明石駅を終点とし、代わりに快速が西明石から先では各駅に停車する。

快速は姫路を少し通り越して網干駅まで走ることが多いが、姫路～網干間は言ってみればおまけのようなものだ。

看板の新快速は、日中になるとほとんどが姫路で終着。2021年秋のダイヤ改正では姫路より西の列車が減らされてしまったが、これはつまり姫路止まりの新快速が増えたということを意味している。

一部の姫路以西に乗り入れる新快速は、すべての駅に停車する。つまり新快速だろうが快速だろうがなんだろうが、英賀保駅の含まれる区間は各駅停車。新快速らしさはまったく発揮されない区間なのだ。こういったところからも、英賀保駅からしばらくの旅は、関西を終えて中国地方へ向かう助走段階だとわかってもらえるのではないか。

姫路駅を出て最初の英賀保駅は、１９１３年に開業した。姫路～竜野間は１８９０年に延伸しているから、それよりも20年以上遅れての開業である。地元の人たちがなんとしてもわが町に駅を、と強く訴えたからだという。

駅は良くも悪くも地域の顔になるもので、英賀保駅は小さいながらも切妻屋根の凛とした駅舎。そこに大正初期の地域の人たちの熱意が伝わってくる。

ただ、英賀保の古くからの中心は駅からは少し離れた南側。夢前川を渡った先には広村の市街地もあって、両者は川を挟んで隣接していたようだ。

町が一変したのは昭和に入ってから。１９３７年に広村の海岸埋立地に日本製鐵（現在は日本製鉄）広畑製鉄所が誕生する。英賀保駅は、いくらか距離こそあるものの期せずして新設の大工場のターミナルになった。そこで駅から南側に向かって区画整理が行われ、〝モダン〟をテーマに駅から放射状に街路が伸びて半円状の路地がそれを互いに結ぶという町並みが作られている。わかりやすくいえば田園調布みたいなのだ。

もちろん田園調布のようなデベロッパー主導のまちづくりとはまったく違うが、なんとなくその頃の地域の人たちの製鉄所にかける思いがこれまた伝わってくるではないか。

いま、英賀保駅前には交通量の多い県道が通り、駅前には道標となぜか紀元２６００年を記念する碑が建っているだけである。

ただの交差点に見えて実は“凱旋門”だ

羽をひろげたようなデザイン

遠く海沿いに〝新日鉄広畑〟を望む新駅

25

はりま勝原

読み／はりまかつはら
所在地／兵庫県姫路市
開業年月日／2008(平成20)年3月15日
構造／2面2線
神戸駅から62.2km

さわやかイレブン、ヨッシャー監督

姫路市は実に熱心である。何がかというと、駅の設置についてである。はりま勝原駅は、姫路市の請願駅として2008年に開業した。他に姫路市内には、ひめじ別所駅・東姫路駅がそれぞれ平成に入ってから開業している。いま、山陽本線は姫路市内に7つの駅を持っているが、そのうち3駅までが平成の駅ということになる。ひめじ別所駅と東姫路駅は請願駅ではないが、それでも駅前広場の整備などに投資をしているから、やはり駅の設置に熱心な自治体といっていい。

はりま勝原駅は新しい駅だから、今どきの橋上駅舎である。駅の周りはごく普通の住宅地。だから取り立てて語るべきこともない。羽を広げたような膜屋根の駅舎に姫路城＝白鷺城を思い浮かべるのかどうかは、まあ見た人それぞれということにしておこう。

橋上駅舎なので山側・海側どちらにも出入り口と広場がある。山側に出ると、文字通りすぐに山が迫っている。京見山という山だ。そこまでのわずかな平地には比較的歴史のありそうな和風建築の住宅が建っているなど、静謐な山の麓の集落といった趣が漂う。麓には1941年に日本製鐵の迎賓施設として建設された京見会館。このことからもわかる通り、はりま勝原駅の一帯は旧日本製鐵、今でいう日本製鉄の工場のいわば城下町である。

夢前川の河口、播磨灘の埋立地に広がる日本製鉄瀬戸内製鉄所広畑地区は、播磨臨海工業地帯の中核的存在だ。1939年に当時の日本製鐵によって建設され、富士製鐵・新日鉄・新日鉄住金を経て日本製鉄の工場になった。

〝新日鉄広畑〟というと野球ファンには馴染みがあるかもしれない。工場発足と同じ1939年の創部で、経営体制が変わる中でも社会人の名門野球部のひとつして多くの実績を残してきた。多くのプロ野球選手も輩出しており、有名なところでは近鉄バファローズの監督を務めた佐々木恭介。やまびこ打線で知られる池田高校野球部を指導した蔦文也もアマチュア時代には新日鉄広畑野球部でプレーしていた。

ただ、こうした文脈ではりま勝原駅を語ろうにもさすがに無理がある。佐々木恭介や蔦文也がいた時代にはもちろんはりま勝原駅はない。今も工場には山陽電車の広畑駅のほうが遥かに近い。それでも、はりま勝原駅の海側の広場からは遠く工場の煙突が見える。比較的最近になって開かれた住宅地が広がるばかりの駅前だが、遠くに見える煙突に、改めて播磨は日本有数の工業地帯であるということを知るのである。

遠くには煙突が……見えますか?

駅には直結のパーキング

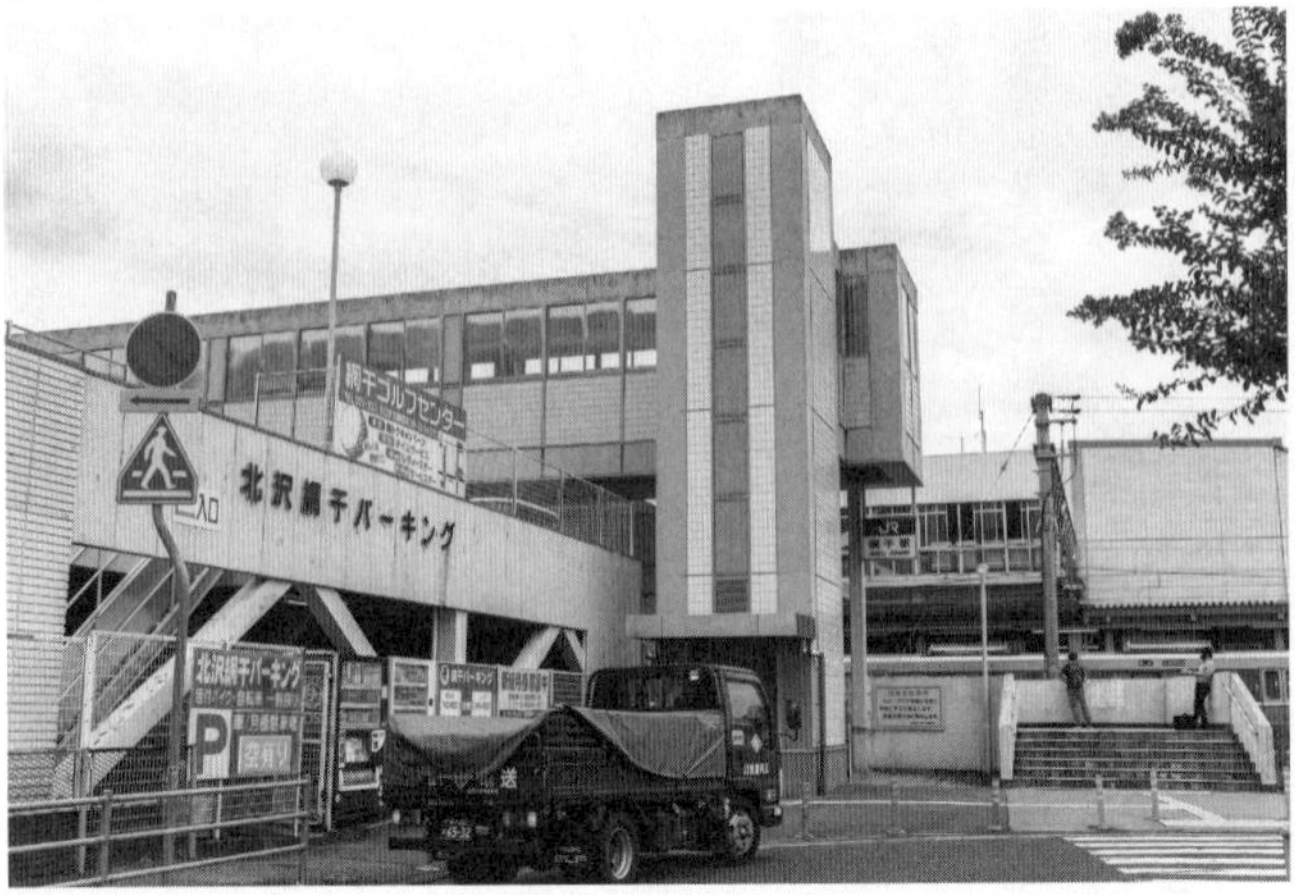

京阪神を貫いた列車旅もここで一段落

26 網干

読み／あぼし
所在地／兵庫県姫路市
開業年月日／１８８９（明治22）年11月11日
構造／２面３線
神戸駅から65.1㎞

三都物語の終端からクルマに乗って

いつだったか、網干駅から野洲駅までを乗り通したことがある。乗り通したといってもクロスシートの窓際に腰掛けてぼんやりしているだけだからそれほどのことはないのだが、神戸も大阪も京都も通り越す旅。ひとり三都物語であった。

なぜそんなことをしたのかというと、関西におけるＪＲ線の運行形態からして関西の範囲は野洲～網干間だ！　と決め込んで、その両端はどんな駅なのかを記事にしようという企画だった。京都や大阪、三ノ宮といった誰もが知っているターミナルではなく、なぜか終着の列車が数多く設定されている網干駅と野洲駅。関西に住んでいる人ならば、どちらの駅もみな知っている。が、だからといってどんな駅なのかはよくわからない。この微妙なポジションが案外におもしろいというわけだ。

そのときの旅以来、つまりは数年ぶりに網干駅にやってきた。もちろん、駅も駅前の風景もたいして変わっていない。

網干駅の特徴といったら、西側に網干総合車両所があるということを除けば独特の橋上駅舎であるということだろう。普通の橋上駅舎の自由通路は自転車

自転車も通行できるスロープ付きの駅舎

で通ることはできない。ところが、網干駅の場合は山側・海側ともに階段やエレベーターのほかにスロープも設けられていて、こちらを使って自転車が通行できるようになっているのだ。

橋上駅舎は駅の両サイドの分断を解消する妙案として各地で重宝がられているが、自転車が通れないという問題はなかなか克服できていない。それが、1978年という比較的古い時代の網干駅の橋上駅舎では見事に解決しているのだ。

さらにおもしろいのは海側の出入り口。ふつう、橋上駅舎といったら商業施設、駅ビルのたぐいとつながっているものだ。だから移動の途中にちょっと買い物をしたり、会社帰りに晩飯のおかずを買ったりすることができる。ところが網干駅にはそういった類の施設はない。代わりに、海側の出入り口からそのままに駐車場につながっているのだ。

大都市圏のベッドタウンの駅ならば、クルマで駅にやってくる人は少ない。いたとしてもそれは家族が送迎してくれているので、駅にクルマを止めっぱなしにすることはまずない。いっぽうで、少し都市部から外れた地方になると、クルマで駅までやってきて駐車場に止めて電車に乗り継いで通勤する人が増える。だから駅の周りにはやたらと駐車場が多くなる。

網干駅の周りにもとうぜん駐車場はたくさんあるのだが、駅直結の駐車場とはなかなかよく考えたものだと思う。訪れたのは2回とも平日の真っ昼間。駐車場にクルマは止まっていても、人の出入りはほとんどなかった。が、きっとそんな便利な使われ方をしているのだろうと想像するには充分な網干駅の光景である。

網干駅は1889年の開業。姫路～竜野間の延伸と同時の開業だった。ずいぶん古い駅なのだが、本来の〝網干〟と名乗る地域の中心はずっと南の揖保川の河口付近にあった。そのあたりには、網干駅より山陽電車の山陽網干駅のほうが近い。私鉄と元国鉄、JRの絶妙な関係性はこの駅にも現れているのである。

名は体を現さず、たつの市の中心とはほど遠く

27 竜野

読み／たつの
所在地／兵庫県たつの市
開業年月日／1889（明治22）年11月11日
構造／2面2線
神戸駅から71.0㎞

夏のそうめん地獄の顛末は

そうめん問題というものがある。

あるというか、勝手にいま作ったのだが多くの人に納得してもらえるのではないかと思う。

夏になって暑い日が続くと、料理をするのも面倒だし食欲もなくなるし、毎日そうめんを食べるようになる。しばらくするとさすがにそうめんにも飽きてくるのだが、かといってそうめんのように軽いものばかり食べているからますますパンチのあるものは食べたくない。そうして気がつけばそうめん地獄に陥ったまま、夏の終わりを迎えることになるのである。

そんなわけでそうめんは日本人の食卓になくてはならないものになっている。そのそうめんは、長年兵庫県が生産量ナンバーワン。2位の長崎県に圧倒的な差をつけているキングだ。もちろんその中核にあるのは、そうめんのトップブランド・揖保乃糸。揖保乃糸の本拠地は、竜野駅がある兵庫県たつの市である。

ならば竜野駅に行ったらそうめんが食えるのではないか。なんだかんだで暑い日に旅をしたので、やっぱりお腹に優しいそうめんが食べたい。そう思って竜野駅を降りた。

ところが、である。

竜野駅の古びた駅舎から外に出ても、まったくそうめんの気配がない。駅そばならぬ駅そうめんがあるわけでもないし、近くに揖保乃糸を食わせてくれる店がありそうな雰囲気は皆無だ。そうめん、どこで食べられるの？

このあたりで種を明かすと、竜野駅は揖保乃糸の産地であるところの〝龍野〟とは大いに離れた場所にある。今でこそ合併などを経て竜野駅もたつの市内にあるが、開業時から長らく揖保川町にあった。つまり、竜野駅の街はその名に反して龍野の街とはまったくの別の街であるというわけだ。

山陽本線の交通路としての前身にあたる西国街道は、姫路の西側で美作街道を分けている。

揖保乃糸の龍野は美作街道沿いの街。江戸時代には脇坂氏龍野藩の城下町として栄え、藩がそうめんの生産を奨励したことで特産品になったという。揖保川の水運の利で赤穂の塩や小麦粉の入手が容易だったことが背景にある。他に龍野には薄口醤油（ヒガシマルの本社も龍野にある）も特産だが、それも同様に背景に基づくものだ。

対して、山陽本線は美作街道沿いではなく本流の西国街道沿いを通っている。竜野駅のあたりは旧宿場町に置き換えると正條宿。揖保川のほとりにあった宿場町だ。駅前の古い雰囲気の通りは旧西国街道で、駅のすぐ北側には西国街道を継いだ国道2号が通る。

こうした流れを汲めば、竜野駅はむしろ正條という駅名にしたほうがよかったのではないか、ということになる。まあ、竜野駅と命名された理由はわからないが、そこはかつて藩も置かれた近隣の著名な地名を頂いたのだろう。そこに文句をつけても意味がない。明治時代には竜野駅から龍野の中心地まで鉄道を敷設する計画があったようだが、実現しなかった。本来の龍野の中心には、昭和にはいって1931年に姫新線の本竜野駅が開業している。

駅前は旧街道。駅前旅館も

ペーロン祭で有名？なかつての造船都市の玄関口

28 相生

読み／あいおい
所在地／兵庫県相生市
開業年月日／1890（明治23）年7月10日
構造／2面3線
神戸駅から75.5㎞

一里はなれて赤穂あり

六甲山地を越えて長らく播磨平野を走ってきた山陽本線は、揖保川を渡って竜野駅を出たあたりでいよいよ山間の旅に入ってゆく。その最初の駅が、相生駅である。

相生駅は山陽本線と赤穂線が分かれる駅だ。赤穂線が開業したのは山陽本線よりもずっとあとの1951年。〝JR神戸線〟と呼ばれる区間の看板列車・新快速の中には赤穂線の播州赤穂駅まで乗り入れる列車もある。播州赤穂といったらご存知赤穂浪士のふるさとだ。赤穂線が開業するまでは相生駅がいわば赤穂方面の最寄り駅であって、『鉄道唱歌』でも相生駅から西南に一里離れたところに赤穂があるよ、と歌っている。

ところが、である。

その鉄道唱歌には、相生駅ではなく「那波の駅」とある。つまり開業当時、相生駅は那波駅という名であったということだ。

造船の町の玄関口らしいイカリのオブジェ

駅前広場は大きいが人通りは少ない

相生駅が開業したのは1890年7月10日。山陽鉄道竜野〜有年間の延伸時に開業している。その当時、駅の所在地は相生ではなく那波村だ。そこで那波駅という駅名を与えられた。だったら竜野駅だって旧宿場町の正條駅とでもしておけばいいと思うのだが、それはまた別のお話。

いずれにしても那波駅という名で開業した当時の相生駅は、山に囲まれた谷間の小駅に過ぎなかった。

ターミナル化のきっかけは、1907年に設立した播磨船渠株式会社。駅から南に離れた海沿い、相生村に船の修理を担う小規模な工場が誕生した。それが第一次世界大戦期の造船ブームに乗じて飛躍的に成長。相生は造船都市として発展する。播磨船渠は財閥の鈴木商店の傘下に入り、1929年には播磨造船所に改称。造船不況などいろいろあったが、今ではIHI（石川島播磨重工業）の事業所として存続している（ちなみにもう船は造っていません）。

つまり、造船都市になったことで相生駅は多くの人が利用するターミナルへと成長したのだ。肝心の駅名は那波町と相生町が合併して相生市が誕生した1942年に相生駅に改めている。いまの相生駅の駅前風景を見るだけではとうていそんな古い時代に市になった町とは思えないのだが、造船都市という一面を知れば納得である。

相生駅には1972年に山陽新幹線が乗り入れている。在来線は地上を通っているが、その山側に覆いかぶさるようにして新幹線が通る。

新幹線の駅というと規模がでかくて待合室から売店、飲食店までが勢揃いしている印象だが、相生駅はまったく違う。橋上駅舎の自由通路の山側に新幹線が通ってはいるものの、新幹線専用の改札口はナシ。在来線の改札口を通ってから小さな乗り換え改札を抜けて新幹線のホームに向かう構造なのだ。

さらに新幹線のある山側駅舎もターミナル感は乏しい。すぐ横に国道2号がズバッと通っていて、駅前広場のようなものすらない。山が迫っているし国道も通っているから広場を設けるほどの余裕がなかったのだろうとは思うが、それにしたって新幹線の駅としてはかなり地味な方である。

ならばなぜ、こんなところに新幹線の駅ができたのか。お隣の姫路駅ともたいして離れていないし、新幹線に相生駅がなくたって誰も困らないではないか。

笑わん殿下の威光か、それとも

一説には、相生を含む選挙区選出の衆議院議員に河本敏夫という大物がいたからだという。河本は三角大福の一角、三木武夫率いる三木派の大番頭。クリーンなイメージの領袖・三木に対して資金集めから何からブラックな役回りを一手に引き受けたという。などという背景を踏まえると、「河本さんが無理やり作らせたんだろうなあ」ということになってしまう。

こういう政治と鉄道を結びつける発想はよくあるもので、新幹線においては岐阜羽島駅もそうだ。あちらは終戦直後の党人政治家の筆頭・大野伴睦の地元であり、駅前には大野伴睦夫妻の像まで建っている。だから誤解を生むのだ。

相生駅に新幹線が乗り入れた理由は、河本敏夫とはなんの関係もない（たぶん。だって本当のことは〝裏側〟すぎてわからないですからね）。

新幹線側の駅前にはすぐに国道が通る

もともと山陽新幹線を建設していた国鉄は、博多までの開通が成った暁には夜行新幹線を運転しようと考えていた。東京〜博多間、いまでこそ新幹線で6時間そこそこだが、当時はそこまで早くなかった。だったら夜行新幹線を走らせたらお客は寝ている間に都合よく東京から博多まで行けて便利だよね、という発想だったのだろう。

しかし、夜行新幹線を走らせるにあたっては大きな障壁があった。線路設備などの保守・点検時間の確保だ。夜間に6時間は列車の走らない保守時間を確保せねばならぬ。そこで、当時の国鉄さんは夜行新幹線を単線運転し、使っていない線路で保守作業をすればいいじゃないかと思いついた。

となると、すれ違いのための設備が必要になる。そんなわけで、短い間隔で駅を作ってそこで列車同士がすれ違えるようにしましょうねとなって、新神戸〜相生間では新神戸・西明石・姫路・相生と短い間隔で実に4つもの駅が誕生したのであった。

結局、夜間の騒音問題などがネックになって夜行新幹線計画は雲散霧消してしまったが、新幹線相生駅も、そうしたかつての企ての産物なのである。

このような駅産みの経緯はどうであっても、今も相生駅に新幹線がやってくるのは事実だ。天下の新快速もやってくるし、播州赤穂の義士たちの香りも漂ってくる。そうして海側の相生の町に行けば今も往年の造船都市から続く工業都市としての顔は健在だ。駅前広場にあるイカリは、かつての造船都市・相生のシンボルである。

造船都市らしく、相生でいちばんのイベントは毎年5月に行われるペーロン祭。なんじゃそれ。

ペーロン祭とは、簡単に言えば細長いボートを使った競走みたいなもの。そもそもペーロンは長崎由来の呼び方で、造船所の長崎出身従業員たちが提唱してはじまった社内行事がルーツだという。いまでは、全国的にも有名なお祭りのひとつだとか。いつか行ってみたいと思います。

2017年完成の橋上駅舎

赤穂線と分かれて山中へ

29

有年

読み／うね
所在地／兵庫県赤穂市
開業年月日／1890（明治23）年7月10日
構造／2面2線
神戸駅から83.1km

県内最後の木造駅舎に会いに

ものの本を読むと、有年駅の駅舎は兵庫県内では最も古い木造駅舎なのだという。

正直なところ、全国の駅を巡っていると古い木造駅舎など案外によく見かけるもので、そこまで物珍しいという感想もなくなってくる。が、兵庫県内でいちばん古い、というとちょっと楽しみだ……。

と、有年駅にやってきたが、待ち受けていたのは真新しい橋上駅舎であった。現在の有年駅の駅舎は2010年代以降に建て替えが進められたもので、2017年に完成した。つまり兵庫県内の駅舎の中でも新しい部類に入る。駅の山側は田んぼも広がる田園地帯。今まで都市の中を走ってきた山陽本線の旅も、いよいよ新しいフェーズに突入するのだが、駅舎の新しさのおかげでそんな感慨もいまひとつである。

といっても、別に古駅舎を文化財として残す気はないのかとか、そんなことを言うつもりはない。

繰り返しになるが古い木造駅舎は案外いくらでもあるもので、すべてを残そうとしていたらキリがない。それに古い駅舎は耐震という公共施設たる駅において最も重要な問題をはらむ。旅人はともかく、普段使っている人にとってはきれいに建て替えられた新しい駅舎のほうがいいという人が多いのではないか。

そんなあれこれを感じながら有年駅の外に出る。橋上駅舎になる前は、山側に出入り口はなかったのだろう。新しく小ぶりな広場と田んぼのコントラストはなかなかおもしろい。

海側は昔からの駅舎があったいわば〝正面〟。ただ、こちらは古い駅舎時代からの整備がまだ終わっていないということなのか、ちょっと荒れ果てた一角もあったりして、駅前広場の整備はまだまだこれからの雰囲気だ。駅前から少し歩けば国道2号、さらに国道2号のもうひとつ先には旧西国街道が通る。有年は、西国街道の宿場が置かれた町である。

整備途上の広場の片隅に、何やら案内板があるのを見つけた。それによると、有年駅からかつて赤穂鉄道という鉄道路線が伸びていたという。

赤穂鉄道はレール幅762㎜のいわゆる〝ナローゲージ〟。山陽本線有年駅のすぐ脇から西に向かって線路を伸ばし、しばらく行った先で千種川沿いに南下して播州赤穂の中心地まで。山間部を縫うようにして走っておおよそ30分で結んでいたようだ。

いま、赤穂までは相生駅から赤穂線に乗る。赤穂線は相生駅を出てすぐにトンネルに入る。が、千種川沿いを走る軽便鉄道の赤穂鉄道にはトンネルのようなものはあまり必要なかったのだろう。そうした好条件もあって、1921年から1951年まで実に30年間赤穂の町と山陽本線を連絡する役割を果たしていた。廃止のきっかけは、赤穂線の開通である。

すでに廃線から半世紀以上が経って、駅前に赤穂鉄道の面影はない。このあたりにホームがあったのかなあ、などと駅前を眺めてみても、本当のところはわからない。ただ、赤穂鉄道があった時代の記憶が駅前の案内板に残されているのは悪くないことである。

整備が進んでいない駅前広場

古い駅舎が出迎えてくれる兵庫県最後の駅

特急も行き交う山間の秘めたるターミナル

30

上郡

読み／かみごおり
所在地／兵庫県上郡町
開業年月日／1895（明治28）年4月4日
構造／2面4線
神戸駅から89.6㎞

落ちない城が白旗城とはこれいかに

上郡駅は山間のターミナルである。

相生駅から県境の山の中に分け入る山陽本線は、有年駅を出てすぐに千種川とぶつかるとそれに沿うようにして北に向かう。旧西国街道（と現在の国道2号）は千種川を渡ってほぼ真っすぐに西に向かうが、山陽本線はここですこし旧街道と離れることになる。このあたりに、鉄道と道路の違いが透けて見える。

そうして山間の小さな盆地で千種川を渡ると上郡駅に到着する。

上郡の町は、江戸時代に千種川船運で賑わった川港。周辺の農産物や木材の集散地であった。さかのぼって南北朝時代には赤松円心が白旗山城を築く。白旗城は新田義貞軍を50日間足止めするなど堅固な城として名を馳せていた。〝落ちない城、白旗城〟などという矛盾に満ちたコピーがある。

ただ、1890年に山陽鉄道有年～三石仮駅間が開通したときには上郡には駅は設けられていない。なぜかはよくわからないが、旧西国街道筋から外れていたことが大きな理由のひとつだったのではないか。

山間の町に初めて駅が開業したのは路線開通から5年後の1895年。地域の人にとっては悲願の駅開業には、大鳥圭介が関わっていた。上郡出身で閑谷学校で学んだ元幕臣、明治以降は官僚としても活躍した大鳥圭介が、ふるさとの町に駅を設けてほしいと兵庫県知事に願い出たのだ。これをきっかけにして上郡駅が開業し、山間の町の玄関口になった。現在の木造駅舎は大正時代のもの。広々とした駅前広場の傍らに小さくも誇り高き玄関口の駅舎が存在感を見せている。

上郡駅の存在感が高まるのはずっと後のことである。1994年の智頭急行智頭線の開業。これによって上郡駅のホームの端っこに智頭急行の乗り場が設けられ、特急列車の乗り入れも開始。いまでも特急「スーパーはくと」「スーパーいなば」が上郡駅を経由して山陽本線から智頭急行に入る。ちなみに、岡山方面と鳥取を結ぶ「スーパーいなば」は上郡駅でスイッチバックを行なっている。

この智頭急行開業によって上郡駅は山間のターミナルになったのだ。といっても、ほとんどの特急のお客は上郡駅で乗り換えることもないから、その駅の存在を認識するような間もほとんどないかもしれないが。

上郡駅を訪れたのはちょうど夕方、学生たちが学校から帰宅しようとする時間帯だった。そのためか、たくさんの学生たちが上郡駅で電車の発車を待っていた。ほとんどの学生が相生駅方面の電車に乗って去る。反対の下り方面は、船坂峠で岡山県への県境を跨ぐ。上郡駅は、兵庫県で最後の駅なのだ。

ホームの端っこに智頭急のりば

瀬戸内海を垣間見る吉備の国
糸崎
上郡
吉永
熊山
和気
三石
万富
瀬戸
上道
岡山
東岡山
庭瀬
北長瀬
高島
中庄
西川原·就実
倉敷
西阿知

第2章 山を越えて 三石～

31 三石

読み／みついし
所在地／岡山県備前市
開業年月日／1890（明治23）年12月1日
構造／1面2線
神戸駅から102.4㎞

高台の上にある三石駅舎

トンネルのむこうは、煉瓦の町でした

山陽本線と並んで中国地方を走り抜ける山陽新幹線は、トンネルが多いことで有名だ。東海道新幹線はトンネルが全体の13％に過ぎないのに、山陽新幹線は50％に及ぶ。せっかく風光明媚な瀬戸内が近くにあるのに、トンネルのおかげでほとんどそれを楽しむことはできない。

対して、山陽本線はトンネルが少ない。長大なトンネルなどほとんどなく、海沿いを走ったり川沿いを走ってうねうねとカーブしながら山を越えて走ってゆく。その理由はあえて述べるまでもないが、明治の半ばに建設された路線に長大なトンネルなど掘れるはずもない。

そんな山陽本線の電車が初めて本格的なトンネルに入るのが上郡〜三石間だ。船坂峠という西国街道時代からの難所、いまでは兵庫県と岡山県の県境になっている峠を船坂トンネルで抜ける。2000m以上の、建設当時からするとかなり長いトンネルである。

このトンネルを抜けると、すっかり景色は変わって三石駅につく。それまでとはまったく違って平地ではなく山の中にある駅だ。駅そのものが山にへばりつくような場所にあって、さらにすぐ裏の高台を強引に国道2号が通っている。

三石の町には煉瓦工場の煙突が

もちろん旧来の旧西国街道は駅の下、山の谷間にひしめく三石の市街地の中を抜けていた。

高台にある三石駅舎から三石の街を見ると、いくつもの煙突から煙が上がっているのが見える。ほんのりと火薬の匂いも漂っている。山間の小さな駅の近くに何があるのか。高台の駅舎から階段を降りて街に出て、少し歩いてみた。

煙突や火薬の匂いの正体は、駅の近くに工場を持つ耐火煉瓦の工場であった。もともと三石は蝋石の産地として有名だった。その歴史はかなり古く、慶長年間（関ケ原の戦いがあった1600年前後）に発見された三石きっての特産品だ。

近代に入って学校制度が確立すると、蝋石は黒板に文字を書くチョークの原料として使われるようになった。加藤忍九郎という人物が事業化して成功したという。そしてこの加藤さん、蝋石の耐火性に着目して耐火煉瓦の製造を始める。

それがいまにも続いて三石は煉瓦の町になった。かつて、三石駅で貨物の取り扱いをしていた頃には煉瓦工場への専用線が伸びていたという。

山陽本線の旅ではじめてのトンネルを抜けた向こうには、火薬の匂いと煉瓦の町が広がっている。

32 吉永

山側に向いて建つ吉永駅舎

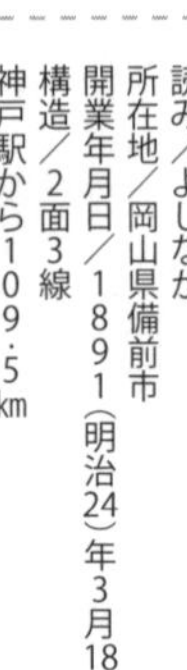
読み／よしなが
所在地／岡山県備前市
開業年月日／1891（明治24）年3月18日
構造／2面3線
神戸駅から109.5㎞

庶民教育はじまりの地へ

三石駅のすぐ近くには旧西国街道と国道２号が通っている。これまで、多少のつかず離れずはあったが、ほとんど一貫して旧西国街道と国道２号と寄り添いながら山陽本線は走っていた。

しかし、三石駅を出てすぐにこれまでの伴侶と別れねばならぬ。旧西国街道と国道２号は南西に向かって進み、山陽本線は金剛川に沿ってほぼまっすぐに西を目指す。その途上にあるのが吉永駅である。

艱難辛苦の工事の末に１８９０年までに船坂トンネルを貫いて三石駅まで伸ばしてきた線路は、１８９１年に岡山駅まで延伸した。吉永駅はその時点で開業した一期生の駅だ。

一期生の駅というからには、その周りには当時から町があったということになる。吉永地域は吉備高原の一角で、金剛川と北から流れてくる八塔寺川が合流する地点にある町だ。三石と同じく蝋石の産地として知られていた。ちなみに八塔寺川の上流にある八塔寺は奈良時代の怪僧・弓削道鏡の創建と伝わり、西の高野山と呼ばれるほどの栄華を誇ったこともあるという。

そんな町の玄関口が吉永駅だ。古い駅舎が北側にだけ建っているごく小さな

駅前広場の先に小さな街並み

駅で、駅前の広場の向こうには潰れた書店といまも営業している小さな理容店があるが、ほかには取り立てて何もない。潰れた書店に地方の小駅の周囲も賑わっていた時代がほのかにしのばれるが、少なくとも令和のいまはそういう時代ではないようだ。

そんな駅の周りにも観光案内板があって、そこには「閑谷学校」の文字がある。

閑谷学校は1666年に岡山藩主・池田光政が開設した学校で、藩士のための藩校とは別の庶民教育のための施設だ。藩士教育の藩校は岡山城下に設けられたが、閑谷学校はのどかな山間にある。武士の子息はもちろん、庶民や他藩の人たちも含めて分け隔てなく受け入れており、藩主家が転封などで交代した場合にも存続できるように藩から独立した経営体制だったのも特徴のひとつだ。

こんな小難しいことはともかく、藩によって庶民を含めて幅広く受け入れた教育機関としては我が国で最初の例であるという。いまも施設が残っており、講堂は国宝、文庫や小斎など24棟が国の重要文化財に指定されている。

吉永駅はこの閑谷学校の最寄り駅。駅舎の裏側、南側の山の中にあるので駅から歩いて行くにはさすがに遠い。駅から行くならばタクシーに乗るのがいいだろう。といっても、いつも駅前にタクシーが待っているとは限らないような小駅だ。だったら最初から岡山などからクルマで行けばいいじゃないか、となってしまうのが鉄道に厳しいいまの時代なのである。

片上鉄道の面影を訪ねて

33 和気

和気駅舎は平屋のコンクリート造り

読み／わけ
所在地／岡山県和気町
開業年月日／1891（明治24）年3月18日
構造／2面3線
神戸駅から114.8㎞

和気清麻呂って誰ですか

吉永駅のすぐ西で八塔寺川と合流した金剛川は、そのまま山陽本線と並んで西に流れる。そして和気駅の少し西で今度は吉井川に合流。吉井川はそのまま下って岡山市内で瀬戸内海に注ぐ。

和気駅のある岡山県和気郡和気町は、古くこの二川の合流地点にある吉井川船運の町として賑わったという。和気駅の駅舎が建つ北側の広場からすこし歩けば金剛川だ。

そしてもうひとつ、和気清麻呂ゆかりの地、なのだとか。和気清麻呂、聞いたことはあるけどどんな人でしたっけね……。

調べてみると、奈良時代の貴族だという。いまの和気町に生まれ、恵美押勝の乱（わからない人は調べてください）の平定に貢献。怪僧・道鏡が皇位に就こうと企んだ折にはそれに反対する旨を称徳天皇に奏上する。これが道鏡の怒りに触れて流罪になるが道鏡失脚後に復活し、桓武天皇の元で大阪平野の治水などで辣腕を振るった。そして平安遷都を進言したのも和気清麻呂の大きな事績のひとつだ。

と、まあとにかく奈良時代後期に活躍した偉人のひとりというわけである。

皇統断絶の危機を救ったことから、勤王の忠臣として戦前はたいそう讃えられたようだ。
和気駅は、和気清麻呂が生まれた町の玄関口である。和気氏の氏神である和気神社は和気駅から金剛川を渡って遠く北東に離れた山の中。和気駅前にはいくらか和気清麻呂に関する案内もあるが、むしろこの駅のポイントはいまはなき片上鉄道ということになりそうだ。

駅の海側には片上鉄道の廃線跡

片上鉄道は瀬戸内海沿いの片上駅を起点に北進して中国山地に分け入り、途中和気駅で山陽本線と接続してさらに北上、柵原までを結んでいた路線だ。最大の役割は柵原鉱山の硫化鉄鉱輸送であって、これは吉井川の船運に代わる役割だった。和気駅には１９２３年に乗り入れて、１９９１年に廃止されている。

片上鉄道のホームがあったのは駅舎がある北側ではなく南側。比較的真新しい地下道で南北が連絡されているので向かってみた。すると、地下道の壁に片上鉄道のレールを切り出したものが展示されている。つい最近（といってももう30年前だが）まで走っていた地域路線だから、地元の人にはいまも愛されているのだろう。

駐輪場があるくらいで何もない南側には、「片上ロマン鉄道」と書かれた大きな案内看板。廃線跡はサイクリングロードになっていて、それは和気駅のすぐ裏手も通っている。訪れた時にはサイクリストには出会えなかったが、中国山地の山の中、廃線跡のサイクリングも悪くない。

映画のロケ地にもなった吉井川沿いの駅

34 熊山

読み／くまやま
所在地／岡山県赤磐市
開業年月日／1930（昭和5）年8月11日
構造／2面3線
神戸駅から119・4㎞

古い駅舎に広場への雨よけが加わった

どんな場所なら勉強に集中できますか

熊山駅にやってきて、近代化産業遺産に認定されているという跨線橋を渡って1番のりばへ。駅舎は西側（南に瀬戸内海、北に中国山地という山陽本線の原則に沿えば〝山側〟になる）に古いものが建っているので、そちらに向かう。もちろん無人駅だ。

古い駅舎の中には、何やら熊山駅で映画の撮影をしたというようなことを記した案内書きや記念写真が貼られている。読んでみると、『種まく旅人〜夢のつぎ木〜』という2016年の映画だとか。出演したのは高梨臨や斎藤工。いまをときめく名優だが、この映画のことはよく知らない。

ネットで検索してみたが、ウィキペディアにも項目がないから知らなくても許してもらうことにしよう（ちなみに、アマゾンプライムやらに入ってたら旅のすがらに見てみようと思ったが、それもありませんでした）。

いずれにしても、『種まく旅人〜夢のつぎ木〜』は熊山駅や熊山駅のある赤磐市が舞台になった作品だという。

確かに熊山駅の木造駅舎は、映画のロケ地になっても何の不思議もないくらいに味わい深い。外から見ても、きっと素晴らしい駅なんでしょうね……。

そう思ってようやく駅舎の外に出た。

すると、なんとも惜しい気持ちになった。

何が惜しいなのかというと、駅舎そのものはともかく、駅前広場はピカピカきれいに真新しく整備されているし、その広場の車寄せ（というか乗降場）には駅舎から雨よけが続いている。おかげで、せっかくの駅舎がほとんど見えないのだ。いやあ、ロケ地巡りで来た人は、ちょっとがっかりするんじゃないかなあ。

どうやら映画の撮影時からリニューアルしてしまったのだろう。まあ、日常的に使っている人にとっては便利になったわけだからしょうがない。

そんなピカピカ駅前広場のすぐ向こうには吉井川が流れている。その川を眺めつつ駅の方を振り返ると、岡山方面からの電車がやってきた。川の向こうには小さな集落があるようだが、駅前には特に何もない。だからお客など降りてこないだろうと思っていたら、学生たちが次々に小さな駅舎から吐き出されてくるのだ。

訪れたのはちょうど朝の8時ごろ。学生さんたちの通学時間ドンピシャだ。そして熊山駅には特に何もないと思いきや、どうやら駅の近くに高校があるのだ。

その高校、岡山白陵高校という。中高一貫の私立高校なので、岡山白陵中学も同じところにある。地図を見ると線路沿いに進んで踏切を渡ってすぐの場所。東京大学などにも多数の合格者を出している進学校で、あの楽天グループ総帥・三木谷浩史さんも通っていたという。が、スパルタ教育に耐えかねて中学2年で退学したというから、なかなかに厳しい学校なのだろう。

高校の創設者は、近隣でいちばんお客の少ない駅を選んだ（つまり勉学に集中できる、というわけだ）とか。確かに、しばらくの間熊山駅にいたが、他にお客は学生さんたちだけであった。

駅前広場は新しく整備されたものだ

駅舎はキリンビールの反対側

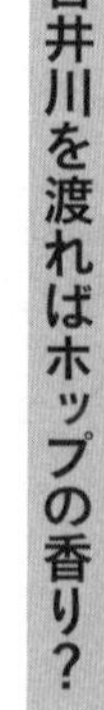

吉井川を渡ればホップの香り?

35 万富

読み／まんとみ
所在地／岡山市東区
開業年月日／1897（明治30）年12月26日
構造／2面3線
神戸駅から123.5㎞

キリンさんが好きです。

まったく山陽本線とは関係のない話で恐縮だが、ずいぶん前に京急電鉄のイベント列車の取材をしたことがある。

京急大師線という小さな盲腸線でビール列車を走らせた。車内でビール飲み放題、仲間も家族も見知らぬ人同士も電車の中のビールに酔いしれて盛り上がるという、ほんの数年前なのに昔日の感のあるイベントだ。

で、このビール列車で出されていたのがキリンのビール。京急沿線の生麦にキリンのビール工場があるからだ。イベントの締めくくりには京急川崎駅の大師線ホームでプチ演奏会。キリン社員の有志が楽器を奏で、CMでおなじみの『茶色の小瓶』や『ボラーレ』で大盛り上がりであった。ビールがあれば、人は誰とでも仲良くなれるのである。

それはさておき、なぜそんな関係のない話をしたのかというと、万富駅はキリンビールの駅だから。

熊山駅から山側に吉井川を見ながら走ってきた山陽本線は、万富駅のすぐ手前で吉井川を渡る。吉井川を渡れば、海側に何やら大きな施設が見えてきて、それがキリンビールの岡山工場である。

ビール工場が真裏にあるが、ホップの香りは漂わない

駅舎があるのはキリンビールとは反対側のいわゆる山側。その先には潰れた商店がいくつかあるような古い街並みが広がる。広がるというほどの規模はないが、それでも駅の開業が1897年だから小さくも立派な町があったことは間違いない。ビール工場のあるあたりは一面の田んぼが広がっていた。

ただ、1972年にキリンビールの工場ができると、それからはすっかりキリンビールの駅になった。

キリンさんはビールの原材料を鉄道貨物で運んでいたことでもおなじみで、工場開設と同時に万富駅から工場内への専用線も敷設された。その専用線は1986年を持って運用を取りやめており（万富駅の貨物取扱廃止と同時である）、いまは跡形もない。

線路とビール工場の間は木立になっていて、そこにはキリンビールのロゴが入った旗もはためく。きっとこのあたりに専用線が通っていたのだろうと思うが、ビール工場の敷地内ということもあっては専用線の痕跡を探すのはほとんど無理だろう。

それでも間違いなく万富駅はキリンビールの駅である。

旅をした2021年夏にはもちろんビール工場の見学は行われていなかったが、コロナ禍があければきっとまた見学者がやってきて万富駅から足を運ぶのだろう。地方だからクルマじゃないのって？　いやいや、ビール工場を見学すればビールを飲むのだからクルマはNG。万富駅に、ビール党がたくさんやってくる日が待ち遠しい限りである。

海の見えない瀬戸の駅

36 瀬戸

読み／せと
所在地／岡山市東区
開業年月日／１８９１（明治24）年３月18日
構造／２面３線
神戸駅から１２８・０km

瀬戸駅前の小川には古い石の橋が架かる

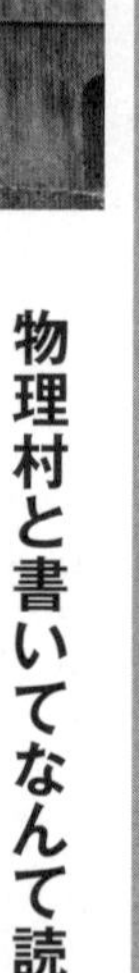

物理村と書いてなんて読むでしょう

この駅の名前だけを聞けば、瀬戸＝瀬戸内海ってことで海が見えるのではないかと思ってしまう。思ってしまうが、もちろん勘違いである。山と山に挟まれた狭隘な土地を〝迫門〟と書いて〝せと〟と読んでいたのが転じて〝瀬戸〟になったという。確かに瀬戸駅には北に長尾山、東に細尾山、西に下山、南に鉄砲山がそびえる狭い盆地のような場所にある。なるほど、地名は地域の成り立ちを教えてくれるものなのだ。

ちなみに、瀬戸駅の所在地は岡山市東区。実はすでにひとつ手前の万富駅から岡山市内に入っているのだが、改めて書くほどのことでもないのでスルーしてしまった。岡山市東区、瀬戸駅一帯はもともと赤磐郡瀬戸町で、２００７年に岡山市に編入されている。

そんな最近の歴史だけを知ると新しい町なのかと思ってしまうが、歴史は古い。

駅の開業は１８９１年で、三石〜岡山間の開業と同じタイミング。開業当時は古代の評名に倣って物理村（もろどいそん、と読む）の駅だった。

駅のすぐに西側には砂川という小さな川が流れていて、それに沿うようにし

昔ながらの商店も駅前に

て古い町の中心があった。駅のすぐ近くには特に何かがあったわけではないようだ。

ただ、駅ができれば町の重心が駅のほうへと寄っていくのは世の摂理。駅周辺も次第に市街地化していって、なかなか開発が遅れていた海側、駅舎のない側もいまでは戸建て住宅が建ち並ぶようになっている。

いまの瀬戸駅、駅舎は片側だけにある古いタイプ。だが跨線橋だけは真新しく作り替えられていてエレベーターも使うことができる。そして駅舎のない海側にも駅から直接出ることができるような構造だ。

改札口は海側・山側それぞれにあるから自由通路として機能している橋上駅とは少し違う。それでも線路によって分断されている駅の両側を簡便に連絡するにはこうした方法も悪くない。

そして駅前風景もこれから先に変わっていくのだろうと思う。

古駅舎の前には比較的新しい広場があって、その先には小川が流れる。小川を渡る橋は石造りの古めかしいもので、路地のような道を進んで県道178号線、ちょっと大きな通りに出る。路地を歩くのはほんのわずかだが、そこには昭和から時代がまったく変わっていないような古い理容室や食堂だ（いま営業しているかどうかはわからなかった）。

が、その短い路地を歩く途中でセブンイレブンへの入り口があるのがおもしろい。この入り口は裏口のようなもので、大通り沿いに正面の入り口や駐車場がある。つまり駅前のコンビニなのだが駅ではなく大通りを向いている。そのあたりにクルマ優位の地域性を感じるが、駅側にも裏口的な出入り口を作ってくれているだけでもありがたいというべきだろう。

昭和（どころかそれよりもっと前からありそうだが）から時代が流れていないかのような商店とコンビニのコラボレーション。そうした光景が見られるのも、地方都市の郊外ならではなのである。

国道に近い海側には駅前広場がある

国鉄末期に新幹線の高架脇に開業

37 上道

読み／じょうとう
所在地／岡山市東区
開業年月日／1986（昭和61）年11月1日
構造／2面2線
神戸駅から132.7㎞

国道を挟んで向き合う宿命のライバル

岡山県で最初の駅、三石を最後にしばらく旧西国街道と離れ、険しい山地を避けるように進んできた山陽本線。それがようやく旧西国街道と再会するのがこの上道駅の付近だ。

瀬戸駅から南に進み、砂川を渡ってしばらくすると山陽新幹線の高架をくぐって左にカーブ。西進しはじめたところで旧西国街道と再会する。旧西国街道の後継である国道2号はこの区間では海側を走っているので、並行する国道は250号。そしてここからしばらくは、山陽新幹線の高架と並んで走る区間でもある。

そうした国道や旧街道、山陽新幹線という古今の大動脈に挟まれたところに上道駅が開業したのは1986年11月。国鉄の末期も末期、たったの半年後に国鉄からJRに変わっている。

新しい駅らしく、上道駅は相対式2面2線のシンプルな構造。場内信号機を持たない、いわゆる〝停留場〟だ。橋上駅舎から外に出ると、山側はもちろん新幹線の高架下。高架をくぐって先に出ると田園地帯が広がっている。旧西国街道が通っているのはその田園地帯の中である。

新幹線の高架下に出るのはいわば〝裏側〟。上道駅の正面があるのは海側で、そちらにはそこそこ広いロータリーも設けられていた。その傍らにはたくさんの自転車がぎっしり並ぶ駐輪場。ロータリーの向こうには国道２５０号が通っていて、そこにはファミリーマートとセブンイレブンが向かい合っていた。

上道駅付近の古い地図や航空写真を見ると、むしろ南側も含めて周辺一帯が１９６０年代までは田園地帯だったようだ。そうした場所に駅などできようはずもない。ところが、近隣に工場ができたり国道沿いに店舗が建ち並ぶようになったり、１９７０年代以降少しずつ都市化の波が押し寄せる。

わかりやすく言えば、高度経済成長期に肥大した都市部（つまり岡山市）の人口が郊外に漏れ出てきて、田園地帯を侵食していった。そうして都市化が進んだことで利用者が見込めるようになって、上道駅が開業したのだろう。

訪れてみてわかるように、上道駅、特に海側の国道に接する一帯を中心にすっかり岡山市郊外の〝都市の一部〟。駅前に自転車がたくさん停まっているあたりは、この駅を使って通勤・通学する人が多いことの現れといっていい。

都市部に入ればクルマも便利だが鉄道の利用も増える。上道駅は岡山という大都市に近づきつつあることを教えてくれる、新幹線の高架下の駅である。

新幹線の高架下に出る山側は田園地帯

2路線の交わる駅だが駅舎は小さい

赤穂線が乗り入れる岡山のプチターミナル

38 東岡山

読み／ひがしおかやま
所在地／岡山市中区
開業年月日／1891（明治24）年3月18日
構造／3面4線
神戸駅から136.1㎞

裸祭りに行きたいならば

この駅にはずいぶん前にも来たことがある。

そのときは、赤穂線に乗ってやってきて、なんとなく途中下車をしてもう一度山陽本線に乗り込んで岡山駅に向かったように思う。だから東岡山駅の駅舎を眺めるのは数年ぶりということになる。

数年前に訪れたときの印象は、「こんな大都市の近くにも古い駅舎があるんだなあ」というものだ。実際、東岡山の駅舎は青い瓦のモルタル造りで、ちょっと味のある雰囲気になっている。

ところが、そのときには駅舎の印象が強すぎたせいなのか、あまり乗り換え時間がなかったからなのか、駅前広場のことまでは覚えていなかった。今回改めてやってきて、東岡山駅の駅前広場、めちゃくちゃ広いことに驚いた。クルマで東岡山駅にやってきた人は、どこに駅舎があって改札口があるのかわからなくなってしまいそうなほどだ。さすが、山陽本線と赤穂線が交わる駅ですね……。

さて、東岡山駅に赤穂線が乗り入れたのは赤穂線が全通した1962年である。実はその1年前に駅名を改称して東岡山駅を名乗るようになった。それまでは西大寺駅といい、さらに1891年の開業時から1906年までは長岡駅といった。二度の駅名変更を経て、岡山の東という実に位置関係のわかりやすい駅になったのである。

この背景には西大寺の門前町への交通手段確保を巡る物語があった。

西大寺は吉井川右岸の河口付近にある高野山真言宗別格本山の寺院。その門前町は江戸時代には物資の集積港としても栄え、明治以降は紡績工場をはじめとする事業が興って工業地帯の一面も持つようになった。しかし、長らく鉄道には恵まれなかった。

山陽鉄道によって建設された現在の山陽本線が、西大寺を経由する海側ではなく山間部を通ったのはここまで見てきたとおりだ。そこで岡山市中心部方面や山陽本線瀬戸駅などあらゆるところから西大寺へ鉄道を通す計画が勃興する。いずれもなかなか実現しなかったが、そうした中で西大寺方面への玄関口ということで長岡駅が1906年に西大寺駅に改称したのだろう。

そしてようやく1911年に西大寺軌道が開通する。起点は西大寺駅前（財田駅といった）で、ほぼ現在の赤穂線と同じルートをたどって西大寺の町の中心までを結んでいた。

西大寺軌道はのちに西大寺鉄道に改称し、岡山市の中心部まで乗り入れるようになったが、1962年に赤穂線が開通すると役割を終えて廃止されている。

東岡山駅の駅前広場のとてつもない大きさは、そこに西大寺鉄道の駅施設があったからだ。廃止後もしばらくは駅前に施設がほったらかし状態になっていたようだが、1980年代以降に撤去されて整備が進んだ。同時にかつては田んぼが広がっていた駅周辺の開発も進み、駅前の大通りから何からすっかりきれいになっていったというわけだ。

町の移り変わりのダイナミズムを感じる東岡山の駅であった。

とほうもなく広い東岡山の駅前広場

新幹線の高架下に高島駅舎

岡山市街地の拡大で生まれた新興駅

39 高島

読み／たかしま
所在地／岡山市中区
開業年月日／1985（昭和60）年3月14日
構造／2面2線
神戸駅から138.9㎞

夢の団地と夢の駅

ここまで来ればすっかり岡山という大都市の中の駅である。少し前までは中国山地の山の中の駅ばかりを訪れてきたのに、上道駅、東岡山駅と進むと気がつけばすっかり岡山都市圏の市街地の中を走るのがあたりまえ。慣れというのは恐ろしいものですね。

ただ、高島駅の周辺が市街地になったのはそれほど古いことではない。1960年代までは、一面の田んぼの中を線路が一本通るだけ。それが1970年代以降に開発が進んで市街地化していった。

高島駅の駅舎は新幹線のガード下にあり、ガード下は駐輪場などになっていてその先の通りを渡ると市営団地が広がっている。この団地ができたのも60～70年代のこと。日本中あちこちで、急増する人口を吸収するための団地が建てられていた時期のものだ。

さらに70年代になると駅の南側にも宅地化の波が押し寄せる。60年代までは一面田んぼだった岡山郊外の田園地帯は、あっという間に都市の中に飲まれていったのである。

それは別にいいとか悪いとかそういうことではないが、最初は田んぼの中に線路が通っているだけだったので駅などは必要がない。駅は周囲に人がたくさん住んでいたり、働く場所があったりしてはじめて役に立つ。鉄道以外の交通手段がいくらでもあるような高度経済成長期以降のことならばなおのことだ。

高島駅もそうした事情の中にある駅で、開業したのは1985年3月14日。相対式ホーム2面2線というシンプルな構造で、当初駅の出入り口は新幹線の高架下の山側だけ。目の前に団地があったからそういうことになったのだろうか。

2008年には南口もできたが、簡易的な改札口がホームの脇にあるだけのもの。立派な広場をしつらえるほど土地に余裕がなかったのだろう。

そんな南口は下り電車のホームに面する。だから南口を出た先がよく見えるのだが、なんと田んぼなのだ。

この田んぼの先はびっしりと市街地が続いているから、ホームから見える田んぼだけをもって「のどかだなあ」などと言っては恥をかく。駅の周りの市街地、住宅地の中で、この駅の目の前の一角だけが田んぼ。きっと、かつて田んぼの中を走っていた時代からここだけが宅地化されずに残ったのだ。

大都市のターミナルが近づく中で、ふとしたところで季節を感じる田んぼとの巡り会い。駅にはこういうアクセントも必要である。

海側にも出入り口。田んぼの周りは住宅街だ

西川原・就実駅の出入り口は高架の下に

駅前に広がる大学キャンパス

40 西川原・就実

読み／にしがわら・しゅうじつ
所在地／岡山市中区
開業年月日／2008(平成20)年3月15日
構造／2面2線
神戸駅から140.8㎞

名前を巡るエトセトラ

この駅にやってくると、駅名とは何なのだろうかと考えさせられる。別に哲学的な話ではない。

JR西日本のホームページはもとより、時刻表やウィキペディアなどを見たってこの駅は「西川原駅」と書かれている。ところが、山陽本線の電車に乗っていると、車掌さんが「次は西川原・就実」と放送するのだ。ん？ 間違った電車に乗っちゃったのか？ などと戸惑う人もいるかもしれぬ。

それでいて、駅に着いたら駅名標にもちゃんと「西川原・就実」。駅の中でも路線図などには「西川原・就実」とあるし、いったいこの駅の本名は何なのか。「西川原・就実」駅で降りたら、すべてがわかる。

高架の上にある相対式ホーム2面2線、真新しい駅らしく細めの下り線ホームから海側を見下ろすと、そこには就実大学のキャンパスが広がっている。この就実大学が駅名の理由なのだ。

開業したのは2008年3月15日。2004年に就実側から要望されたもので、建設費もすべて就実学園が負担している（駅周辺整備は岡山市が負担）。つまり就実学園による請願駅という形だ。

この際、就実学園側は駅名を「就実大前」とするように求めたという。が、JRサイドは地名の「西川原」を主張。落とし所として正式名称を「西川原駅」とし、副駅名に「就実」と入れ、案内上は「西川原・就実」と合わせてひとつの駅名のようにすることになった。おかげで、時刻表で見た限りと実際に訪れたときの駅名が違うじゃんかよ、おい、ということになってしまった（そんなわけで本書では現地での案内にあわせて「西川原・就実」とさせていただきます）。

JRサイドが大学名を駅名にするのに抵抗があった理由はよくわからないが、まあ公共交通を担う企業としては一私立大学に過ぎない就実大学を時刻表にも載るような駅名にすることに抵抗があるのはうなずける。

ただ、これがJR九州だったら案外平気で就実大前駅にしてしまったのではないか。だって、九州には久留米大学前とか九州工大前とか九産大前とか、大学名をそのまま使った駅がたくさんあるのだ。

いや、特に地元の人でもなければ大学と何の関わりもない人にとっちゃ、駅名にこだわりはない。個人的には高輪ゲートウェイ駅の駅名問題であれこれ紛糾していたときも、別に何でもいいのではと思っていたくらいだ。だから外から文句を言うつもりはまったくないが、駅名というのは意外に簡単には決まらないということだ。

ちなみに、就実大学を運営する就実学園は就実中学・高校という中高一貫の女子校も運営している。昔の友人にOGがいて、「有名人OGはいるの?」と聞いたことがある。お返事は「有森裕子」。なるほど。

築堤の上に相対式の細いホームがある構造

桃太郎のふるさとにそびえる昭和を残すターミナル

41 岡山

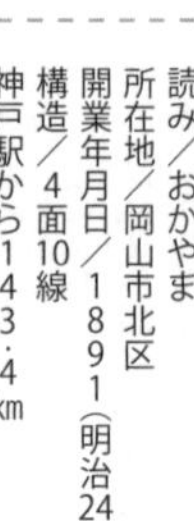
読み／おかやま
所在地／岡山市北区
開業年月日／1891（明治24）年3月18日
構造／4面10線
神戸駅から143.4㎞

市街地側の駅前広場には出陣する桃太郎

どんぶらこ、どんぶらこ

日本人の誰もが知っている昔話は何かと問われれば、ほとんどの人は「バース・掛布・岡田バックスクリーン3連発」と「桃太郎」のどちらかを答えるはずだ。特にここは個人的な見解なので異論をお寄せ頂いても応じることができないことは断っておく。

前者は置いておいて、後者の「桃太郎」。どんなストーリーなのかを改めて言うまでもないだろう。どんぶらこと桃が流れてお腰につけたきびだんご、犬猿雉と鬼退治という本当に子どもからお年寄りまで誰もが知っている日本人の昔話の原点である。

なんでも、あの宝塚歌劇団の初演も『ドンブラコ』という桃太郎のお話だったという。桃太郎は日本人のDNAを構成しているといっていい。

ただし、そんな桃太郎にも問題がないわけではない。桃から子どもが生まれるなんてことがあったらそもそも大事件だし、おじいさんが芝刈りでおばあさんが川で洗濯という役割分担にはジェンダーの問題もはらむ。そして何より、桃太郎の舞台がどこなのか、という問いである。

桃太郎の舞台は岡山だと思い込んでいませんか。

これは定説になっているだけで、岡山が桃太郎発祥の地であると断定できる根拠は何もない。鬼ノ城というお城があって、これが鬼ヶ島だと言われるとなんとなく納得できる。が、なんとなく納得できるだけで証拠があるわけではない。また岡山旅行をした人がきまって土産に買ってくるきびだんごは、〝吉備団子〟であって〝黍団子〟ではない。

岡山が桃をはじめとするフルーツの産地であることも相まって、いつの間にか信じ込まされているだけなのだ。全国を見渡せば桃太郎ゆかりの地を名乗る町は結構たくさんある。

駅前大通は「桃太郎大通り」と名乗る

しかし、である。

岡山駅に行ってみなさい。そうすれば、結局はフィクションの桃太郎、学問的にエビデンスを大事にして研究しているわけでもない我々庶民は岡山が桃太郎のふるさとだと断じてもいいじゃないかと思ってしまうのだ。それくらい、岡山駅は〝桃太郎推し〟である。

地上ホームを降りてコンコースに上がると、そこには「桃太郎線」などという案内がある。桃太郎線って、こりゃもう完全にどこに行くのかわからんじゃないか、鬼退治でもさせられるのかと突っ込みたくなる。正式名称は吉備線で、秀吉の水攻めでおなじみ備中高松城跡や吉備津神社・吉備津彦神社・最上稲荷などの古刹を沿線に抱えるローカル線だ。

今回の訪問が夏の終わりだったのであまり見かけなかったが、時期が時期ならお土産屋さんで桃を売っている。桃の甘い香りが駅構内にぷうんと漂う。パカリと割ったらちっちゃい桃太郎が出てきたらびっくりだ。駅構内での桃の販売、なんと1952年から行われているという。

そして駅の外に出ると、巨大な駅前広場の中央には犬と猿と雉を従えた桃太郎がキリリと立っている。これから鬼ヶ島に行くんでしょう。

さらに地下通路ないし横断歩道を渡って路面電車も通っている駅前大通に行く

と、そこには「桃太郎大通り」の大書。交差点にはひっそりと〝子どものころの桃太郎〟らしき妙なリアリティを持った桃太郎の像もある。岡山駅前商店街のアーケードの入り口には大きな桃のオブジェがぶら下がる。

……と、まあとにかく桃太郎尽くしなのだ。

岡山って、先ほどの吉備線（いや、桃太郎線でした）の沿線しかり日本三大庭園の後楽園しかり、結構たくさん観光地があるはずだ。吉備国は古代ヤマト王権にも伍するほどの勢力を誇っていたというから、古代ロマンの風に吹かれるのもいい。足を伸ばせば津山に倉敷、天空の城・備中松山城とみどころ目白押し。

なのに、岡山駅にやってきた旅人はすっかり桃太郎に絡め取られてしまうのである。

私を待ってる人がいる

だから私も岡山駅にやってきて、桃太郎に完全に洗脳されるところだった。そうなると、岡山駅がどんなターミナルなのかを理解する間もなく鬼ヶ島に連れていかれてしまう。間一髪のところで桃太郎の呪縛から逃れることができたのは、運がよかっただけである。

桃太郎の洗脳を振りほどけば、岡山駅ほど昭和のターミナルらしい駅はないといっていい。

新幹線もすべての列車が停まる岡山県最大のターミナルにして、在来線のホームも鉄道の旅を楽しませてくれる空気を漂わせている。列車が近づいてきたら流れる接近メロディは、『いい日旅立ち』『線路は続くよどこまでも』『汽車』『桃太郎』（あ、ここでも……）、そして四国に向かう列車は『瀬戸の花嫁』。

これらのメロディを聴くだけで、汽車に揺られて西に旅をしてきたのだなあ……などと思わず感慨深くなってしまう。思えば遠くへ来たもんだ。

何より岡山駅を昭和のターミナルらしくしているのは、特急列車に恵まれているからだろう。

山陽本線においては東に向かって「スーパーいなば」。鳥取に向かう特急だ。西に向かっては「やくも」。倉敷駅から伯備線に入って米子・出雲市方面を目指す。

瀬戸大橋を渡って四国への列車は「しおかぜ」「南風」「うずしお」。瀬戸大橋が開通するまでは宇野駅から宇高連絡線に乗り継いでいたが、もう30年以上前のことだからそれこそ昭和も昭和である。

そして岡山駅は夜行列車の駅でもある。「サンライズ出雲・瀬戸」という令和の時代に唯一残った定期夜行列車が、岡山駅で分割併合。夜遅く、ないしは早朝のそのシーンは鉄道ファンならずとも固唾を呑んで見守ってしまうに違いない。

我が国の鉄道のエース級、新幹線にはじまって、いくつもの特急列車や夜行列車が各方面に分かれてゆき、大都市のターミナルらしく通勤通学や買い物にやってくるお客も集う。岡山駅は、中国地方における最大のターミナルと言い切っても許されるだろう。広島のほうが大きい？　いやいや、ターミナル必須三要素の新幹線・たくさんの特急・夜行列車を兼ね備えているのは、岡山駅をおいて他にないのである。

そんな大ターミナルだから、岡山駅は1891年に山陽鉄道が延伸してきたと同時に開業している。山陽鉄道は順次延伸していったので、ほんの1ヶ月ほど終着駅であった。1972年に山陽新幹線が開通したときも、約3年間は岡山駅が終点だった。

古い時代の大都市のターミナルらしく、駅は岡山の中心市街地からは離れた場所にあったようだ。岡山は岡山城という旭川沿いの城を中心に広がった城下町で、いまも繁華街や官公庁街はそちらに近い。岡山駅は岡山市街の北西の外れにできた。

時代が下るとともに都市化が加速して、いまでは完全に岡山駅周辺も大都会・岡山の一部になっている。

岡山駅にやってくる旅人は、多くが新幹線を使っているだろう。が、たまには在来線のホームにも足を運んでみるといい。ほとんど消えかけている〝昭和のターミナル〟をきっと感じることができるはずだ。大都会・岡山のターミナル、桃太郎ばかりではないのである。

商業施設も入る大きな駅ビル

2005年開業の新しい北長瀬駅舎

岡山操車場の跡地に設けられた再開発のターゲット

42 北長瀬

読み／きたながせ
所在地／岡山市北区
開業年月日／2005(平成17)年10月1日
構造／2面2線
神戸駅から146.8km

木下大サーカスもブランコに乗った

実際にやってくればこの駅が新参ものであることがすぐにわかる。橋上駅舎そのものが真新しいこともあるが、何より駅前がまったく新しい。橋上駅の自由通路から直結しているペデストリアンデッキは岡山市民病院まで直接つながっている。市民病院は2015年に新築移転してきたものだという。

さらに広場を挟んで市民病院の反対側には、ブランチ岡山北長瀬という商業施設。訪れたのは平日の昼下がりだというのに、家族で訪れている人の姿も見かけた。岡山市の中心部ほどごちゃごちゃしていないから、案外に過ごしやすいのだろう。

ブランチ岡山北長瀬の向こうには何やらドームのようなものが見える。これは岡山ドームといい、野球をやるならば両翼80m、中堅93mのだいぶ小ぶりな多目的ドーム。だからもちろんプロ野球の試合は行われておらず、軟式野球や少年野球、ソフトボールなどの会場になっている。ほかにはコンサートや成人式の会場としても使われているようだ。

岡山ドームが完成したのは2003年。北長瀬駅の開業はそれより2年遅れて2005年のことだ。すでに書いたとおり市民病院は2015年、ブランチ岡山北長瀬は2019年。つまり2000年代以降、このあたりが急速に開発されているということになる。

その背景は、かつてこの地に広がっていた岡山操車場の跡地再開発という事情がある。

岡山操車場は1921年に設置された操車場で、主に貨物列車の組成を行っていた。が、貨物輸送がコンテナ中心になったことで役割を失い、1984年に機能を停止。そのまま国鉄分割民営化にあわせて国鉄清算事業団に移管され、さてどうやって跡地を売り払って開発しますかね、となっていた。

当初、岡山市ではチボリ公園を誘致しようじゃないかと計画したという。が、これは断念されて3万人規模のサッカースタジアム建設計画なども浮上しては消えてゆく。広大な空き地があるよ、と言われたときに簡単にオフィスビルやら商業施設やらタワーマンションやらをおっ建てればいいよね、となるのは東京のような超のつく大都市だけだ。

岡山だって結構な規模の都市ではあるが、市の中心部から少し離れていることもあってなかなか有効な活用方法が見つからなかったのだろう。結局、しばらくは空き地兼公園となり、木下大サーカスの公演が行われたこともあった。

北長瀬駅はそうした旧操車場の一角に設けられた駅であり、その周辺の病院や商業施設はようやく跡地開発が進んだ結果。これから先、北長瀬駅周辺が岡山にとってどんな位置づけになるのか。それがわかるのにはまだ時間が必要である。

操車場跡地に開発された商業施設「ブランチ岡山北長瀬」

印象的なフォルムの駅舎をもつ庭瀬駅

犬養毅生誕の地に近く

43 庭瀬

読み／にわせ
所在地／岡山市北区
開業年月日／1891（明治24）年4月25日
構造／2面2線
神戸駅から149・9㎞

話せばわかる、問答無用

第29代内閣総理大臣を務めた犬養毅は、こんなやりとりを経て海軍青年将校の銃弾に斃れた。1932年5月15日。世に言う五・一五事件である。事件の概要は教科書を読み直すかして頂ければいいと思うが、五・一五事件を契機に二大政党制の時代は終わりを告げて、つまりは軍靴の音が聞こえてくるのであった。

さて、そうした歴史物語の主人公であった犬養毅は、庭瀬に生まれた。備中国賀陽郡庭瀬村に犬養が生まれたのは1885年のこと。その小さな村に鉄道がやってきたのは1891年で、山陽鉄道岡山〜倉敷間の開通と同時の駅開業だった。

路線開通と同時に開業した一期生の駅は、比較的名のある都市にだけのものというのが原則である。いまの庭瀬駅を見る限り、小さな駅舎に駅前は路地のような細い道がまっすぐに延びていくような無人駅。それがどうして一期生の駅になり得たのだろうか。

実は、庭瀬駅の近くには庭瀬陣屋という藩のお屋敷があった。そこには板倉の殿様が入り、江戸時代には2万石の譜代の藩が置かれていたのだ。たった2

庭瀬藩も置かれた古い町

万石ではあるが、立派な譜代大名の領地だ。もとをたどると宇喜多秀家家臣の戸川達安が、関ケ原の戦いで主君を裏切って家康に味方したことで庭瀬藩が立藩。戸川家は4代で無嗣断絶して一時期は幕府直轄領になり、久世・松平といった譜代大名が入れ替わりに入って1699年以降板倉家で落ち着いた。

こうした細かい歴史はともかくとしても、小さい町であっても立派な藩のあった町。そうしたわけで庭瀬駅が一期生として開業しているのだ。

廃藩置県以降は庭瀬県、のちにいくつかの県を経て岡山県に編入され、庭瀬村は庭瀬町への昇格後の1937年に吉備町、そして1971年に岡山市に併合されている。現在の駅の住所は岡山市北区平野だ。

庭瀬という地名は消えてしまったが、駅の名前に庭瀬は残る。

駅前の路地のような通りの入り口には、「犬養木堂生誕の地」（木堂は犬養毅の雅号）と書かれた門構え。他に何があるのかと問われると難しいが、犬養毅の生家はいまもあって記念館として整備されている。歩いて20分くらいはかかりそうな距離だが、岡山に行ったついでに政党政治の時代を築いた人物の生まれ故郷を訪れてみるのもいいだろう。

駅舎は1986年に改築されたコンクリート造り。鉄道建築協会の停車場建築賞を受賞したという。確かに、木造の古駅舎とはひと味違う、現代的な面構えをしている。

新しい橋上駅舎が出迎える

44
中庄

信号場からの昇格駅はあの球場の最寄り駅

読み／なかしょう
所在地／岡山市北区
開業年月日／1930（昭和5）年3月11日
構造／2面3線
神戸駅から154.6km

勝ちたいんや

長いトンネルではないけれど、国境は何かと意識させられることが多い。県境や市町村境よりも自然の摂理に沿っているからだ。峠を越えたり大きな川を渡ったり。

山陽本線の旅も摂津から播磨、播磨から備前へと国を跨いで旅を続けてきた。いずれも国境は六甲山地や船坂峠だったからわかりやすい。そして旅は備前から備中へ。が、この国境はいつの間にか通過していた。実はここ中庄駅のひとつ手前、庭瀬駅もすでに備中だったようだ。庭瀬藩は備中国の藩だから。

ま、いまどき国も何もあったものじゃないのでその辺はいいのだが、もっとややこしいのはいつのまにか岡山市から倉敷市に入ってしまっているということだ。岡山市は全域が備前国だが、倉敷市は合併を繰り返して肥大化したおかげで備前国と備中国にまたがっている。市境も国境も明確な何かがあるわけではないので、こと鉄道の旅においてはいつの間にか通過してしまう。

そんなわけで、備中に入ってふたつめ、倉敷市に入って最初の駅が中庄駅である。

開業したのは1930年。ただし、1915年に信号場として設置されたのがはじまりで駅になったのは〝昇格〟だった。１９６０年代の航空写真を見ると、駅前に何やらちょっとした建物があるだけで他は一面の田園地帯。よくそんなところに駅を作ったなと思うが、信号場をおまけで駅に昇格してあげたようなものだったのだろう。

では、いまの中庄駅はどうなのか。

降りてみると、なんだかとてつもなく立派な橋上駅舎であった。立派といっても岡山駅のようなターミナルほどではない。が、レンガ風味の上品な趣で線路を跨ぐ橋上部分にちょっとした広場があるような、独特な面持ちの駅である。ロータリーは海側・山側どちらにも設けられていて、メインとなるのはどちらかというと山側のようだ。ただ、海側にも負けないくらい広いロータリーが用意されている。

改札を抜けた先の橋上広場から周りを見渡してみると、海側の少し離れたところに大きな建物が見える。倉敷マスカットスタジアム。プロ野球の公式戦も毎年開催されている岡山県を代表する野球場だ。

倉敷マスカットスタジアムは阪神タイガースと縁が深い。

２００３年、「勝ちたいんや」を合い言葉に18年ぶりのリーグ優勝をもたらした星野仙一元監督は倉敷の出身。しかし、私は生まれながらの阪神ファンにも拘わらず倉敷マスカットスタジアムに行ったことがない。だから、中庄駅がその最寄り駅だったことを知らなかった。恥じ入るばかりというほかない。山陽本線の旅、鉄道や町のことばかりかと思ったら、意外なところにも知るべきことは転がっている。

左奥に見えるのが倉敷マスカットスタジアム

“減築”されて8階建てから2階建てになった倉敷駅舎

岡山県下最大の観光都市の玄関口

45

倉敷

読み／くらしき
所在地／岡山県倉敷市
開業年月日／1891（明治24）年4月25日
構造／3面5線
神戸駅から159.3km

アンデルセンの郷はいずこへ

倉敷は岡山県内でも指折りの観光都市である。

美観地区、といえばそれでだいたいの人がわかってくれるだろう。元をたどれば江戸時代に幕府の天領とされて代官所が置かれ、倉敷川沿いに白壁の蔵屋敷が建ち並んだことがはじまり。物資の集積地として賑わう商業都市となり、近代以降は商都としてのバックボーンから、豪商にして大地主の大原家が倉敷紡績を興して工業都市としての側面も持つようになった……。

まあ、観光ガイドブックなどにはこのようなことはいくらでも詳しく載っているから、この全駅下車の本でわざわざ書くほどのものではない。それくらいに、倉敷は観光都市として有名である。

倉敷駅はそんな観光都市の玄関口だ。

1891年4月25日、山陽鉄道岡山〜倉敷間の開業時に終着駅として開業。7月に笠岡まで延伸したので終着駅だったのはわずか3ヶ月足らずだったが、途中駅になってからも商都、そして観光都市・倉敷の顔であり続けてきた。

駅のあるのは倉敷の中心市街地から少し北に離れた場所にある。海側が橋上駅舎の正面で、駅前広場を取り囲むペデストリアンデッキの脇には岡山でおなじみの天満屋とアパホテル。美観地区には歩いても行けるが、バスやタクシーを使った方が楽ちんだ。

駅舎は１９８1年に完成したもので、ちょっとばかりレトロな雰囲気を持ち合わせた上品な面構えをしている。といっても、現在の駅舎は８階建てから2階建てに減築したものだ。そのため、背丈は天満屋やアパホテルと比べれば低いが、それでいて美観地区の白壁をイメージしたような上品さはさすがの倉敷の玄関口の風合いである。

自由通路を抜けて反対側、山側に出てみるとこちらはうって変わってメルヘンチック。そこにははっきりとした理由があって、１９９7年から２００8年まで倉敷チボリ公園というテーマパークに直結していたからだ。

もともと倉敷駅の北側には倉敷紡績の工場が広がっており、それが撤退したところで跡地再開発によってチボリ公園が生まれた。デンマークやアンデルセンの世界観を再現したテーマパークで、駅直結というのは天下のディズニーランドやユニバーサル・スタジオ・ジャパンとほとんど同じ。ユニバーサル・スタジオ・ジャパンは２００1年の開園だから、それよりも歴史は古かった。

駅の山側はチボリ公園現役時代から変わらない世界が広がる

開園直後はディズニーランドに次ぐ人気テーマパークであったが、来園者数は年々減少して経営が悪化。２００8年をもって閉園することになってしまった。

跡地はチボリ公園時代の雰囲気をそのまま残してイトーヨーカドー系の商業施設・アリオ倉敷と三井アウトレットパーク倉敷にリニューアルしている。倉敷駅とアリオ倉敷の間の〝アンデルセン広場〟はチボリ公園時代のそのまんま。だから美観地区方面の海側とはまったく違う雰囲気になっているというわけだ。

ちなみにオリジナルのチボリ公園は、１８４3年開園のデンマークはコペンハーゲンにあるテーマパーク。世界で三番目に歴史の古いテーマパークだという。それだけのものを観光都市倉敷に持ってきたのだから、やりようによってはもっと長続きしていたのではないかと思う。チボリ公園が倉敷のイメージに相応しいかどうかはともかく、当時のままのアンデルセン広場は、駅前再開発の難しさを今に伝えているのである。

半地下の通路を通って出てくる山側の駅舎

大山名人のふるさとは半地下通路の無人駅

46 西阿知

読み／にしあち
所在地／岡山県倉敷市
開業年月日／1920（大正9）年5月25日
構造／1面2線
神戸駅から163.3㎞

トランクひとつだけで

倉敷駅という人口50万人弱の都市の玄関口を出ると、すぐにのどかな雰囲気になってくる。こうしたあたりは地方の旅をしているなあと実感するところのひとつだ。倉敷駅からたったひとつだけ進んだ西阿知駅は、小さな無人駅である。駅は島式ホームが1面あるだけで、上下線が向かい合って停車する。都市部の私鉄などではよく見かける構造だが、地方を走る元国鉄路線では案外に見かけない。基本的には駅舎に面する1面1線と島式1面2線の構造が一般的で、簡易的な駅になると相対式ホーム2面2線となることが多いのだ。

西阿知駅の島式ホームからは半地下の通路を通って駅舎に向かう。特にホームと駅舎や駅前に大きな高低差があるわけでもないから、地下通路にした特別な理由はないのだろう。なんとなく、地下通路の方が涼しく感じるから夏場の旅には気持ちがいい。

山側にだけ設けられている駅舎を出ても、これといって何があるわけでもない。

ちょっとした広場があって、傍らには小さな公園まであったりして、駅の海側に通じる地下通路も設けられている。広場の先には古い西阿知の街並みが続く。駅にいちばん近いところには古い土蔵があって、トランクルームとして営業しているようだ。もともとは倉庫会社などをやっていたのだろうか。外国人向けらしき案内もあるから、もしかするとインバウンド華やかなりし時代には〝日本的〟ということでそれなり賑わっていたのかもしれない。

西阿知の町は今でこそ倉敷市に含まれているが、室町時代の資料にも名が見える古い町。1920年に駅が開業した当時の所在地は浅口郡河内村西阿知で、河内村は町に昇格したのちの1926年に西阿知町に改称している。西阿知町は1953年に倉敷市に編入されて現在に続く。

まったくの余談だが、そんな駅ができたり町に昇格したり町名を変えたりしている西阿知激動の時代のさなかの1923年に、この町に生まれたのが大山康晴である。タイトル獲得はあの羽生善治九段に次ぐ通算80期、永世称号は名人・十段・王位・棋聖・王将の五つを保持する不世出の将棋指しだ。

いまは西阿知町が倉敷市に編入されたということで、倉敷市の中心部には大山名人記念館が建つ。さらに女流棋士のタイトル戦・大山名人杯倉敷藤花戦も倉敷市を舞台に戦われるなど、大山名人がつないだ縁で倉敷は将棋の町という一面も持っている。

なるほど、だったら生まれふるさとの西阿知駅も、もう少しその辺りをアピールしてもいいような気がしますが、いかがでしょう。

西阿知町の町では大山康晴永世名人が生まれた

玉島駅改め新倉敷駅は、大きな橋上駅舎だ

開業当初は「玉島駅」、新幹線で改称

47 新倉敷

読み／しんくらしき
所在地／岡山県倉敷市
開業年月日／1891（明治24）年7月14日
構造／2面3線
神戸駅から168・6㎞

金刀比羅宮に参るには 玉島港より汽船あり

西阿知駅を出た山陽本線の電車は、すぐに高梁川を渡って左にカーブ。ほどなく山陽新幹線と並走し、新倉敷駅に到着する。

新倉敷駅のように「新○○」と名乗る駅は全国あちこちにあるが、特に目立つのは新幹線の駅だ。旧来のターミナルとは別の位置に新たに新幹線のターミナルを設ける際に、わかりやすく〝新〟を冠している。新横浜駅、新大阪駅など改めて例を挙げるまでもない。

さて、山陽本線の旅において〝新〟を冠する駅は新倉敷駅がふたつ目である。最初の〝新〟駅は新長田駅。新幹線系の〝新〟駅とはちょっと事情が違うから、あまり考えないで良さそうだ。

となると、新幹線系の〝新〟駅としては新倉敷駅がはじめてというわけだ。ただし、新倉敷駅は最初から新倉敷駅として開業したわけではない。

開業したのは1891年。山陽鉄道倉敷～笠岡間の開通と同時で、そのとき開業した途中駅は他に鴨方駅だけである。当時の駅の名は、玉島駅といった。新倉敷駅の名を得たのは新幹線が乗り入れてきた1975年のこと。開業当初は長尾村、1953年に玉島市に編入され、さらに1967年には倉敷市に編入されているから、新倉敷という駅名は、まあさほど不自然ではないということにしておこう。

だが、せっかくの新倉敷駅にやってきたのに、倉敷という観光都市の玄関口らしい雰囲気はほとんどない。

駅前広場はさすが新幹線のターミナルらしく実に立派なものだ。駅舎から階段を降りて広場に出るその脇には良寛和尚と童の像。かつて、玉島の町で良寛和尚は修行を積んだ縁があるという。

広場の一角にはイカリのオブジェが見える。イカリは港町のシンボルだ。玉島は港町として知られ、近世以来の物資集積港として賑わった。明治以降は玉島港が四国への航路、金比羅詣での船が出ていたというから、交通の要衝としての存在でもあったのだろう。

かつて玉島駅といった時代の新倉敷駅は、そうした玉島地区への玄関口だった。といっても、玉島の中心市街地は駅からだいぶ離れた高梁川の河口付近。歩いて行くにはさすがに無理がある。なのでバスかタクシーに乗り継いでということになるのだろうが、いずれにしても玉島に向かうにはこの駅をおいて便利な駅はほかにない。

そうはいっても、である。

新倉敷という駅名は実に紛らわしいではないか。新幹線はほとんど「こだま」しか停まらないような駅だから、わざわざ倉敷観光の人がこの駅を使うことは少ないのかもしれないが、もしも新倉敷という駅名に導かれてここに降りてしまったら悲劇である。倉敷の中心までは高梁川を挟んでかなり距離がある。タクシーを使うのも憚られるほどだ。

全国的に有名なターミナルの名に〝新〟をつけたニュータ一ターミナル。まったくの新駅ならばそれでもいいのだろうが、新倉敷駅のような〝改名〟はいまひとつ腑に落ちない。駅前が、妙に殺伐とした広場と大通りになっているのは、そうした駅自身が持っている歩みが映し鏡になっているのかもしれない。

大きな広場はさすが新幹線のターミナル

モノクロなので写真からはわからないが、金色に輝く駅名板が映える

団体臨時列車も発着する金光教のお膝元

48

金光

読み／こんこう
所在地／岡山県浅口市
開業年月日／1901（明治34）年8月4日
構造／2面3線
神戸駅から174.9㎞

金光教の教えのもとに

もったいぶるまでもない。金光駅は、金光教の総本部、お膝元の駅である。そもそものはじまりからして金光教と縁が深い。開業したのは1901年のことで、その当時からすでに金光教は存在していた。駅名は金神駅といい、1919年に金光駅に改称した。所在地は最初三和村といったが、1923年に金光教から頂いた金光町に改称、現在は浅口市に属している。

金光教についてここで詳しくするほど知識はないが、備中で盛んだった金神信仰を発展させる形で幕末に赤沢文治の手によって開かれた。いわゆる〝新宗教〟のひとつで、新興宗教でしばしば見られるカルト教団のようなものとはまったく違う、ということだけはここで断っておく。

駅が正式に開業するより前、1891年にはすでに金神仮駅として金光教の祭典時に列車を臨時停車させるようになっていたようだ。

つまり、まさしく金光駅は金光教あっての駅ということになる。

似たような例には天理教のお膝元の天理駅などがあるが、天理駅同様に金光駅にもまれに団体臨時列車がやってくる。金光教総本部があるのは駅の南側。駅舎は北側にしかなかったが、団体臨時列車専用の出入り口があった。

駅の構内にも使われていないホームの残骸がまだ残っていて、きっとこれは団体臨時列車が利用していたホームなのだろう。

2020年9月に一般客も利用できる南口が開設され、いまでは誰でも駅の南側に出ることができる。改札口を抜けてその先の里見川を渡れば金光教総本部である。

……と、金光教のことばかり書き連ねてしまったが、駅の北側はごく普通の市街地である。

小さな広場があってタクシーも停まっていて、奥には商店や住宅などが連なって続いている。南口を利用しなくても南北の往来ができる跨線橋も、駅のすぐ脇にあるからそれほどに不便ということもない。

駅舎に掲げられている「金光駅」という駅名看板の文字は、薄れてはいるけれどかつては金色に輝いていたのだろうか。ローマ字書きはいまも金ぴか。駅舎の屋根と合わせた緑色の車寄せの屋根と「JR」のブルー、そして金色の駅名看板。このコントラストのおかげなのか、小さいけれど意外に存在感の強い駅舎である。

右奥に見えるのが金光教本部の施設

2011年に橋上駅にリニューアルした浅口市の玄関口

古レールが駅前に展示、浅口市の玄関口

49 鴨方

読み／かもがた
所在地／岡山県浅口市
開業年月日／１８９１（明治24）年7月14日
構造／1面2線
神戸駅から１７８・４㎞

晴れの国で天体観測

岡山県は〝晴れの国〟だという。雨が少なく温暖な気候で晴れの日が多いということだ。

実は、気象庁による〝晴れ〟〝快晴〟の定義に基づくと晴れの日がいちばん多いのは香川県、快晴は埼玉県だというから、案外に晴れの国でもない。ただし、降水量１㎜未満の日は岡山県が一番多いらしく、つまりはいちばん雨が降らない県なのである。

そんな晴れの国・おかやまにおいて、とりわけ雨が少ないのが鴨方駅を玄関口とする浅口市。そのためか、山間部には天文台も置かれて天体観測のメッカのひとつになっている。

浅口市は２００６年に鴨方町・金光町・寄島町の３町が合併して誕生した新しい市で、市名は以前の郡名を頂いた。こうした事情から市の玄関口に浅口という駅はなく、この鴨方駅がターミナルになっている。

新生浅口市を代表するターミナルだからなのか、現在の駅舎は２０１１年に完成した真新しい橋上駅舎だ。海側・山側ともに立派な駅前広場が整備されていて、市の代表たる雰囲気をまとっている。以前は古い駅舎が山側にだけあったが、こちらはもうすでに取り壊されて跡形もなし。

ただし、古い駅舎の上屋支柱に使われていた1889年イギリス製の古レールは駅前にモニュメントとして残されていて、1891年の開通以来の歴史をそこに刻んでいる。

都心部の駅で古レールの支柱をお見かけすることはめったに無い。ただ、鉄道院の刻銘入りだとかそういう特別な事情がない限りは、古いレールの再利用は別段珍しいことでもない。

駅で支柱として使われていなくても、駅前広場の片隅で自動車進入禁止を示すために使われていたりして、都市部でもけっこう見かけることはある。

旧駅舎で使われていた古いレールがオブジェとして保存されている

……などという話を以前していたら、鉄道に興味も何もない人から「古いレールなんて使っていて危なくないの?」と聞かれた。確かにそんな疑問もごもっとも。もちろん(たぶん)安全性には問題はない。古いレールは厚みなどの問題から列車を走らせる上では不適なだけで、鉄材としての強度はいささかも損なわれていないからだ。

さて、2011年にリニューアルした鴨方駅だが、かつて駅舎があった側とは反対の海側には国道2号が通っている。

国道2号といえば、旧西国街道の系譜を次ぐ現代の道路交通の大動脈だ。だから鴨方にもかつて西国街道が、などと思ったら大間違い。西国街道は鴨方経由ではなく内陸の矢掛・井原を経由していた。鴨方を通っていたのは鴨方往来という。

国道2号は、岡山から福山にかけての区間で西国街道ではなく鴨方往来をなぞる。山陽本線もまた、同じである。

小さな無人駅舎の里庄駅

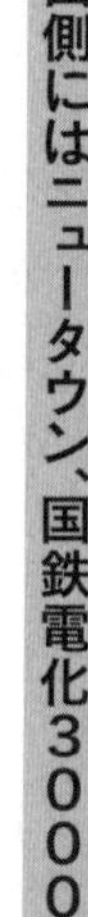

駅の山側にはニュータウン、国鉄電化3000キロ

50 里庄

読み／さとしょう
所在地／岡山県里庄町
開業年月日／1920（大正9）年11月15日
構造／2面3線
神戸駅から182.4km

〝灰色高官〟の名を刻む

何があるかと問われると、特になんの変哲もない、特徴もない地方の小駅である。

小さな駅舎が海側にだけあって、駅前広場には退屈そうに客を待つタクシーが何台か。その先には国道2号が通っている。

ちょうど訪れたのが学生たちの帰宅時間帯だったからなのか、高校生たちの姿をずいぶんと見た。みんな電車から降りて駅前の駐輪場から自転車に乗り込んでどこかへ消えていく。里庄駅の山側、丘陵地には新庄グリーンクレストというニュータウンがあるから、そこに住んでいる人も多いのだろうか。

駅前には居酒屋や仕出し弁当屋もあるから、駅前の雰囲気ほどに寂れた町ではないのだろう。東には水島、西には福山・笠岡という工業地帯があるから、ベッドタウンとしてのニーズは大きいのかもしれない。

と、このくらいで何もないなあと思って里庄駅を後にしようと駅舎に戻ったら、その入口の傍らに気になるものを見つけた。木立の中に、「国鉄電化3000キロ達成記念」と書かれた碑があったのだ。

碑の正面には電柱があるから銘文を読もうとすると体をよじらせねばなら

ぬ。が、せっかく里庄駅まで来たのだから読まないわけにはいかない。体をひねって読んでみると、簡単にまとめると次の通りだ。

〝明治39年の中央本線御茶ノ水〜中野間にはじまった我が国の国鉄線電化は順調に進み、東海道線電化が完成した昭和31年11月19日は「鉄道電化の日」とされた。そして昭和36年10月に山陽本線も大阪〜三原間の電化が完成。里庄駅の西で電化区間の距離は3000キロになりました〟

なるほど、電車大国とも言われるニッポン、都市部で現代を生きる人は電車以外の存在（つまり気動車、ディーゼルカー）を認識する機会が少ないが、それも先人たちが努力の末に電化区間を伸ばしてきてくれたからだ。

が、ここで言いたいのはそこではない。碑の側面に刻まれた「自由民主党政調副会長　加藤六月」である。

加藤六月は自民党の政治家で、ロッキード事件では〝灰色高官〟のひとりであった。中選挙区制時代の岡山二区では橋本龍太郎と激戦を繰り広げ、党内では安倍派に所属。安倍晋太郎（安倍元首相のお父さんだ）の後継を巡って三塚博と骨肉の争い。しかし敗れて影響力を失い、のちに離党して新進党に所属している。菅内閣の官房長官、加藤勝信さんは加藤六月の後継者である。

つまり、一時的には時代の主役になりかけたが成就せず、いつのまにか存在感が薄くなってしまったかつての大物政治家の地元がここ里庄を含む地域だったというわけだ。

駅舎出口の脇にある国鉄電化3000キロ達成記念碑

平屋建てで横に長い笠岡駅舎は、いかにも国鉄時代の地方都市のターミナルらしい

岡山県西端、海の見えるターミナル

51

笠岡

読み／かさおか
所在地／岡山県笠岡市
開業年月日／1891（明治24）年7月14日
構造／2面3線
神戸駅から187.1km

カブトガニさんの思いはいずこへ

笠岡駅は倉敷駅以来の久々に賑やかな駅であった。

もちろんそこまでの駅でも帰宅途中の学生を見かけたし、地元のお年寄りが駅前でおしゃべりに興じているのをみたりしていたが、やはり小さい駅は小さい駅。その点、笠岡駅は構えからして立派である。

すぐ近くに海が迫る笠岡駅の駅舎は、海とは反対の山側にある。コンクリート造りの平屋だが、横長の形は国鉄時代の地方都市のターミナルそのものだ。

駅前広場も大きく、バス乗り場とタクシー乗り場、ベンチが並んでいるちょっとした憩いのスペースのような一角もある。中央には「ようこそ笠岡 カブトガニの街へ」「日本遺産 笠岡諸島」。このあたりは順番に説明をしていく必要がありそうだ。笠岡は北前船も寄港した古くからの港町で、遠浅の笠岡湾はカブトガニの生息地として知られていた。カブトガニは〝生きる化石〟とも呼ばれる天然記念物。笠岡をはじめ瀬戸内海に古くから多く見られたというが、生息環境の変化によって姿を消しつつあるという。

笠岡でも例に漏れず、笠岡湾は1968年から大規模な干拓が進んでカブトガニの生息地の多くが失われてしまった。が、住処を奪われた彼らへの敬愛の

意を込めてなのか、干拓地には「カブト中央」といったカブトガニっぽい地名が与えられている。カブトガニさんたち、何を思うのか（いちおう名誉のために追記しておくと、笠岡市には市立の保護センターもあります）。

笠岡諸島へのアクセスは笠岡駅のすぐ裏手、駅からだと駅前のアーケードの脇から続く地下通路で線路の下をくぐった先の港から。フェリーのようなたいそうなものではなく、小さな船でのどかに渡る。島で暮らす人が笠岡の街に通学したり買い物に来たり。だから、日常の脚としての渡船である。

そういう意味で、笠岡駅とその町はいままでの山陽本線の旅の中では初めてといっていい〝瀬戸内らしい〟駅だ。

基本的にはずっと瀬戸内海沿いを走ってきた山陽本線も、海が見えたのは神戸市内から明石市内に入るわずかな区間だけ。その後は長らく内陸にルートを取っている。それがついに、北側に迫る中国山地と南に広がる瀬戸内海の間が狭くなり、海が見える駅にやってきたのである。

もうひとつだけ笠岡駅に関して触れておくと、かつてこの駅の駅舎の脇から井笠鉄道というローカル線が分かれていた。文字通り、井原と笠岡を結ぶ地方私鉄であり、井原線（現・井原鉄道）の建設に際して廃止されている。結局井原線は国鉄末期に建設が凍結され、第三セクターに引き継がれて1999年にようやく開通した。

いずれにしても、海が見える駅までやってきた。朝霧駅以来、というところだろうか。そう考えるとずいぶん感慨も深くなる。そして笠岡は岡山県でいちばん西にある都市。県を跨ぐ埋め立て地にはJFEスチールの製鉄工場が控え、工業都市・福山の香りも漂う。長かった岡山県の旅も、ここで終わりである。

駅舎の反対側には港が広がる

駅舎は山側に面して古いものがぽつん

遠くに並ぶ煙突はＪＦＥスチール

52 大門

読み／だいもん
所在地／広島県福山市
開業年月日／１８９７（明治30）年12月26日
構造／２面２線
神戸駅から１９４．２㎞

私、失敗しないので

なんて、いきなり大門未知子先生なのだが、もちろん大門駅とは特に関係がない。断言はできないが、大門先生の名前の由来なんてこともないだろう。関係がないことを唐突に語り始めるとはどういうことか。特に書くことがないのである。新シリーズがはじまるということで『ドクターX』を見ながらこの原稿を書いているからつい引っ張られて、などでは決してない。

実際に行ったのだからある程度の描写はできる。２面３線という構造は国鉄時代からの幹線の王道パターン。跨線橋で駅舎に……と思いきや、大門駅は地下道で結ばれている。お客の数は1日２０００人台（乗車人員）だがバリアフリー化はしっかりとされていて、新たに跨線橋を設けてエレベーターが使えるようになっている。

山側だけにある駅舎は赤い瓦屋根が印象的なモルタル造り。無人駅で小さな駅前広場の先には、路地のように細い駅前通りが山の方に向かって続いている。そこには古い商店やバーバーがあって、この町が決して最近のニュータウンの類いではないことを教えてくれる。

大門駅が開業したのは１８９７年12月26日。笠岡～福山間は6年前に延伸開通しており、新たにこの場所に駅を作るんじゃ、ということで開業したことになる。古い地図や航空写真を見ても、いったいなぜ駅ができたのかよくわからない。山側はほんとうにすぐ山だが、海側は瀬戸内海に向かってそれなりに広い平地が続く。この場所を開発してやろうという思いがあったのだろうか。かつて田園地帯だった一帯は、年を追うごとに宅地化が進んでいる。

いや、でもですね、そういう狙いがあったのだったら海側に駅舎を設けたらよかったんじゃないかですかね。いまは海側、線路に沿って国道2号が通っている。駅前大通のごとく駅のあたりからまっすぐ南に伸びる通りもある。が、残念ながら海側には駅舎の近くから地下道を通らねばならない。

便利なような、不便なような。まあ、駅があるだけでもマシ。駅の開業は断じて失敗などではないのである。

ホームに立ってその海側を眺めていると、遠くにうっすらと煙突が並んでいるのが見えた。

瀬戸内海というと、潮流も穏やかで大小の島々が浮かんでその間を小さな船がポンポンとゆく、などというのどかなイメージをお持ちの方も多いかもしれない。ただ、実際にはほとんどが工業地帯。山が近くまで迫っているので陸には土地の余裕がなく、広大な埋め立て地に工場が建ち並ぶ。

大門駅の先に見えるのはＪＦＥスチールの製鉄所。大門駅からは、日本有数の〝鉄の街〟、広島県福山市である。

駅舎のない海側には国道2号が通り、遠くには工場群

シンプルな橋上駅舎の上に新幹線高架が通る

貨物専用駅にはじまる工業都市の衛星駅

53 東福山

読み／ひがしふくやま
所在地／広島県福山市
開業年月日／1979（昭和54）年4月1日
構造／2面2線
神戸駅から197.5㎞

貨物列車が通過します

山陽本線の旅をしていてつくづく感じるのは、この路線は人以上にモノの大動脈であるということだ。

東海道本線も東北本線も同じように人と貨物の大動脈だ。だが、とりわけ山陽本線における貨物列車の存在感は大きい。ダイヤを比較したわけではないので勝手に思い込んでいるだけなのかもしれないが、ほんとうによく貨物列車を見かける。

ホームで電車を待っていると、「列車が参ります」の案内放送。おや、ずいぶん早く来るのかな？　と思ったらきまって貨物列車が通過していく。もしかすると、山陽本線における花形は新快速でもサンライズでも227系でもなんでもなく、貨物列車なんじゃないか。それくらいに、貨物列車が盛んに走っているのだ。

貨物列車がどのように使われているのかは、コンテナで固く閉ざされているのでわからない。コンテナではない昔の貨物列車ならなんとなく想像がついたかもしれないが、コンテナの中身は皆目見当がつかない。ただ、山陽本線の沿線、瀬戸内海沿いが日本有数の工業地帯であることと無関係ではないだろう。そして貨物列車がたくさん走っていれば、貨物駅も多くなる。

東福山駅は、そんな貨物駅がはじまりという歴史を持つ駅である。

駅そのものは新幹線と並行していよいよ福山の中心部へ入ろうとする位置にあって、地上を走る在来線のほとんど真上の高層部分を新幹線が駆けてゆく。こりゃあ騒音と振動がヤバそうだと思ったアナタ、もうすぐ福山駅だから速度を落として運転するのであんがい大丈夫なのですよ。

駅舎は改札口と通路さえあれば充分といった主張が伝わるようなシンプルな橋上駅で、駅前には駐輪場と小さな広場。あとは工業都市・福山の郊外駅らしい無機質さが漂うばかりの駅だ。

というのはあくまでも旅客駅としての東福山駅のお話。橋上部分から駅の東側を見渡すと、そこには貨物の東福山駅が広がっている。ＪＲ貨物のロゴが入った建物もある。その奥からは日鋼線の愛称を持つＪＦＥスチールへの専用線も伸びている。

貨物駅の脇の旅客駅は肩身が狭くなる傾向がある。それがこの駅にいたっては、１９６６年に貨物専用の東福山駅として開業したものだから、純然たる〝貨物優位〟の駅だ。旅客営業を開始したのは１９７９年。実に開業から13年後のことである。

東福山駅一帯は、戦後しばらくたっても田園地帯に過ぎなかった。そんな福山の町外れ、瀬戸内海の埋め立て地にＪＦＥスチール（当時は日本鋼管）の工場ができたのが１９６５年。工場開設直後に貨物の東福山駅ができたのだから、これは工業都市・福山ならではといっていいのではないか。

そして駅前のどことなく無機質な市街地も、工業都市と貨物駅が織りなす風景なのかもしれない。

左手に新幹線の高架、正面に広がるのは貨物駅である

新幹線が在来線の真上を通る福山駅

中国地方では広島・岡山に次ぐお客を誇る鉄のターミナル

54 福山

読み／ふくやま
所在地／広島県福山市
開業年月日／1891（明治24）年9月11日
構造／3面6線
神戸駅から201・7㎞

「鞆幕府」の夢が潰えた潮待ち港

山陽本線沿線で人口が10万人を超えている市町村（というか市）は、18しかない。しかないとは言ったが多いのか少ないのかはよくわからない。いずれにしても、人口がいちばん多いのは起点でもある神戸市の約154万人。次いで広島市の約120万人、第3位は北九州市の約96万人と続く。10万人以上だとまだまだ続きがあるのだが、30万人以上に区切るともっと少なくなって、7市だけ。そしてその6番目にランクインするのが広島県福山市である。

福山市は備後地方で最大の都市にして、江戸時代には福山藩の城下町として栄えた歴史ある街でもある。幕末の福山藩主・阿部正弘は25歳の若さにして老中に就任し、黒船来航にはじまる外憂への対応に当たっている。

戦前は伝統地場産業を中心に商工業が発展、戦後は福山湾の埋め立てを契機に1961年の日本鋼管福山製鉄所（現・JFEスチール西日本製鉄所）の誘致によって重化学工業都市になって現在に至る。粗鋼生産量は年間1300万tにおよび、これは日本一。つまり、福山は日本一の〝鉄の街〟というわけだ。

このように性質を変えつつも備後地方の中心都市であり続けてきた福山の玄

関口が、福山駅である。もちろん開業は開通と同時の一期生で、1891年に笠岡駅から延伸してきた一時的な終着駅として誕生した。

鉄道唱歌の山陽・九州編には「武士が手に巻く鞆の浦 こゝよりゆけば道三里 仙酔島を前にして 煙にぎはふ海士の里」と歌われる。今でこそ、福山は工業都市という印象が強いが、鞆の浦という景勝地への玄関口というのがかつての大きな役割だったのだろう。

鞆の浦は万葉集でも詠まれた潮待ちの港で、古き瀬戸内港町の面影がいまも残る。中世末期には織田信長に京を追われた最後の足利将軍・足利義輝が拠点を置いている。最近でも景勝地として名高く、『崖の上のポニョ』は宮崎駿監督が鞆の浦で構想を練ったのだとか。1913〜1954年にかけては福山駅から鞆の浦方面を結ぶローカル私鉄の鞆鉄道が通っていたこともある。

いずれにしても、福山駅は広島県東部では最大のターミナル。新幹線の「のぞみ」が停まることもあってか、乗車人員は1日に2万人を超える（2019年度以前のデータ。2020年度はいろいろありましたからね）。これは中国地方で広島・岡山に次ぐ数字だ。

……と、まあこのあたりから福山駅がいかにビッグなターミナルであるかがわかっていただけたのではないかと思う。

福山人のローズマインド

では、さっそく福山駅を歩いてみよう。

いくら巨大なターミナルとはいえ、乗り入れている路線は新幹線と山陽本線、あとは福塩線という中国山地に分け入っていくローカル線だけだ。だから駅施設という点ではそれほど規模は大きくない。

それでもやはり鉄の街の玄関口。高架ホームの下の改札口の先、自由通路を挟んだ向こうには商業施設が入っていて、改札の横にもスターバックスコーヒー。駅にある珈琲チェーンではドトールコーヒーがおなじみだが、スターバックスとはなんだか福山という駅の格を現しているような気がしなくもない（他意はありませんよ）。

出入り口は海側と山側に2か所だ。海側は「ばら公園口」、山側は「福山城口」とある。

山側の“福山城口”を出ると目の前に本丸跡が

別に文句をつけるつもりはないんですが、こういう地域色の強い出入り口名は旅人を迷わせる。東西南北の位置関係を把握している地図に強い人ならいいが、そうでなければどちらに出たらいいのか戸惑うこともあるだろう。

今回はとりあえず北側、福山城口に出てみることにした。するとすぐ目の前に福山城。福山藩のお殿様が暮らしたお城がほんとうに目の前にそびえているのだ。駅前広場は再開発を待っているのか、どことなく殺風景だったが、とにかく駅前のお城の存在感が強い。

福山駅前のこのお城、駅前にあるというのは実は間違いである。むしろ、鉄道を通して駅を設けたときに城の一部を貫いてしまった。文化財を貫くなど、いまでは文化庁がお怒りになるので許されることではないが、明治半ばの開業当時はそんな時代ではなかったのだ。正確にいうと、駅は三の丸を東西に横断、コンコースは二の丸の正門があったあたりだという。

反対に南側、ばら公園口に出ると、どうやらこちらが福山駅の〝正面〟ということになりそうだ。

駅舎を出たところには商業施設「さんすて」があって、それをくぐると駅前広場。線路沿いの高架下には庶民的な定食屋や飲み屋が軒を連ねていて、このあたりは工業都市の駅前らしい風景というべきか。対して駅前広場は人口47万都市のターミナルらしく実に広大で立派なものだ。正面には天満屋福山店。ホテルもいくつも建っている。

出入り口になっている〝ばら公園〟とは、福山市内きっての観光名所であるばら公園にちなむ。福山にばらって、どんな関

“ばら公園口”には大きなビルがいくつも

係があるのか。ありがたくも駅前にそれを説明する碑があった。

いわく、戦時中の空襲で市街地の約8割が焼失した福山では、荒廃した街に潤いを与えて人々にやすらぎを取り戻そうと、市民有志がばらを植え始めたのだという。そこは戦時中まで陸軍歩兵第四十一連隊があった場所。

最初に植えたのは1000本の苗木だったが、その後少しずつ増えていっていまでは〝100万本のばらのまち〟。毎年5月に行われる福山ばら祭りは90万人近くを集める福山市最大のイベントになっている。

そうしたばらのまち、福山ローズマインドを体現するかのように、駅前にもばらが植えられた華やかな一角が。人通りも多く、他の小駅とは違って若い人からお年寄り、仕事中とおぼしきビジネスパーソンまでさまざまだ。小さな駅を渡り歩いてきた旅の中で、こうした華やかな駅があると確かに心が安らぐものである。

福山のターミナルのお隣なのにもう小さな駅舎

国道2号に面する小さな駅に時代を見る

55 備後赤坂

読み／びんごあかさか
所在地／広島県福山市
開業年月日／1916（大正5）年6月5日
構造／2面3線
神戸駅から207.5㎞

赤い屋根瓦と駅名のナゾ

大都会・福山にやってきてスターバックスでひと心地ついた後、芦田川を渡って並んでいた新幹線と別れるともう小さな町である。

中国地方らしく両側に山が迫る小さな平地を抜けて進んでいき、その途中に小さな駅舎の備後赤坂駅がある。駅舎の海側は田んぼが広がり、駅舎のある北側は小さな広場とすぐ先に国道2号。三菱電機住環境システムズ（つまり三菱電機の系列企業）があったり、少し歩くとコンビニがあるなど都市近郊という雰囲気もなくはないが、駅前風景だけを見ていれば特に何があるということもない。

赤坂というと東京の赤坂が思い浮かぶが、他にも岐阜県内に美濃赤坂という駅がある。赤坂はとりたてて珍しい地名ではなく、由来は赤い土の坂というそのまんま。このあたりの土が赤い色をしていたことが、赤坂と呼ばれるようになったきっかけなのだろう。

だから、というわけではないと思うが、備後赤坂駅の屋根は赤い瓦を使っている。

赤い瓦は中国地方でよく見かける石州瓦なのだろうか。その筋に詳しくはないので石州瓦かどうかの見分けをつけることはできないが、駅の周囲の戸建て住宅などを見ても赤い瓦が目立つ。

瓦の色がなぜ赤いのか。答えは簡単で、原料として使っている土が鉄分を多く含んでいるからだ。中国山地は鉄の山地。古代、出雲が強大な勢力を築いたのは鉄を背景にしていたからだという。『もののけ姫』に出てくるたたら製鉄も中国山地では江戸時代まで続けられていた製鉄法。それが仇になって洪水が増えてしまったという負の遺産もなくはないが、山陰を含めた中国地方を築き上げたのが鉄であった。

この鉄と赤坂の〝赤い土〟が何かしらの関係があるのではないかと勘ぐりたくなるが、そのあたりの正解はわからない。そもそも鉄が産出されたのは遠く中国山地の山の中。地名が与えられたはるか昔に何があったのかは知るよしもない。

国道沿いにはコンビニもあるような備後赤坂駅前の風景だが、駅舎から国道に出るわずかな通り沿いにはすでに廃墟となった駅前商店が見える。駅舎の脇には大正5年の銘が入った木造の油脂庫がひっそりと建つ。跨線橋は当たり前のように木造だ。

47万都市のターミナルからたったのひと駅だけお隣に進んだだけで、こういった〝昭和〟の残滓を見る。駅前広場傍らの駐輪場には無数の自転車が並んでいるのを見ると、ここから福山市中心部へと通学している学生もたくさんいるのだろう。都市と田舎、昭和と現代がない交ぜになっているのは、福山市からひと駅という絶妙な距離ゆえなのだ。

駅前を通る国道2号

四角い駅舎がかつての都市の玄関口感を漂わせる

56 松永

伝統工芸の盛んな松永地域の玄関口

読み／まつなが
所在地／広島県福山市
開業年月日／1891(明治24)年11月3日
構造／2面3線
神戸駅から212.4㎞

カランコロンとゲタリンピック

丘陵地の間を抜けてきた山陽本線は、ふたたびここで瀬戸内の海に近い場所に駅を持つ。

松永駅は福山〜尾道間の延伸と同時、1891年に開業した古い駅だ。もともと一帯は松永市という独立した市（開業時は松永村。松永町を経て1954年に松永市）であって、1966年に福山市に編入された。歴史的には松永駅が一期生の駅として開業していてもなんの疑問もない。

松永駅の駅舎は橋上駅舎だが、橋上部分に駅事務室なども収められている最近の橋上駅舎とは違い、海側は単に階段があるだけ、山側に事務室などの駅舎が設けられている古いタイプの構造だ。現在の駅舎になったのが1968年とだいぶ古いから、いわば橋上駅舎の元祖のような形態をいまに伝えているといっていい。

山側には駅前広場があって、その向こうには旧松永市の市街地が続く。市街地らしく商店街になっているようだが、どの店もシャッターを下ろしている。これがたまたま訪れた日がそうだったのか、コロナ禍がそうしているのか、それともシャッター街になってしまっているのか。そのとき限りの訪問ではわからない。

海側は、橋上駅舎になる以前の古い時代の地図を見ると学校があったようだ。広島県立松永高等女学校として開校し、戦後の１９４９年に男女共学の高校になった。１９２１年に高等移転しており、その跡地は市街地と南口の駅前広場に生まれ変わっている。１９６２年には松永駅北口から徒歩15分ほどの場所に

その駅前広場、松永高校があったよ、といった旨の記念碑もあるが、ほかにもいくつもの碑というかオブジェというか、松永の歴史を伝えるものが展示されている。

ひとつは塩田。松永市内がまだ福山藩領だった江戸時代のはじめ、播州赤穂で製塩を学んだ本荘重政が干拓工事を行って塩田を開いた。塩田は長く松永の主要産業のひとつで、１９６０年まで続けられていたという。

もうひとつは畳表。備後地域は畳表が特産で、表皮が厚くて粒ぞろい、光沢のある高級な畳表で、南北朝時代から生産されていた。最近でも京都御所迎賓館にも使われている、福山の伝統的地場産業のひとつだ。

松永高校跡地に加えて塩田に畳表。松永は伝統工芸が盛んな地域だったというわけだ。

そしてもうひとつ、オブジェはなかったが松永には地場の特産品がある。松永下駄というブランドの下駄だ。製塩の際に塩を煮詰める薪を使って下駄をつくったのがはじまりで、大衆向けの安価な下駄として昭和30年代には年間生産量５６００万足。下駄文化は衰退してしまったが、いまでも国産下駄の約5割が松永で生まれている。

毎年9月、松永駅付近で行われるのが〝ゲタリンピック〟。下駄を使用したスポーツなどが行われる下駄の街ならではのイベントである。カランコロンと下駄の音が響く、松永の街なのである。

海側の広場には塩田のオブジェ

駅前にはたくさんの自転車が停まっている

松永湾沿い、尾道市郊外の新参駅

57 東尾道

読み／ひがしおのみち
所在地／広島県尾道市
開業年月日／1996（平成8）年7月21日
構造／2面2線
神戸駅から215.3㎞

マンションブームも華やかに

松永駅を中心に市街地を広げる福山市松永地域一帯は、松永湾を抱えている。この東尾道駅も、〝尾道〟を名乗りながらもその位置は松永湾沿い、どちらかというと尾道よりも松永だ。だから尾道という名に惹かれてここで降りてみてもいいかな、などと思ったら大間違いである。

ホームは相対式2面2線、シンプルな橋上駅舎で海側・山側ともに出入り口がある構造。1996年に新規開業した歴史の浅い駅のひとつだ。

地名としては尾道市高須町といい、古くは松永湾沿いの寒村が広がるばかりであった。しかし、尾道市街が拡大してこの一帯の宅地化が進むと駅設置のニーズが高まった。そこで地元の人たちが1990年に設置期成同盟を設立。その当時は、地名に合わせて〝高須駅〟と仮称していた。

ただ、全国的に著名な〝尾道〟の東にある駅なのだから、イメージアップにはその名を頂く方がわかりやすい。結局、開業前から東尾道駅として設置要望が行われ、開業後も東尾道駅として日の目を見た。

実にシンプル極まる駅なのだが、駅の外に出てみて驚いた。なぜか（といったら失礼ですが）マンションがいくつも建ち並んでいるのだ。大きい駅前広場がある海側は、周囲をぐるりと取り囲むようにマンション群。小川を渡って尾道方面を目指す線路沿いにも大きなマンションが建つ。空き地も多いから、マンション建設の予定はまだまだあるのかもしれない。

こんなことをいうと無知な都会人とのそしりを受けてしまうが、こうした場所になぜたくさんのマンションが現れているのだろうか。尾道がいくら造船を核とした工業都市であり、一方で瀬戸内海沿いでいちばんといっていいほど著名な観光地であるといっても、である。

もしかしたらリゾートマンションとして利用している人もいるのかもしれないが、それにしては駅の周りの光景は殺風景。山をひとつ越えなければ尾道のあの風景は見られない。

ここ数年、コロナ不況なんてまったく無関係かのようにマンションはバブルである。建てれば売れる、売れるからどんどん建てる。それも都心のど真ん中ではなくちょっと離れた郊外に。先日は知り合いの編集者に「土浦のタワマンがあっという間に完売したらしいですよ」などと聞いた。

マンションブームは東京だけのものではなく、山陽の地方都市にも波及しているようだ。

大きなマンションがいくつも建つ

2019年に完成した真新しい尾道駅舎

58 尾道

造船、そして映画の町へ誘う瀬戸内最大の観光ターミナル

読み／おのみち
所在地／広島県尾道市
開業年月日／1891(明治24)年11月3日
構造／2面3線
神戸駅から221.8㎞

原節子の涙が落ちる瀬戸内の町

『東京物語』という映画がある。1953年公開、監督は小津安二郎。主演は笠智衆と原節子だ。

そのあらすじを改めてここで言う必要はないだろう。それくらいに有名な、世界的に知られる日本映画のひとつだ。

……といっても、もう半世紀以上前のモノクロ映画なのでちょっとだけ紹介しておこう。ネタバレ注意である。

尾道に暮らす平山周吉・とみの老夫婦が長男や長女がいる東京に出かけるも、忙しくしている子どもたちはろくに相手をしてくれない。そんな中、戦死した次男の妻、紀子だけがふたりによくしてくれた。結局日程を繰り上げて帰ることにしたふたりだが、帰路にとみが体調を崩してしまう。一時は回復するが尾道に帰ってまもなく危篤となり、子どもたちと紀子がかけつけるも意識が戻らずこの世を去る。子どもたちはそそくさと故郷を後にして、残った紀子が東京に帰るその日、周吉はとみの形見の時計を紀子に渡す。紀子は涙を流し、翌朝誰もいなくなった部屋で周吉は海を眺める――。

別に私は映画好きを自認しているわけでもないし、人より詳しいとも思わない。だが、家族の絆や人間のあり方をこのような形で描いた作品は、50年以上経ってもまったく色あせていないと思う。最近のそこらへんのお涙ハラスメント映画などと比べたら、圧倒的なまでのリアリティと情感がこもっているのではないか。

が、ここで言いたいのは映画の内容の話ではない。作品の舞台、尾道である。『東京物語』は尾道のシーンもよく登場し、尾道水道や浄土寺付近から見下ろす尾道の町、そこを走る山陽本線の蒸気機関車。このあたりはあまり今とも変わらない尾道らしい風景が、作品に絶妙に合っている。尾道は、やはり映画の町なのである。

尾道と映画というと、大林宣彦監督による尾道三部作が有名だ。個人的には映画ではないが朝ドラの『てっぱん』も尾道が舞台で、尾道のお好み焼きが食べたくてたまらなくなるドラマであった。

ほかにも尾道はたびたび映画やドラマに登場する。その先駆けといっていいのが、『東京物語』なのだ。

尾道駅とその駅前の風景は、『東京物語』の時代から大きく変わっている。駅舎は2019年に完成したばかりでピカピカだし、駅前もよく整備されていて広場の先の尾道水道、向島への渡し船乗り場もよく見える。瀬戸内の町、尾道に来たことを実感させてくれるいい駅だ。

さすがにこれは『東京物語』の世界観とは違う。だが、駅からすこし歩いて浄土寺や山の裾野を登っていけば、まるで変わらない雰囲気が漂っていることを実感するはずだ。時代も変わり、建物も変わっているはずなのに、なぜか尾道には『東京物語』の時代と同じ空気が流れている（ような気がする。だってあの時代の本当の空気なんて知らないですからね）。

いずれにしても、尾道駅は駅舎こそ新しいけれどそうした町の玄関口にふさわしく溶け込んでいる。駅が真新しくなると地域との一体性を損なうことが多い。どうしても駅を立派な都会的なものにしたがる向きがあるが、そうするとどこかで見たことがあるデザインになってしまって町の個性とはかけ離れたものになってしまうからだ。

それが尾道駅ではなぜかうまくいっている。

尾道水道を挟んで向こうに見える向島からの船が着けば、次々に高校生や中学生が降りてくる。学校から家に帰るのだろうか。小さな船が行き交う尾道水道の先では造船所が船をつくる。尾道最大の産業は観光ではなく造船である。

つまり工業都市なのだが、その工業都市らしい風景と昔ながらの街並みが一体となって魅力を生み出しているのも尾道ならではだろう。

よく考えてみると、工業都市がそのまま観光都市にもなっている例はあんがい多くない。煙もくもくの工場と観光は正反対の場所にある（工場夜景とかそういうちょっとニッチなジャンルは横に置いておきますよ）。島国に暮らす日本人は、山と海と船の組み合わせならばなんでも許してしまえるということなのかもしれない。

駅前広場のすぐ向こうに尾道水道

糸崎駅は2020年から無人駅になった

かつて機関区も置かれた運転上の要衝

59 糸崎

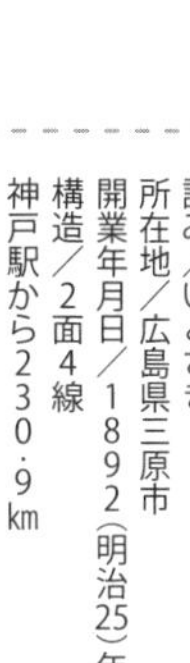
読み／いとざき
所在地／広島県三原市
開業年月日／１８９２（明治25）年7月20日
構造／2面４線
神戸駅から２３０・９㎞

国鉄車両と新型車両が並んで競う

糸崎駅は何もない駅である。だが、一方で異様に存在感のある駅でもある。尾道駅から瀬戸内沿いを約9㎞も走ってやってくる糸崎駅は、わざわざ降り立つほどの何かがあるわけではない。だが、たまたま運転上の拠点になっているから、「糸崎ゆき」という電車が数多く走っているのだ。おかげで、岡山都市圏に暮らしている人は嫌でもこの駅の名を目にすることになるし、青春18きっぷなどを使って山陽本線を旅する向きには避けては通れない〝糸崎駅での乗り換え〟で印象づけられる。

こうしたおかげで、糸崎は特に何があるわけでもないのに存在感だけはやたらあるということになってしまうのだ。

運転上の拠点であることは、ホームに降りればすぐにわかる。それまではほとんど国鉄時代の１１５系が我が物顔だったのに、隣に並んでいるのは広島方面に向かう２２７系。ステンレスの新型車両が堂々出発を待つ姿を横目に、さしもの１１５系も片身が狭そうだ。

ホームの向こうには留置線がたくさん並び、留置されている車両もいくつか見える。ＪＲ西日本の支社境（岡山支社と広島支社）でもあり、乗務員区も置かれている。

ただし、駅としてはもはや誰も職員のいない無人駅になっている。駅舎は木造の白い建物で、駅名看板の「糸崎」はちょっと変わったフォントを使っている。フォントというか、誰かの手書き文字なのではなかろうか。すぐ駅前には国道185号が通り、セブンイレブンも目の前に。このセブンイレブンは最近できた糸崎駅にとっては新入りらしい。むしろ国道沿いには古い商店街の廃墟（営業している店もいくつかありますが）があって、町の栄枯盛衰がなんとなく感じられるところもおもしろい。

糸崎駅の開業は1892年。尾道駅からひと駅区間だけ延伸してきて開業した。その当時は「三原駅」と名乗っている。三原の町にいちばん近い駅だったから、そうした名付けもとうぜんのことと言えよう。

途中駅になったのは2年後の1894年。備後・安芸の間にまたがる山岳地帯を越えて広島駅までの一気の延伸だった。糸崎～三原間はわずか2・4kmしかないのだから、1892年の時点で三原駅まで延伸しておけばよかっただろうにとも思う。なぜ糸崎止まりだったのかはよくわからない。推測するには、広島までの山越えを控えて機関区を設けるにふさわしい土地を確保できたという事情が大きかったのかもしれない。さらにすぐ近くまで海が迫っていて、船運と鉄道の結節点とするにもちょうど良かったのだろう。

いずれにしても、広島まで鉄路が伸びて途中駅になっても機関区のある駅としての賑わいは衰えなかった。三原駅が三原城下町、三原市街地の中心に設けられた駅であり、三原の玄関口としての役割を失っても賑わい続けるというのはなかなかのものだ。

機関区の、すなわち鉄道の町と、港と倉庫の港湾都市、そしてのちに生まれた三菱の工場が広がる工業都市として、糸崎

駅の海側には留置線が広がる

駅の周辺は大いに栄えたという。古くは遊郭街もあったというから、町の規模はなかなかのものだったに違いない。セブンイレブンは最近になって登場した新参者でも、廃墟になりかけている国道沿いの商店街は、そうした賑わいの時代の残滓といっていい。

いまでも留置線の向こうの海側の町を歩いてみると、ほとんどが倉庫街となっていていかにも工業都市の海沿いといった風景が広がる。しかし、かつての賑わいの痕跡はすっかり消え失せて、留置線の隣にセメント工場、そして三菱重工の工場が広がる無機質な町になった。三菱の企業城下町という空気は今も残っているが、それは三原市街地と一体となったものであって、糸崎固有のものではない。要の糸崎機関区も1972年に廃止され、鉄道の町としての役割はすっかり終わっている。

そんな中で、「糸崎ゆき」の電車は糸崎駅が鉄道の町であったことを今に伝えるいわば鉄道遺産だ。そう考えれば、地元の人はともかく鉄道ファンが糸崎駅での乗り換えを強いられることに対してぼやいてはならぬ、と思うのだがいかがだろうか。

中国地方の中心を駆け抜ける

八本松
寺家
西条
西高屋
白市
入野
河内
本郷
三原

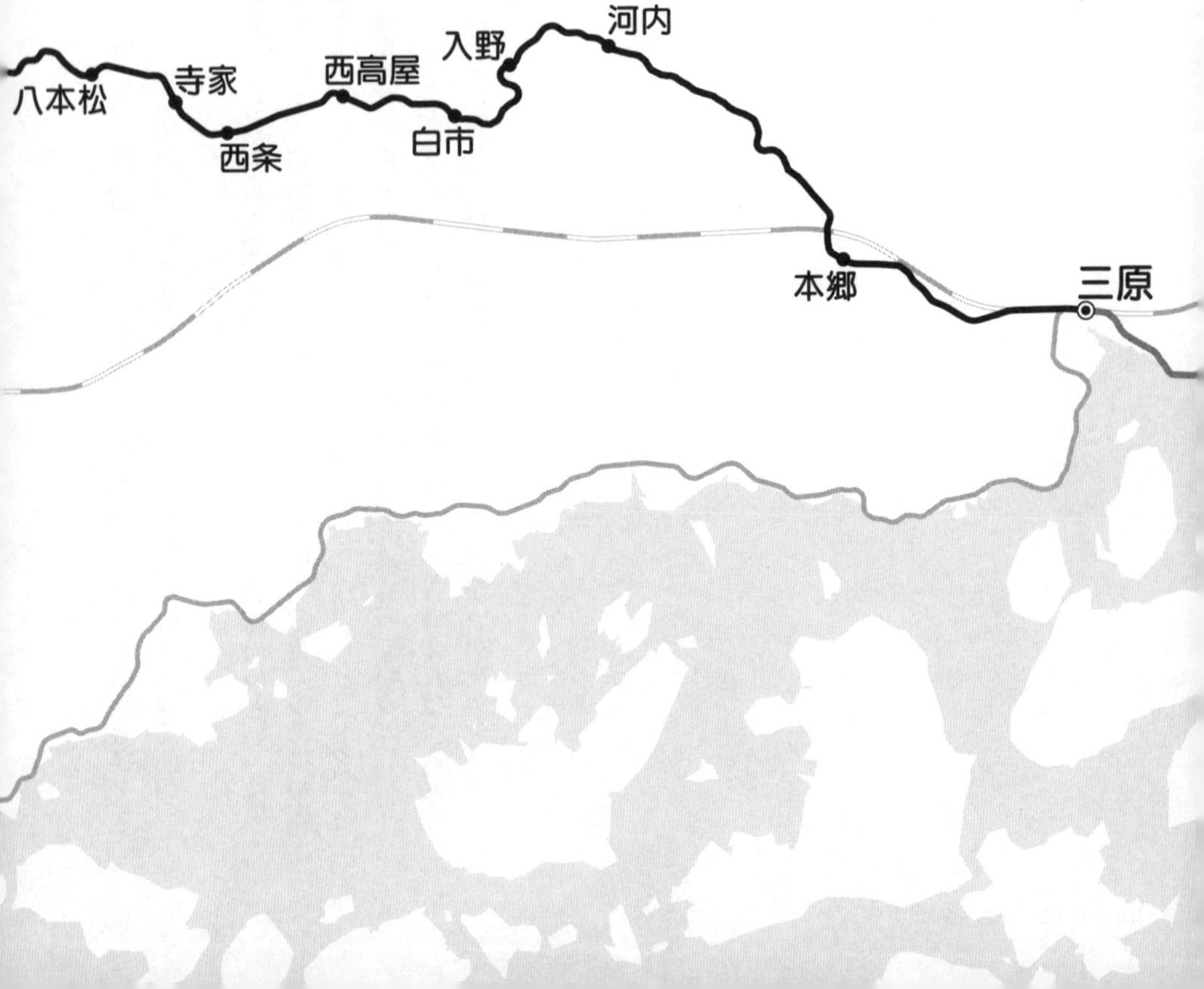

第3章 真っ赤に燃える 三原〜

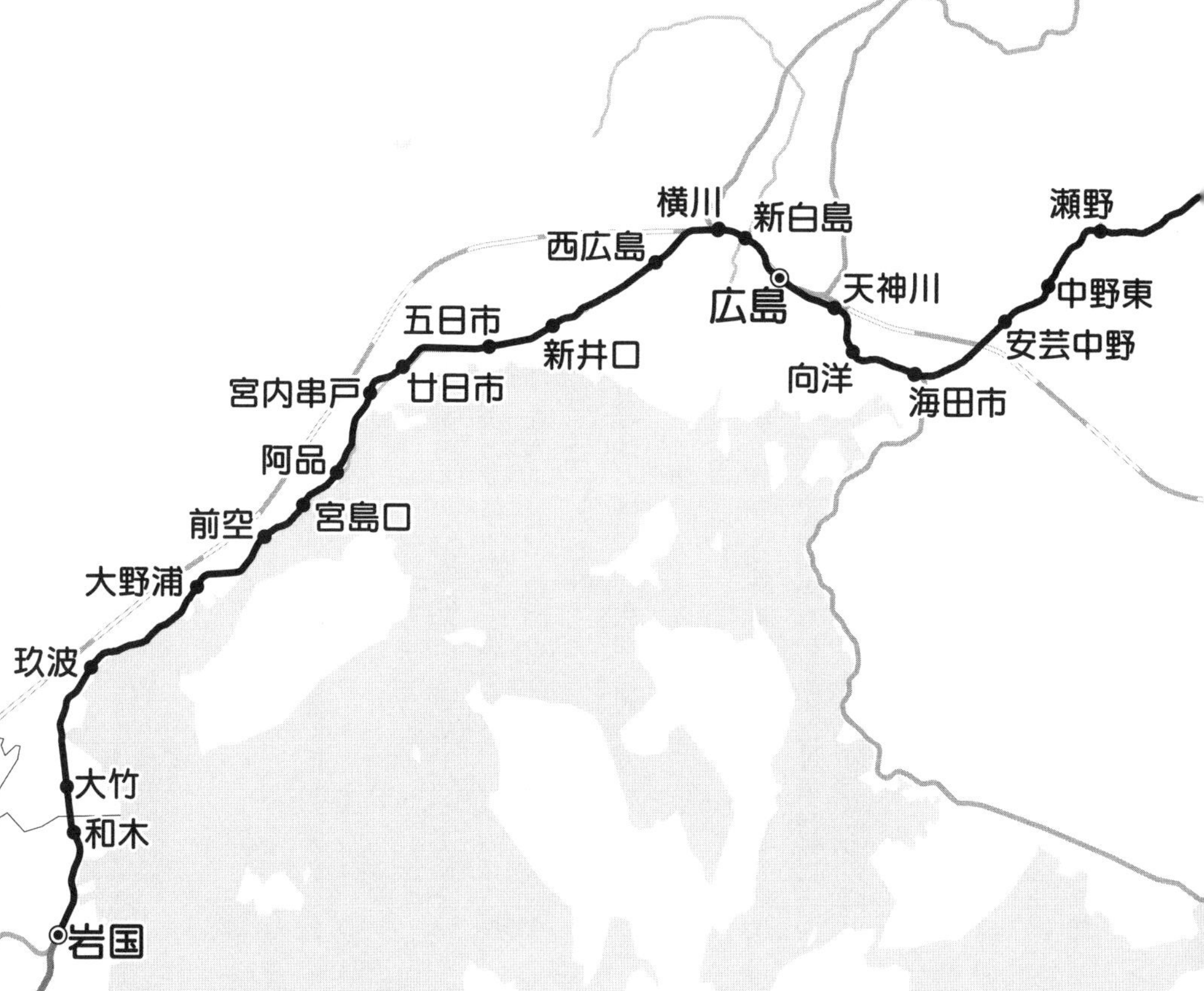

海側に建つ三原駅の正面駅舎

ここで115系とはしばしのお別れ

60 三原

読み／みはら
所在地／広島県三原市
開業年月日／1894（明治27）年6月10日
構造／2面4線
神戸駅から233.3km

誰が歌うのか私の城下町

福山も尾道も広島県だから、実は岡山県から広島県に入ってずいぶん旅を続けてきた。しかし、本格的に広島県内の旅に入ったと胸を張っていいのは三原駅からではなかろうか。鉄道が好きな人、時刻表を眺めて時間を潰せるようなたぐいの人には同意してもらえるのではないかと思う。

運転系統上は、というか支社の境目はお隣の糸崎駅だ。岡山方面・広島方面ともに糸崎駅を終着とする列車は多く、車庫も糸崎にある。だから糸崎駅を境に広島県の旅のはじまり、といっても良さそうだ。

ただ、時刻表を見ればわかるとおり、糸崎～三原間は岡山側と広島側の重複区間である。岡山方面からの列車の一部は糸崎駅からひと駅だけ広島側に入って三原駅まで乗り入れる。逆に広島側の列車は全列車が糸崎発着だから、岡山サイドがほんの少しだけ広島にお邪魔しているといったところか。

岡山側からお邪魔している山陽本線の電車は国鉄車両の115系。黄色の国鉄電車は新型車両の227系が行き交う広島側にひと駅だけやってくる。この三原駅を最後にしばらく115系とはお別れすることになる。寂しい……と言いたいところだが、新しい車両の方が乗り心地がいいので個人的には断然

227系派である。

いずれにしても、三原駅から山陽本線は山を越え、本格的に安芸路に入る。三原駅の山側、新幹線の高架ホームが天守台の端っこを削り取るように通っている三原城は、江戸時代を通じて広島藩の支城であった。だから安芸と備後からなる広島県、三原はぎりぎり備後に属しているが、歴史的には〝広島〟の玄関口といっていい。

三原城は戦国時代の末に毛利三川のひとり、小早川隆景によって築城された国の守りのお城。三原名物のやっさ踊りは築城完了を祝って城下の人々が踊ったことがはじまりだというから、長らく三原のシンボルのお城であったのだ。

小早川氏のあとは関ケ原の戦いを経て福島正則が広島に入るとその支城となり、福島正則が改易されて浅野氏が広島に入るとその領地になった。

明治時代には一時期鎮守府予定地になったが計画は撤回され、1894年の三原駅開業に際しては城域の多くが鉄道用地に転用されてしまった。新幹線が通るとますます敷地が削られて、今見るように天守台の石垣を削り取るようにして新幹線が駆け抜ける世にも珍しいお城になってしまったのだ。

このあたりは福山城とほとんど同じ事情だが、福山の方はもっと広い平地があるのだから無理をして城跡に鉄道を通さなくてもなんとかなったのではないかと思う。ところが三原は駅から5分も歩けば三原港、海に出る。すぐ北は山が迫ってくる。ごく狭い平地に鉄道を無理矢理通さねばならなかったのだから、城跡を貫いていったのもしかたがない。

古き時代の文化財と新時代のインフラ開発の折り合いは、いつであっても難しいのである。

石垣は三原城の天守台。新幹線の高架が横切る

2009年に完成した橋上駅舎

工業団地も近い三原市郊外山間の駅

61 本郷

読み／ほんごう
所在地／広島県三原市
開業年月日／1894（明治27）年6月10日
構造／2面2線
神戸駅から242.8㎞

山を越えれば空の旅

三原駅から山陽本線は山を越え、呉線は海岸線をうねうねと走っていく。その分かれ目は三原駅を出てすぐにあり、呉線は市街地の中を南下して沼田川を渡る。こちらの山陽本線は、沼田川とともに上流方面へと遡って山の中。

海と山、どちらが見たいのかと聞かれたら日本人ならだいたいが海と答えるだろう。呉線の車窓からぼんやり眺める瀬戸内は確かに指折りの絶景だ。だが、単に先を急ごうとするなら山越えの方がいい。鉄道がない時代は勾配の険しさなどあまり関係がなかったからなおのことで、旧西国街道も山越えルート。それを継ぐ国道2号、そして山陽本線もそちらを踏襲しているというわけだ（新幹線も同様に山越えだが、ほとんどトンネルなのでなんとなく存在感がない）。

本郷駅はそうした山に分け入った最初の駅である。南から沼田川・国道2号・山陽本線が仲良く並び、途中なぜかラブホテルがいくつか建ち並んでいるエリアを横目に走って本郷駅に着く。

1894年、三原〜広島間が開通したのと同時に開業した古い駅で、かつては本郷村の代表駅だった。本郷村はのちに本郷町に昇格し、2005年の平成の大合併で三原市に編入。だから三原市内ではあるが、歴史的にはほとんど別の地域である。

駅舎は2009年に完成した比較的新しい橋上駅舎。中心市街地は海側（南側）にあり、町中を抜ければ沼田川が流れる。駅前には古い駅前旅館をルーツに持っていそうなビジネスホテルがあって、かつてはこの町を訪れる旅人も少なくなかったのだろうと思わせる。

駅の正面には小さな町が

山の谷間のような場所の町ではあるが、沼田川を渡ると山を切り開いた工業団地もあったりするので、あんがいに賑やかな町なのだろう。沼田川と三次川が分岐する場所にはコカ・コーラの工場、その奥にはマックスバリュもあって、どれも国道2号沿い。

こうした工場で働くひとたちが本郷駅を使って通勤しているとはなかなか思えないが、何もなくて廃れていくよりはよほどいい。少なくとも新しい橋上駅舎ができるくらいには賑わっているのだ。

駅の四方はもちろん山に囲まれている。沼田川を下って東に行けば三原港。西に見える山の上には広島空港がある。広島空港の住所は三原市本郷町。合併以前は広島県本郷町にある空の玄関口だった。その誇りは本郷駅には見られない。アクセスできなくても、もうちょっとアピールしてもいいんじゃないですかね……。

山側に面する河内の駅舎

シティ電車の悲願が残る

62

河内

読み／こうち
所在地／広島県東広島市
開業年月日／1894（明治27）年6月10日
構造／2面3線
神戸駅から255.1km

汽車から国電へ

沼田川と椋梨川が交わる山間の谷間に河内駅がある。

読み方は〝こうち〟。同じ文字を書いても〝かわち〟と読んだり〝かわうち〟と読んだりいろいろだからややこしい。1999年のドラフト会議で広島カープに1位指名されたピッチャーは河内と書いて〝かわうち〟と読んだ。が、こちらの山間の小駅は〝こうち〟という。

平成の大合併を経ていまでは東広島市に属するが、それまでは河内町という独立した町だった。駅の開業も古く、1894年の山陽鉄道開通時と同時だ。古くは停車する急行列車もあり、小さい町の駅ながらもそれなりに賑わっていたのだろう。1931年には通過中の急行が脱線して椋梨川に転落する事故も起きている。

木造の古い跨線橋を渡って山側にある駅舎を抜けると小さな駅前商店街。訪れたのが早朝だったこともあって人の気配はあまりなかったが、周りを歩いてみた印象では昼間になっても雰囲気はあまり変わらないのだろう。

特に言うべきことはないなと思いつつ再び駅に戻ってまた跨線橋を渡る。すると、跨線橋の下り電車の乗り場側の壁面に「JRを利用してシティ電車

跨線橋にはシティ電車延長を願う看板が

の延長を！」と大書した看板が掲げられている。「河内町・河内町商工会」とあることやデザインから、かなり古い時代に設けられたものだろう。いまでは馴染みの薄いシティ電車とは何なのだろうか。

古くは国鉄の時代、数分おきに電車がやってくるような運行形態は東京や大阪の大都市圏に限られていた。広島や岡山のような都市部でもダイヤは中長距離の輸送を前提に組まれており、通勤通学や買い物といった日常的に利用する手段としては便利とは言いがたいものだったのだ。結果として、それが乗客離れや減収の原因にもなっていた。

１９８０年代に入ると国鉄の赤字は深刻などという言葉では語れないほど悪化しており、増収策のひとつとして登場したのがシティ電車。「汽車から国電へ」を合い言葉に地方の都市部にも高頻度・等間隔の運転を行ってお客を増やそうというわけだ。

ほどなく国鉄そのものが消えてしまったのが、同時に駅の増設も行われるなどいまの地方都市における鉄道ネットワークの礎になる施策であった。

広島においてはシティ電車の先駆けとして１９８２年から導入されている。ただ、そのときのエリアは広島〜岩国間。１９８４年には西条、１９８６年には白市まで拡大されるが、河内駅まではたどり着かないままに終わっている。そんな当時、河内の町の人々がおらが町にもシティ電車をと望んだのが、例の看板だったのだ。

その後、シティ電車はＪＲに引き継がれ、２００２年にはほぼまるごと踏襲する形で広島シティネットワークが設定される。そこでも河内駅はエリアから外れており、いまも河内駅を含む三原〜白市間は日中1時間に1本しか列車がやってこない。白市駅から先は1時間に4本。その差は歴然だ。

いまだ、河内の町の悲願は実現していない。

高台の上にある入野駅の小さな駅舎

63 入野

信号場が一時廃止されるも駅として復活

読み／にゅうの
所在地／広島県東広島市
開業年月日／1953（昭和28）年12月25日
構造／2面2線
神戸駅から259.5㎞

里山の小駅に送迎のクルマが現れて

「森への入り口」という地名の由来に反することなく、入野駅も山間の小さな駅である。

三原駅から沼田川に沿って走ってきた山陽本線は、河内駅を出てまもなく支流の入野川沿いに転じる。まさに山間を縫うようにして走っていくその中に入野駅がある。

1917年に信号場が設けられたのが最初で、その当時はまだ単線だったから山間での列車交換のために必要だったのだろう。この区間の複線化は1924年に実現、それによって信号場の役割が不要になったのか、1939年にいったん信号場は廃止されてしまう。そこでそのまま終わっていたら入野駅の開業はなかったことになる。

それでも1953年に〝復活〟する形で入野駅が開業する。入野村という小さな村があったことが決め手になった（入野村は1956年に河内町に編入され、現在は東広島市）。

入野駅前後の区間、線路はカーブを繰り返しながら築堤の上を走っており、海側だけに建っているコンクリート造りの駅舎も築堤の上だ。小さなロータリーは駅舎から階段かスロープを下った先にあり、そこから少し歩くと入野川。入野川を渡ると国道432号が通っている。

長く寄り添ってきた国道2号は遙か南の山の中、新幹線も山陽自動車道も山地をトンネルで抜けていく。山間を縫っているのは国道432号と山陽本線だけである。

朝の通勤通学時間帯に入野駅にやってきたからか、電車が到着する時間に合わせてひっきりなしに送迎のクルマがやってくる。クルマから降りてくるのはみな地元の高校生。どこに通学していくのかはわからないが、きっと白市・広島方面なのだろう。

それにしても、周囲を見渡しても山に囲まれたばかりの入野駅にどうしてこれだけ送迎のクルマがやってくるのか。駅の周囲のわずかな平地も田んぼが目立つ里山だ。

地図を見ると、入野川を渡った向こうの小さな山を越えるとニュータウンが広がっているようだ。路線バスもあるのかもしれないが、そこに暮らす子どもたちはクルマで駅まで送ってもらい、学校に通っているというわけだ。

通勤の会社員らしき人の姿はほとんど見かけなかったから、運転免許を持っているオトナはハナからマイカー通勤をしているのだ。電車に乗るのは学生ばかり。ローカル線の旅をしているとよく遭遇する光景だ。天下の大動脈・山陽本線といえども、ここは日中は1時間に1本（通学時間帯には少し増える）のローカル区間なのである。

入野川の先、山の上にはニュータウン

古い駅舎の前にはバスターミナル

シティネットワークのはじまりは空港の玄関

64

白市

読み／しらいち
所在地／広島県東広島市
開業年月日／1895（明治28）年1月25日
構造／2面3線
神戸駅から263.9km

空とレールを結ぶもの

白市駅には二度訪れたことがある。

この駅に来たことがある人ならわかると思うが、もちろん白市の町に用事があったわけではなく、目的は広島空港である。広島空港と白市駅はバスで結ばれていて、一度は空港から、もう一度は空港に向かうために白市駅で降りた。

空港と白市駅はバスでだいたい15分くらい。広島空港というアクセスに難のある空港において、白市駅は鉄道においてはもっとも近いつまり最寄り駅である。直線距離では本郷駅や河内駅も近いが、広島シティネットワークの東端で列車の数も多い白市駅が最寄りになっている。

今回の旅でも、白市駅に降りたらキャリーケースを引きずった人が何人かともに降りて、上り列車からも数人が降りてきた。小さな駅舎から出てすぐ目の前のバス乗り場に空港行きのバスが発着し、駅舎の中はそのバスの待合室も兼ねているといったところか。

駅舎内には空港の搭乗案内のモニターも設置されていて、空港最寄り駅感がむんむんと漂う。むしろ空港アクセスという機能がなければ、この駅を利用する人は地元の人ばかりに限られるだろう。

広島空港行きのバスは1時間に1〜2本

広島空港は、アクセスという点において大きな課題を抱えているといっていい。

よく、〝4時間の壁〟などと言われる。新幹線と飛行機のどちらを選ぶかという命題において、新幹線での所要時間が4時間を超えると飛行機を選ぶ人が多くなるという理論だ。広島は東京から4時間弱で、ちょうど〝4時間の壁〟のターゲット。ただ、広島駅から空港まではバスに乗って1時間近くかかる。

空の旅は飛んでいる時間は短くても、空港アクセスと保安手検査やら何やらの搭乗手続き、そして「バスで行くから渋滞したらマズイしなあ……」などと念のため少し早めのバスに乗ったりするから、正直なところ新幹線の方が早くなる。どちらを選ぶかは〝4時間〟などという時間の概念ではなく、同じ座席に4時間座りっぱなしに耐えられるかどうかという忍耐力の問題なのではないかと思っている。まあ、個人的には飛行機が大の苦手なので広島だったらほぼ新幹線一択、選択の余地はない。

ともあれ、白市駅は駅舎の中で搭乗時間を見ながらバスを待つ人が何人かいるような、空港の一端といってもいいような駅だ。

ただ、一時期は空港のチェックインカウンターを設置する、などという話があったようだがそれは見当たらない。スマホでQRコードを表示して搭乗するのが当たり前の今、チェックインカウンターをわざわざ駅に設ける必要ないのである。

古い駅舎だが駅の中にはセブンイレブン

教育機関が集まる町の小さな駅

65 西高屋

読み／にしたかや
所在地／広島県東広島市
開業年月日／1926（大正15）年10月1日
構造／2面2線
神戸駅から268.3㎞

山の中のオアシスはセブンイレブン

山の中の旅はまだまだ続く。山陽本線はほとんどの区間で瀬戸内沿いの平地部をつなぐようにして走って行く。

それでも中国地方は山が多い。海の際まで山が迫っているところも少なくない。そうしたところでは山を貫いて走るか、海岸線ギリギリを通るか、そのどちらかしかない。

その中で山を貫いているのは2か所あって、最初は兵庫県と岡山県の県境。ここでは海岸線を通る代替路線に赤穂線がある。そしてもうひとつは三原から広島へと抜ける山中である。海側には呉線という瀬戸内を望める絶景路線が通っているから、のんびりと各駅停車の旅を楽しみたいのならば正直に言ってそちらのほうがおすすめである（ちなみに、〝選択乗車〟というルールがあるので海側を選ぼうが山側を選ぼうがどちらも運賃は変わらない。便利ですね）。

広島の山の中を進んでいく中で、白市駅から広島シティネットワークに入って列車の運転本数が増えると、山中ではありながらも少しずつ都会的な要素も垣間見えてくる。その最初が、西高屋駅といっていい。

西高屋駅もまだまだ山の中であることは変わらず、駅のすぐ南側には沼田川の支流・入野川が流れる。沼田川は三原で瀬戸内海に注ぐ川だから、三原・広島間の山中の分水嶺はまだ越えていない。

それでも西高屋駅は都会の香りがほんのりと漂う。

駅舎はごく小さなもので北側にひとつあるだけだが、何よりその駅舎にセブンイレブンが入っている。

駅にコンビニがあるなんて当たり前だよね、というのは都会人の発想である。地方に行くと、よほどのターミナルでもない限り売店やコンビニの類いはなく、駅前にもそうしたものは見当たらないのが普通である。

普段は私も都会で暮らしているからコンビニ難民になることはまずない。それが地方に来てコンビニのない駅をいくつも巡っていると、最初はコンビニのなさに絶望するが、次第に慣れてきて駅舎の片隅に自動販売機さえあればいいと思えるようになってくる。

そんな旅を延々に続けてきて、西高屋駅に来たらなんと駅の中にコンビニだ。駅前にも昔ながらの商店街があるようだが、どうしたってコンビニがあれば駅のお客はそれを使う。

通学時間帯にやってきた西高屋駅にはたくさんの学生が降りてくる。駅周辺は広島県立広島高校や近大附属広島高校、近畿大学工学部の広島キャンパスなどいくつもの教育機関がある文教地域だ。駅近くのバス乗り場の奥にもコンビニがあるし、やはり若い人たちがたくさん集まるとコンビニができる。若い人の多さは都会らしさの象徴のひとつ。いよいよ、100万都市広島が近づいているのだ。

駅から少し離れたところに学校行きのバス乗り場

2014年に完成した西条駅舎は酒蔵通りをイメージ

東広島市のターミナルは新築橋上駅舎

66 西条

読み／さいじょう
所在地／広島県東広島市
開業年月日／1894（明治27）年6月10日
構造／2面3線
神戸駅から272・9km

国分寺と四日市宿と日本酒と

正直に告白すると、東広島市を見くびっていた。広島大学や広島空港があることなどは知っていたし、東広島駅という新幹線の単独駅があることも知っている。が、その中心市街地の西条の玄関口たる西条駅にやってきたのは今回が初めてであった。

東広島市はほとんどが備後と安芸を隔てる山中に広がっている。だから、ターミナルの西条駅といってもそれほど大きな町ではないだろうとたかをくくっていた。ま、軽く駅とその周りを見てサクッと次に進もう、などと安易に考えていたのだ。

ところが西条駅に着いて驚いた。ホーム構造は2面3線というどこにでもあるようなシンプルな構造なのだが、吸い込まれていく橋上駅舎が実に立派だ。階段を上ってコンコースに向かうとそこも広々としていて、中心市街地に面する南側の1階にはコンビニやパン屋、飲食店までが入っている。土産店ももちろんあるし、広大な駅前広場の先にはおなじみ東横インやルートイン。バスもタクシーもたくさん行き交い、駅前を歩く人は老若男女数多い。

とにかく西条駅は、人口約19万人の東広島市の玄関口らしい偉容をたたえた立派な駅なのである。

東広島と言い続けるとわかりにくいが、古くはこの西条が西条盆地の中心であった。しばらく山陽本線と離れていた旧西国街道ともここで合流するが、かつては西条四日市宿という宿場町も置かれている。広島藩領では最大規模の本陣・脇本陣が設けられたという。

さらに時計の針を巻き戻すと、古代にはここ西条に安芸国国分寺があった。県下最大の前方後円墳や毛利氏に駆逐されるまで中国地方の覇者だった大内氏にまつわる城もある。周囲を山に囲まれる盆地は天然の要害、中国地方支配の中枢たる地域だったようだ。

寒暖の差が大きく、周囲にはいくつもの川が流れる西条は酒造りにふさわしく、いまや西条きっての特産となっている日本酒醸造も江戸時代からの地場産業。駅前広場のひとつ先に通っている旧西国街道筋には古くからの酒蔵通りが残っており、観光スポットにもなっている。

そうした歴史を持つ町だけに、駅ができたのは１８９４年。三原〜広島間の開通と同時に開業している。貨物輸送が華やかだった頃には、この駅を介して西条の清酒が全国に運ばれていったのだろう。

駅舎は何度か改築されていて、現在の橋上駅舎は２０１４年に完成したものだ。平屋コンクリート造りのいかにも国鉄時代らしい旧駅舎は２０１２年に使用を終えて取り壊され、新たに南口駅前広場の整備と北口の新設も行われた。北口のロータリーからは広島空港へのバスも出る。

広島大学を核とする教育都市、そして広島都市圏のベッドタウンの東広島の中心は、西条駅の南に広がる歴史ある町なのである。

駅前には大きなホテルも

山陽本線で最も新しい寺家駅の橋上駅舎

山陽本線全駅で最も歴史の浅い新駅

67 寺家

読み／じけ
所在地／広島県東広島市
開業年月日／2017(平成29)年3月4日
構造／2面2線
神戸駅から275.2㎞

自転車乗ってどこへゆく

西条駅は西条盆地の中央北部にある。まさに地域の中心たる位置づけで、開業も一期生。西条盆地の顔として100年以上の歴史を刻んできた。

対して、その西条盆地の西の外れにあるのが寺家駅だ。西条駅から距離にして2・3㎞、それほど離れてはいないが、徒歩やバスで西条駅まで行くというのは少し難儀する。そうした場所に寺家駅が開業したのは2017年のこと。一期生の西条駅のお隣に平成生まれの新入生という並び。新入生という意味では、山陽本線全駅の中で最も新しい駅でもある。

開業からまだ数年しか経っていない新駅だから、ピカピカの駅舎にはまだ新築の香りが漂う。どちらかというと北側が正面に当たるのだろうか、駅前も新たに整備された広場とビルがあって、奥には住宅地が続く。南側にも真新しい広場があって、そこから黒瀬川を渡って国道486号の先にはマックスバリュが店舗を構えている。

寺家駅の開業は、有り体にいえば盆地周縁部にまで市街地化が進んだことが理由だ。

駅前広場の片隅に「寺家駅完成記念碑」があったので、そこに書かれていたことに基づいてより詳細な事情を説明しよう。

最初のきっかけは、1987年に発足した「寺家駅建設促進期成同盟会」。こうした駅設置を求める地元の組合は全国どこにでもあり、実現するものは意外に少ないので寺家の人たちは運がいい。

以来、長く要望を続けてきた結果、2014年にJR西日本と東広島市が新駅設置に合意する。建設費は東広島市と地元の人たちの寄付によってまかなわれた請願駅で、寺家の人々はずいぶん新駅設置に力を注いだという。

新駅設置に地元の人たちがあらゆる形で協力した例もまた全国あちこちで見られるが、だいたいは明治や大正、昭和初期のお話。それが平成になっても協力的な姿勢を示したのだから、どれだけ駅を熱望していたのかがよくわかる。

そうして2017年に寺家駅が開業。ちなみに〝寺家〟の地名の由来は古代より多くの寺院が建ち並んで修行僧が多く暮らしていたことからだという。

真新しい駅舎には自転車専用レーンが設けられていて、自転車で駅の南北を跨ぐ人も駅の構内を通過することができる構造は面白い。自転車レーンと改札口側は柵で仕切られているので自転車が駅のお客にぶつかって危ない、などということもない。意外によく考えられているものだと思う。そうした工夫もあってか、開業以来年々お客の数を増やしている。

駅前広場も真新しく整備されている

跨線橋の上に駅舎があるスタイル

新しい町が広がる南側、古駅舎が残る北側

68 八本松

読み／はちほんまつ
所在地／広島県東広島市
開業年月日／1895(明治28)年4月4日
構造／2面2線
神戸駅から278.9㎞

まだまだ続く山の旅、下り坂を控えて

西条盆地でひと心地着いた山中の旅は、再び八本松駅を境に深まっていくことになる。深まっていくのだが、ここから先の下り電車は急な下り勾配を進む。このあたりの詳しいお話は次の瀬野駅にとっておくことにして、とにかく八本松駅で降りてみよう。

相対式2面2線のシンプルな駅で、階段を上って橋上駅舎に出る。橋上部分も簡易的な構造で、改札口を抜けるとクルマも通れるほどの幅の道路がすぐそこに。クルマが通るのは見かけなかったが、直接乗り入れても何の問題もないのだろう。つまり線路を跨ぐ道路の上に橋上駅をくっつけた、といった構造が八本松駅の特徴である。

そのため橋上部分に駅前広場はないが、駅前の道路からそのまま歩道橋に続いて海側に向かい、階段の下にはバス乗り場もあるような広いロータリーに通じる。ロータリーの先にはコンビニもあり、さらに脇の国道を歩いて行けばニュータウン。まだまだ東広島市の山の中とはいえ、広島市内に通勤するのにも悪くない場所なのだ。

反対の山側に向かうにも線路を跨ぐ道路を歩く。階段を降りるとこちらにも

小さな広場がある。そしてその傍らにはいかにも古びた木造の建物が、線路に面して建っている。どうやらこれは、かつての八本松駅の駅舎のようだ。

八本松駅は1895年4月に新設開業した駅だ。区間としての開通は前年の1894年のことだが、いわゆる〝セノハチ〟の要衝ということで駅が設けられたのだろうか。

以前からの駅前集落は古い駅舎も残っている北側に。入り組んだ路地の中に駅前旅館の看板も掲げられている。賑わいがあるというほどではないが、小さな広場に客を待つタクシーの姿もある。駅のすぐ上り方で本格的に道路を跨ぐ大きな通りもあり、両脇を山に挟まれた八本松駅の地理的条件を垣間見る。

古い駅舎は1968年まで使われて、同年に現在の橋上駅に生まれ変わって使用されなくなった。使用されない古い駅舎はだいたい取り壊されるのが常だが、八本松駅では事務所などとしてその後も活用を続けている。

橋上化は駅の海側の開発が進み、住宅団地などが生まれたことによる。もともとは山側の狭い平地に集落がひしめいていたところ、南側に大きく新しい町ができ、そこに暮らす人たちの駅へのアクセスを考慮したことでの橋上化。時代が時代、近年の真新しい橋上駅舎とは違うシンプルな構造が、八本松の歴史を物語る。

左が現在の駅舎、右下に見えるのが旧駅舎

現在の瀬野駅舎はごくふつうの橋上駅。右手はスカイレールの駅舎

最大の難所・セノハチを控える機関区の町

69 瀬野

読み／せの
所在地／広島市安芸区
開業年月日／1894(明治27)年6月10日
構造／2面4線
神戸駅から289.5㎞

長い長い下り坂をブレーキいっぱい握りしめ

八本松駅から瀬野駅までは10・6㎞ある。これは本郷〜河内間の12・3㎞に次ぐ、山陽本線では二番目に長い駅間距離だ。どうして、などという疑問は鉄道ファンには愚問中の愚問だろう。「セノハチ」の異名を取る急勾配が控える、山陽本線では一番の難所だったからである。

八本松駅の標高は山陽本線で一番高い265・9m。瀬野駅は53m少々で、10・6㎞で実に200m以上下ってゆく。それも蛇行する瀬野川沿いを何度もカーブを繰り返して下ってゆく。ブレーキさえしっかりしていれば、鉄のレールと車輪で走る鉄道にとってはエコな区間だ。もちろん下り列車に限っての話ではあるけれど。

下り列車はブレーキに注意して進んでいけばいいが、難所というのは22・6‰の急勾配を登らねばならぬ上り列車にとってのこと。いまの電車、227系はパワーも充分なのでほんとうにあっけなく登ってゆく。ひと世代前の115系電車もそうだし、そもそも電車においてはこの程度の急勾配はさほど問題にならない。

ところが、先頭の機関車ひとつで長編成を引っ張る貨物列車や客車列車では

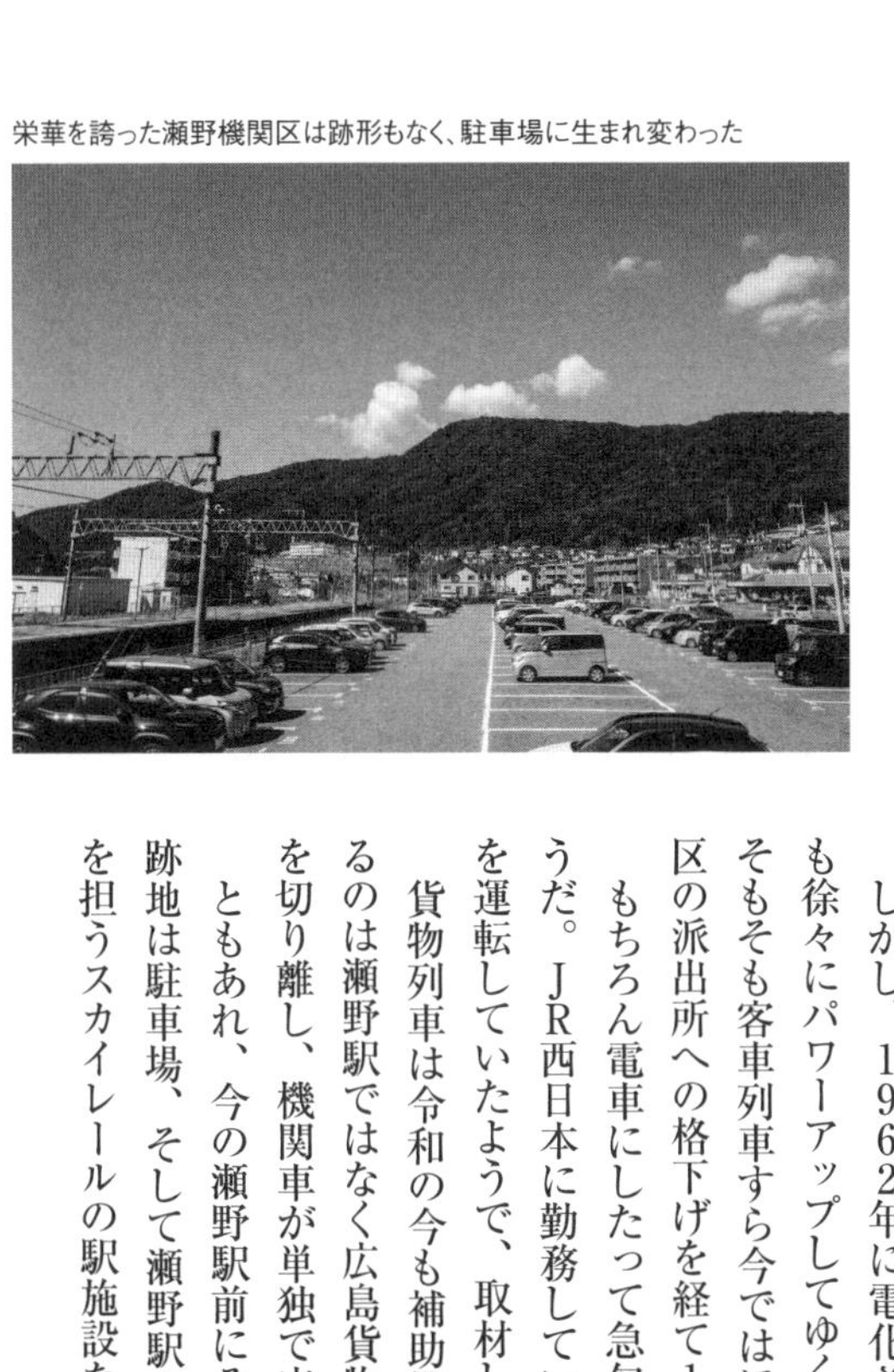

栄華を誇った瀬野機関区は跡形もなく、駐車場に生まれ変わった

そうはいかない。そこで、瀬野駅で一旦停車、最後尾に補機を連結する必要があった。前を引っ張る本務機関車、後ろから押す補助機関車、この2機体制でセノハチの難所は乗り越えねばならなかった。

こうした事情から、瀬野駅が開業した1894年から瀬野駅に機関車（当時はもちろん蒸気機関車である）を常駐させて補機の運用を行っている。開業時は3両の蒸気機関車だったという。

しばらくは広島機関区の支所のような扱いだったが、1946年に正式に瀬野機関区が発足、1951年には25両の機関車と200名前後の職員が働く一大鉄道タウンになっていた。

補機をつけても急勾配は急勾配。雨降りの日には車輪の空転と戦う厳しい現場だったようだ。セノハチの現場を担う鉄道マンたちは、なぜこんなところに鉄道を通したのか、先人たちを呪ったのではなかろうか。

しかし、1962年に電化されるとセノハチにも電車が走るようになり、さらに電車も徐々にパワーアップしてゆく。そうすると補機が必要な場面は必然的に少なくなって、そもそも客車列車すら今ではほとんど走らなくなってしまった。瀬野機関区は広島機関区の派出所への格下げを経て1986年に役割を終えた。

もちろん電車にしたって急勾配なことは事実で、運転士たちは気を遣うことも多いようだ。JR西日本に勤務していて運転士経験もある滋賀県の三日月大造知事もセノハチを運転していたようで、取材した折りにはそのことを誇らしげに話していたくらいだ。

貨物列車は令和の今も補助機関車を取り付けてセノハチを登っているが、連結しているのは瀬野駅ではなく広島貨物ターミナル。セノハチを越えた貨物列車は西条駅で補機を切り離し、機関車が単独で広島駅まで戻ってゆく。

ともあれ、今の瀬野駅前にそんな壮絶な山越えの戦いの面影は見られない。機関区の跡地は駐車場、そして瀬野駅山側の海を切り開いて生まれたニュータウンへのアクセスを担うスカイレールの駅施設などに生まれ変わっている。

ごくありふれた橋上駅舎

広島市安芸区に新設開業

70

中野東

読み／なかのひがし
所在地／広島市安芸区
開業年月日／1989(平成元)年8月11日
構造／2面2線
神戸駅から292.4㎞

ポレポレ中野東

セノハチで思わず興奮してしまって瀬野駅では触れなかったが、そのセノハチを境に山陽本線はついに広島県広島市に入った。

広島市は人口約120万人、山陽本線の沿線では神戸市に次いで2番目に人口の多い大都市だ。ただし、まだまだ瀬野駅や中野東駅のあたりでは120万都市に入ったという印象は抱けない。というのも無理はなく、瀬野駅・中野東駅とお次の安芸中野駅は広島市安芸区、広島市内で最も人口の少ない山間部の区だからだ。

もともとこの3駅を含む一帯は瀬野川町といい、1973年に広島市に編入。1980年に広島市が政令指定都市に移行すると安芸区が設置されて現在に至っている。

中野東駅も安芸区の駅のひとつなのだが、開業したのは1989年。つまり安芸区が誕生してから開業した駅と言うわけだ。広島市内に編入されて政令指定都市になって、瀬野川沿いの山間部も徐々に人口が増えてきた。そうした中で駅新設のニーズが高まって、地元の請願駅として開業にこぎつけた。これが中野東駅の歩みである。

駅前にはマンションやコンビニがある普通の町だ

この背景を踏まえれば、駅の周りに住宅地が広がっていてコンビニまであるというのも当然の帰結。広島のベッドタウンの小さな新駅、というのが中野東駅の本質にしてすべてであるといっていい。

……というのが、ちょっとマジメな中野東駅のお話である。

ここで気になることはないだろうか。そう、駅名だ。

中野東という駅名は、お隣に安芸中野駅があるところから来ている。その東だから中野東。うんうん、そりゃあそうでしょう、何か違和感が？

よく考えてみれば、たいてい駅名の東西南北は頭に付く。浦和の例を取ってみればわかるだろう。東浦和西浦和、南浦和に北浦和。東西南北がお尻に付くことはほぼないといっていい。浦和だってお尻におまけが付くのは浦和美園駅だけだ。

ここまでくればわかっていただけると思う。安芸中野駅の東にあるから、と安易に「東」を頭に付けるとどうなるか。東安芸中野駅となったら冗長に過ぎるので東中野駅となるのが普通だ。あれ、同じ名前の駅がどこかにありませんでしたかね……。

中野東駅命名の経緯はよくわからないが、おそらくJR中央線の東中野駅とかぶらないようにと配慮したのではなかろうか。

駅名は古今東西地名が由来になるのが一般的だ。一方で地名は地形などをもとにしていつのまにか定まっていく。となると、同じ地名が全国各地に現れる。そこで駅名をどうするか。簡単には答えが出ない問題なのである。

左側では駅を跨ぐ自由通路の工事中

駅の真上では自由通路を建設中

71 安芸中野

読み／あきなかの
所在地／広島市安芸区
開業年月日／1920（大正9）年8月15日
構造／2面3線
神戸駅から294.4㎞

冷凍餃子を家に帰って焼いて食う

瀬野川沿いに下ってきた山の旅もいよいよ終わりが近づいてきた。安芸中野駅までやってくると、少しずつ周囲が開けてきて、広島平野近しの空気も漂い始める。

とはいえ、安芸中野駅の駅前が賑やかな都市近郊のそれであるとは言いがたい。

駅舎は山側にひとつあるだけで、海側には瀬野川が流れてその向こうに国道2号。いわゆる古いタイプの駅である。

ただ、そんな駅のままでは都市近郊のベッドタウンにはあまりふさわしくない。特に市街地化は瀬野川を挟んだ向こう岸にまで広がっているから、そちらに暮らしている人にとっては不便極まるに違いない。

こういう事情があるからなのか、駅ではちょうど線路とホームをまるごと跨ぐ自由通路の工事を行っていた。

最初は橋上駅舎にリニューアルするのだろうかと思ったが、よくよく眺めてみると橋上駅舎にしてはちょっと規模が小さい。それに現在の駅舎からすると奥まった場所にあるし、こうした工事は旧駅舎をいったん仮駅舎に切り替えてから取り壊して進めていくのが普通だ。そういうあれこれを考えると、どうやらこれは単なる自由通路。

エレベーターも設けられるようだから、バリアフリー化も実現することになる。すぐ近くには瀬野川を渡る橋もある。だから便利になるというのは間違いないが、どうにも間に合わせのような気がしてならない。こうした整備は一度の工事で抜本的な解決をしなければ、結局不便だなんだと不満を覚える人が出てくるものだ。いったい、完成後はどうなるものか。少し気になるところである。

戻って安芸中野駅の駅前はどうなのか。

コンビニの入った小さな駅舎の前には、客待ちのタクシーも停まっているこれまた小さな広場。その先にクルマ2台すれ違うのがやっとという県道が通っていて、両脇には金融機関や商店が続く。

広場の傍らには「冷凍生餃子無人販売」なる看板を掲げたお店もあった。冷凍・生餃子・無人と気になるフレーズが立て続けに並んでいるので覗いてみたが、確かに中に店員はいない。よく田舎町で見かける野菜の無人販売のような仕組みで餃子を売っている。冷凍生餃子なので買って持ち帰って家で焼く。

こちらは大正餃子センターという店で、２０２０年12月に横川店をオープンして以来順調に店舗を拡大。２０２１年９月時点で広島市内に７店舗を運営する。もちろんすべて無人販売だとか。餃子は日本人の大好物だ。こうした業態、もしかするとこれから全国に広がっていくのかもしれない。

駅前広場には冷凍餃子の無人販売所

写真は山側の出入り口。本来の正面はこちらだ

宿場町に生まれた軍港都市への分岐駅

72 海田市

読み／かいたいち
所在地／広島県海田町
開業年月日／1894（明治27）年6月10日
構造／3面5線
神戸駅から298.3㎞

海田町オリムピック噺

安芸中野駅からさらに瀬野川沿いを下っていよいよ広島平野に出たところで迎える駅が海田市駅である。ここまで来ればもう立派な広島の大都市……と言いたいところだが、ほんの少しだけ別の町を通過する。海田市駅は海田町。いずれにしても広島都市圏に含まれていることは変わらない。

現在の駅舎は1986年に完成した橋上駅舎だが、海田市駅の歴史は古い。いや、海田市という町の歴史そのものが古いといっていい。

旧西国街道の宿場町・市場町として発展した海田市は、瀬野川が海田湾に注ぐ河口域に広がる町だ。旧西国街道は山陽本線の北側を通る。海田市駅の山側に出ると、それほど大きくない広場とそれほど幅の広くない道路の向こうに住宅密集地。その中を旧西国街道は通っていた。つまり、山側が本来の海田市の中心市街地ということになる。

反対にかつては〝裏側〟だった海側に出ると、こちらのほうが大きな広場を持っていて、広場の向こうの瀬野川を渡ってしばらく行くと西国街道の役割を今に引き継ぐ国道2号。次いで呉方面に向かう国道31号も分かれている。山側の西国街道沿いを中心に発展した海田市は、近代以降工業都市となり、現在で

は広島市のベッドタウンとしての役割も持つようになった。市街地は駅の南にも広がって、古い街並みの山側に対して新しい町の広がる海側が〝正面〟を乗っ取ったような形である。

また海田市駅は山陽本線と呉線が分かれる駅で、軍港都市・呉と広島を結ぶいわば交通の要衝としての機能を持っていた。海田市駅の開業は山陽鉄道糸崎〜広島間の開業と同じ1894年。これはその時点で海田市という旧宿場町があったから駅が設けられたに過ぎない。

そこに1903年になると呉線の海田市〜呉間が開通。鎮守府が置かれた呉への人と物資の輸送の拠点となった。そのため、いまでも海田市駅のホームは長尺で、よほど長い客車を引いた夜行列車でもやってくるのかと思うほどだ。19世紀から20世紀に移り変わった時代に、海田市駅は現在の駅のあり方の原型が形作られたのである。

そんな時代に海田町に生まれたのが織田幹雄。陸上選手で1928年のアムステルダムオリンピック三段跳で金メダルを獲得した、言わずと知れた日本人初の金メダリストである。今でも〝陸上の神様〟〝日本陸上界の父〟と称され、毎年春には広島で織田幹雄記念国際陸上競技大会も開かれている。

……と、こんな海田町の偉人列伝はこの駅にやってくるまで知らなかった。北口に出てみたら、「織田幹雄生誕の地」といったことが誇らしげに書かれた横断幕があった。南口も同様で、金メダルを獲得した際の記録・15m21cmの長さがわかるように工夫されたものもある。

2019年の大河ドラマ『いだてん』にも登場し、ちょうど東京オリンピックであれこれあったここ数年。初の日本人金メダリストを生んだ町でも、盛り上げに一役買おうと思ったのだろう。小さな町の小さな誇りと偉大なアスリート。かたや東京五輪のあれやこれ。なかなか思考に結論の出ない、海田市駅である。

現在は海側に大きな広場が設けられている

マツダのお膝元だが駅舎は赤くない

73 向洋

〝広島のバチカン〟唯一の駅は、マツダ本社のお膝元

読み／むかいなだ
所在地／広島県府中町
開業年月日／1920（大正9）年8月1日
構造／2面2線
神戸駅から300.6㎞

ZOOM-ZOOM

向洋駅があるのは広島県安芸郡府中町である。

「府中」という地名は日本中あちこちで見かける。かくいう私も東京都府中市に住んでいるし、広島県内にも府中市という市がある。府中はすなわち古代国府が置かれていた（と思われる）場所だ。東京都府中市は武蔵国、広島県府中市は備後国、府中町は安芸国の国府があった（と思われる）。

自覚症状があるので告白しておくと、遙か古代のお話であっても国府所在地というわけでなんとなく誇らしい。それがめんどくさいと他者から思われているのは百も承知だが、余所の地域にかしずけと言っているわけでもないから遠巻きに生ぬるく見守っていただければそれでいい。

さて、ここでの府中は広島県の向洋駅だ。

府中町は周囲をぐるりと広島市に囲まれた中にあり、そんなところで〝古代の国府〟などという肩書きがあるから〝広島のバチカン〟などと呼ばれることもあるという。きっと府中町の人は誇らしげに、他の地域の人はちょっと揶揄して呼んでいるような気がするが、あまり触れないでおくことにしよう。

向洋駅は府中町で唯一の駅だ。海側に古いが立派な駅舎を持ち、小さくても整ったロータリーもある。必要充分といったところか。ただし、この駅を府中町の玄関口などと言って済ませていては本質を外している。府中町の中心は少し離れたところにあるから、向洋駅は府中町に用事がある人が使う駅ではない。

むしろ、向洋駅の本質は別の所にある。そう、マツダである。

マツダはご存知広島が世界に誇る自動車メーカー。ズームズーム、ビーアドライブだ。その本社と工場の最寄り駅が向洋駅なのである。マツダのおかげで府中町の財政は全国屈指の良さを誇る。〝広島のバチカン〟として独立を保っているのも、マツダあってこそなのだろう。

だから向洋駅も、私が訪れたときはあまり人気もない日中だったが朝夕の通勤時間帯は大変に混雑する駅なのだという。1日の乗車人員は1万人を大きく超えて2万人に迫る。マツダのお膝元の最寄り駅。それこそが向洋駅の本質だ。もういっそのことマツダ駅と改称したって誰からも不満がでないのではないかと思うくらいだ。

そうなると開業したのもマツダのおかげ、と言いたくなるがこれは違う。向洋駅の開業は1920年。マツダが府中町に本社を移したのは1931年だから駅の方が先輩だ。むしろ近くに向洋駅がある場所に用地を確保できたから移転したというのが正しいだろう。鉄道とクルマは宿命のライバルのようでいて、工場への通勤や部品の輸送などで鉄道とはあんがい仲が良い。

いまの向洋駅はマツダ本社の方に顔を向けた古いものだが、現在向洋駅を含む区間の高架化の計画が進行中。2024年には駅舎もリニューアルする予定なので、現在の駅舎が拝めるのいまのうちである。

駅前広場はこじんまり。通勤時間帯にはここが大賑わい

山側には駅員さんのいる駅舎が

74 天神川

巨大イオンモールの請願駅として2004年に開業

読み／てんじんがわ
所在地／広島市南区
開業年月日／2004（平成16）年3月13日
構造／2面2線
神戸駅から302・4km

川はどこに消えた

この駅はいったいどのように理解すればいいのだろう。ホームは実に細長い。細長いホームから電車が去ると、目の前には大きな貨物駅が広がっている。広島貨物ターミナル。広島地区における鉄道貨物輸送の要である。その貨物駅を挟んで遠く山側に上り線のホームがある。こちらも同じく細長いホームだ。

つまり天神川駅は、上下線のホームの間に貨物駅がある、言い換えれば貨物駅の端っこに間借りしているかのような駅である。

おかげで上りホームと下りホームを改札内で移動することができない。改札の外に出て、貨物駅ごとぶっこ抜くガードをくぐって移動しなければならない。上下線のホームを相互に移動することなんてあるのかと思うかもしれないが、乗り過ごしてしまったり、上下線のホームに間違えて入ってしまったときには必要なのだ。

そうした場合、駅員さんにゴメンナサイと頼んで改札の外に出してもらわねばならぬ。そして3分ほど歩かねばならぬ。駅がないよりは便利だが、あったらあったで文句を言いたくなるのが人の常。欲望はどこまでも果てしない。

人の欲望には物欲というものもあって、それを満たしてくれるありがたい施設がイオンモール。天神川駅はイオンモールの最寄り駅という面が強い。山側（つまり上り線側）から5分ほど歩いて行けば、イオンモール広島府中という巨大なイオンが控えている。実際に天神川駅で電車を待っていると若いグループが電車から降りたり電車を待ったり。近くに住んでいるだけなのかもしれないが、きっとイオンモールのお客なのだと思う。

右奥に伸びる道の先にイオン、左は暗渠になった天神川の上

2004年に天神川駅が新設開業したのもこのイオンモールに関係があり、ダイヤモンドシティソレイユだった時代に設置費用をダイヤモンドシティが負担して開業した。イオンによるイオンのための駅、というわけだ。

おかげで駅名の公募では「ダイヤモンドシティ」「ダイヤシティ」なども上位にランクインしている。さすがにそれはあまりにあんまりだ。以前はキリンビールの工場があった場所にダイヤモンドシティができたので「キリン」という候補もあった。これもまたあんまりだ。

というわけで一般公募6位に入った「天神川」に決まった。ならば天神川という川が流れているはずだ。探してみよう……と歩いたら、北口のすぐ脇に天神川プロムナードという遊歩道があった。説明書きを読むと、天神川はこの場所を流れていた小川でいまはほとんどが暗渠になっているという。

天神川という名の由来は、駅の北にある尾長山に鎮座する尾長天満宮。太宰府に下る途中の菅原道真が立ち寄ったという言い伝えがある。その山を源流として流れる小川だから天神川と呼ばれるようになった。その小川と山陽本線が交差する場所に、平成の御代に生まれたのが天神川駅なのだ。

もしもダイヤモンドシティ駅と命名されていたら、こんな歴史も感じられない駅になっていた。やはり駅名は大事ということか。

新幹線側の広島駅。ペデストリアンデッキに囲まれた広場には駐車場

75 広島

終着駅として開業した山陽本線最大のターミナル

読み／ひろしま
所在地／広島市南区
開業年月日／1894（明治27）年6月10日
構造／4面8線
神戸駅から304・7km

それゆけカープ

天神川駅を出発すると、下り電車は広島貨物ターミナルを横目に北西へ進む。プロ野球・広島カープの本拠地であるマツダスタジアムの脇を抜ける。

マツダスタジアムで行われている試合をテレビで見ていると、外野スタンドの後ろを新幹線が通るシーンがある。この印象のせいなのか、テレビ実況などでも「外野スタンドのすぐ後ろには山陽新幹線も通っています」などと言われることも多い。が、実際にスタジアムのすぐ裏を走っているのは新幹線ではなく在来線の山陽本線だ。新幹線はこの区間でいちばん山側を通っているから、スタジアムとはそこそこ離れている。

それでもスタジアムから新幹線が間近に見えるのは、山陽本線は地上を走っていて新幹線が高架だから。少し離れていても高架上の新幹線はスタンドよりも高いところを走る。そのおかげで、マツダスタジアムは新幹線から見える野球場、となったというわけだ。山陽本線から見えるマツダスタジアムは、ただの外周である。

スタジアムを過ぎると、ものの1分もかからずに電車は広島駅のホームに到着する。

広島駅の1日の乗車人員は7万人を大きく上回り、中国地方では余裕のナンバーワン。それどころか、神戸駅も約上回っているから山陽本線でもナンバーワン。JR西日本エリアでも7位に入るマンモスターミナルだ（ちなみにJR西日本全体の1位は大阪駅で40万人を超えるから広島駅とて足下にも及ばない。すごいですね）。

1日の乗車人員7万7000人（コロナ前の2019年度）は、JR東日本で言うと新小岩駅と同じくらい。そういうとずいぶんしょぼいじゃないかと言われそうだが、新小岩駅とてJR東日本全体の59位。首都圏の規模がヤバいよね、という話にもなるが一方で広島駅が中国地方においてどれだけのマンモスターミナルであるかの裏付けでもある。

新幹線が停まるからそれで底上げされている部分もいくらかはあるだろうが、降りてみればさすがのターミナル。それまで下り電車に乗っていた人も上り電車に乗っていた人も、この駅でどっと降りて三々五々。駅ビルの商業施設に消えていく人もいれば、南口に出て広電の路面電車に乗り換える人もいる。北口（新幹線口）は従来の言い方をすれば〝駅裏〟にあたるが、再開発も進んでこちらもたくさんの人で賑やかだ。

そんな人混みの中の広島駅は、もちろん歴史的にも山陽本線一期生。1894年に山陽鉄道が糸崎駅から延伸してきた際に一時的な終着駅として開業した。次いで1897年に徳山駅まで延伸して途中駅になっている。

『鉄道唱歌』の山陽・九州編では、広島駅は「絲崎三原海田市　すぎて今つく廣島は　城のかたちもそのまゝに　今は師團をおかれたり」「日清戰爭はじまりて　かたじけなくも大君の　御旗を進めたまひたる　大本營のあり

今は駅前の広電の乗り場も駅ビルに乗り入れる予定

し土地」と歌われる。この通り、戦前の広島駅は〝軍〟との関係の深さという文脈で語られるべきことの多い駅であった。

1888年に広島に帝国陸軍第5師団が設置され、奇しくも広島駅開業と同じ1894年には日清戦争が勃発する。幸か不幸か広島駅は〝最前線に最も近いターミナル〟になってしまった。そのため、開業の約2ヶ月後には陸軍の要請で軍事輸送のための線路が宇品港まで敷設されている（のちの宇品線。現在は廃止）。『鉄道唱歌』にあるように日清戦争では大本営が広島に設けられ（広島城の跡地）、それどころか1894年10月から開かれた第7回帝国議会も広島の臨時仮議事堂で開催されている。ときの内閣総理大臣は伊藤博文。大本営も議事堂もあるのでもちろん明治天皇も広島にやってきた。緊急時の一時的な対応にせよ、そのとき広島は〝首都〟だった。

それもこれも、山陽鉄道が師団の置かれた広島まで鉄道を伸ばしていたことが大きな理由である。鉄道の力は偉大なり。それまで鉄道建設に消極的だった軍部も日清戦争を経て積極姿勢に転換し、鉄道国有化などにもつながってゆく。もしも日清戦争勃発時に鉄道が広島に到達していなければ、鉄道の有用性が広く再認識されることもなかったかもしれない。広島駅は、いわば鉄道の歴史を変えたターミナルでもあるのだ。

いっぽうで、鉄道のおかげもあって軍事都市としての性質を強めた広島は、それがゆえに1945年8月、原爆投下の対象地になってしまった。広島駅はもちろん、市街地すべてが壊滅して20万人を超す死者を出した一発の原爆。広島駅が鉄道の歴史を変えたなどと大げさなことをいったが、代償はあまりにも大きすぎた。陰に陽に、鉄道は歴史の中でもいわれぬ役割を果たしている。

駅はどこにあるか

現在の広島駅は、そうした歴史の中でたびたび建て替えられて五代目にあたる。

開業当時は市街地に近い南側に木造の小さな駅舎があるだけだったが、大本営のターミナルを経て1922年に鉄筋コンクリート造りの立派な二代目駅舎に建て替えられた。その二代目駅舎は原爆投下で大破し、仮駅舎での復旧を経て1949年に三代目の駅舎が落成している。

いま、多くの人にとって広島駅として馴染みがあるのは、駅ビルにASSEの入った四代目駅舎ではなかろうか。1965

年に民衆駅として開業した。以来、半世紀以上にわたって広島の顔であった広島駅である。が、そんな親しみのある駅舎はいますっかり姿をくらましてしまっている。ホームから改札口まで階段を登り、橋上駅舎の改札口を抜けて自由通路へ。そのまま右手へ進めば駅舎があって広電ののりばもある南口……なのだが、そこの駅舎はもうない。

2010年代半ば以降進められている広島駅の改良工事。これによって駅舎は橋上化されてしまい、断続的にどんどん駅は姿を変えている。私が2020年の夏に広島駅を訪れたときにはまだ旧駅舎は残っていた。橋上化はとうにされていたが、駅舎だけは以前のままに広島の顔であった。

が、約1年を経て今回また広島駅にやってきたらもう跡形もなく取り壊されている。駅前の広場（というか広場ももうないです。広電ののりばですね）に出るには工事用仮囲いで作られた通路を右へ左へ迷路のように。

たくさん人が歩いているからついて行けば迷うことはないのだが、これがひとりきりだったら不安になってしまうくらいだ。ここ歩いて行ったら広島の町に出られるんですよね……。

もちろんいつまでもこうした状態が続くわけではなく、産みの苦しみというか2025年には新駅ビルが開業する予定になっている。同時に駅前広場も新たに整備されて、広電の路面電車も駅ビルの中に直接乗り入れるという超現代的な駅になるという。

新幹線や山陽本線を降りて橋上部分の自由通路を少し歩けばそこにグリーンムーバーがすーっとやってきて、誘われるように乗り込めば気がつくと紙屋町。雨にも濡れないし仮囲いだらけの今よりは便利になることは間違いなさそうだ。新しい広島の玄関口の顔、どんな表情を見せてくれるのか楽しみである。

駅ビル工事中のおかげで駅前は迷路のよう

アストラムラインとの交差地点に開業

76 新白島

地上と新幹線の高架に挟まれた新白島の駅舎

読み／しんはくしま
所在地／広島市中区
開業年月日／２０１５（平成27）年3月14日
構造／2面2線
神戸駅から３０６・５㎞

広島の地下には何がある

広島に地下鉄があるんだよ、などと言っても誰にも信じてもらえない。え、何それ、路面電車の間違いじゃないの。広島には何度も行っているけど地下鉄なんてみたことないよ。

そう言われるのも無理はない。広島の地下鉄は観光客が乗るような路線ではないからだ。せいぜい、エディオンスタジアム広島にJリーグ・サンフレッチェ広島の試合を見に行くときくらいか。それだって広島駅やバスセンターからバスに乗って直行してしまう人も多いだろう。

広島の地下鉄とは、広島高速交通広島新交通1号線。通称「アストラムライン」だ。１９９4年に開通したこの新交通システムの路線は、広島の中心市街地にある本通駅を起点に太田川沿いを北上し、市北部のベッドタウンをぐるりと回ってエディオンスタジアム広島に近い広域公園駅までを結ぶ。

地下鉄、といっても実態はほとんどが地上を走っていて、地下区間は本通駅から新白島駅付近まで。そこから地上に出てあとはほとんど高架を走ってゆく。つまり新白島駅は、アストラムラインが地下から地上に現れる場所にあり、山陽本線の新白島駅はその乗換駅として機能しているということになる。

奇抜なデザインのアストラムライン新白島駅

アストラムラインが開業して以来、旧太田川（太田川は何度も流路変更がされていて、旧太田川はかつての本流である）の左岸で山陽本線と交差していた。が、当初は駅はなく、アストラムラインと山陽本線の乗り換えは間に広電の路面電車か可部線を挟まねばならずにいささか不便であった。

そこで新駅の計画が浮上し、２０１５年に新白島駅が開業した。アストラムラインも山陽本線も同じ時期の開業である。山陽本線の駅は旧太田川をいざ渡ろうとするその直前、海側に山陽新幹線の高架が通っている場所にある。新幹線の高架下が新白島駅のコンコースのようになっていて、改札を抜けるとそのまま下り線のホーム。こちらはアストラムラインの駅から階段を上って直結しており、乗り換えはなかなか便利になっている。

対して、上り線のホームは山側にあって、改札内では上下線のホームはつながっていない。アストラムラインとの乗り換えも高架下を抜けなければならないのでちょっと不便だ。

ただ、もともと2つの路線が交差しているのに駅がなかったわけで、それからすると飛躍駅に便利になったのだから、そこにケチをつけるのはよくないのである。

レトロなデザインの横川駅

77

横川

可部線分岐のターミナルは国産乗り合いバス発祥地

読み／よこがわ
所在地／広島市西区
開業年月日／1897（明治30）年9月25日
構造／3面5線
神戸駅から307.7㎞

かよこバスってなんですか

太田川の下流の三角州に広がる広島の市街地は、いくつもの〝中州〟によって形成されている。だから山陽本線も広島市街地を抜ける際にその中州をポンポンとマリオのように渡っていかねばならない。途中で落ちたらライフが減る。が、電車に乗っていたら落ちることはないので安心だ。

広島駅から新白島駅、そして横川駅へ。横川駅は2つめの中州にある駅だ。山側に向けて可部線が分岐していて、可部線のホームは駅の北側。そちらにも改札口はあるがあくまでも補助的なもので、メインの改札口は山陽本線の下り線ホームのある南側だ。

改札口自体はそれほど大きくないが、駅前広場はなんとなくレトロな雰囲気に統一されていて、改札の目の前には広電の路面電車の乗り場と一体になっている。いまのところ広島駅が再開発中でそれが完了すれば広電とJRの乗り継ぎがより便利になるが、現時点ではこの横川駅が広電とJRの接点としてはいちばん便利なターミナルであるといっていい。

そんな駅前広場の一角に、いかにも古いバスのオブジェが展示されていた。それがバスというのは改めて説明書きを読んだからわかったことだが、

1905年に横川～可部間で運行を開始した日本で最初の国産乗り合いバスだ。

横川駅が開業したのは広島駅から徳山駅まで山陽鉄道が延伸した1897年。それから8年後に乗り合いバスが乗り入れた。そして1917年になると現在の広電も横川駅前にやってきた。鉄道・バス・路面電車が入り交じった明治末から大正にかけての横川駅は、現在にも通じる〝公共交通〟の見本市のようになっていたのである。

この横川駅周辺は、古くから鉄工業が盛んな町だった。鉄工業といっても大規模な工場が煙突から煙をあげるようなものではなく、主役は小規模な町工場。生産される製品は〝針〟だ。

広島における針の生産の歴史は古い。たたら製鉄でおなじみの中国山地から太田川の水運を利用して運ばれてきた鉄を原料に、古来より盛んに鉄加工業が栄えた。針の生産が本格的に始まったのは、広島藩によって奨励された江戸時代の半ば頃。下級武士の内職だったという。

明治に入るとドイツ製の製造機械を導入するなど近代化、第一次世界大戦中には〝特需〟によって活況を呈して200社以上が針を作っていた。原爆投下もあって戦後は規模こそ縮小したが、いまでも多くの針製造業者があり、〝広島針〟としてブランド化されている。

可部線の分岐駅というくらいしか認識のなかった横川駅にも、物語はいろいろあるものだ。

駅前からは広電の路面電車が出発する

西広島、己斐の町はズッコケ三人組のふるさと

太田川放水路を渡った先の交通の要衝

78 西広島

読み／にしひろしま
所在地／広島市西区
開業年月日／1897（明治30）年9月25日
構造／2面3線
神戸駅から310・7km

ハチベエモーちゃんハカセを探せ

横川駅から太田川放水路を渡り、新幹線の高架線と分かれるとまもなく西広島駅である。

広島市西部の中心的なターミナルという位置づけもあり、駅のすぐ近くには広電西広島の電停も。このあたりから線路は広電とともに南西に進んで広島湾を眺め、宮島方面を目指していくことになる。

そういう意味で比較的重要な駅なのだろうとは思うのだが、ホームに降りると2面3線のごく普通の構造で改札口も小さい。あれれ、あんがい小さな駅だなあ……。

などと駅を出たらなるほどと納得した。現在の駅舎は仮駅舎。お隣では大きく新しい駅舎が建築中だった。2023年には橋上駅舎にリニューアルすることになるという。駅前の広場にはバス乗り場もあるし、広場の脇からは庶民的な飲食店街などもあるような下町的な賑わいを感じさせる風景が広がっている。

その広場を少し先に歩くと太田川放水路を渡る大きな橋が正面に見え、そこを広電の路面電車が走ってくる。こちらが立っている駅前広場には乗り入れず、

その手前で左折して広電西広島電停。ここはすでにきれいに整備が終わっていて、電停の前には芝生が植えられた広場もある。入り口には「KOI PLACE」。

もうね、広島は鯉推しが強いのである。強すぎるのである。

カープが優勝した年の秋、取材で広島を訪れてタクシーに乗ったら運転手が言う。

「優勝パレードご覧になるんですよね。いや〜、黒田も帰ってきて本当によかったですよ。若い選手も育っているし菊池も丸も脂がのって、黄金時代になりますねえ、ははは。新井だって阪神出てきてよかったんじゃないですか」

立て板に水。いやいや、仕事で来たんですよ、などと口を挟める状況ではなかった。しばらく喋った運転手がひと息ついたところで大人げなく言ってしまった。

「いや、ぼくは阪神ファンなんですよ」

そのあとも15分くらいはタクシーに乗っていたが、車内には重すぎる空気が充満していた。

まあそんなこんなで、とにかく広島はカープ愛に溢れる町である。だから駅前の「KOI PLACE」を見て「またカープか」などと思ってしまったのだ。

が、この「KOI PLACE」はカープの鯉ではないようだ（もしかしたらダブルミーニングかもしれないですが）。西広島駅は1897年に開業した当時、駅名を「己斐」といった（〝こい〟と読みます）。戦後の1969年に西広島に改称したが、地名は今も広島市西区己斐本町。それが「KOI PLACE」の由来だ。思い込んでしまってゴメンナサイ。

西広島駅、己斐の町は児童文学『ズッコケ三人組』の舞台になっており、作中に登場する花山駅は西広島駅。ハチベエモーちゃんハカセのふるさとで、作品に出てくる場所のモデルを巡る旅をするファンもいるそうだ。

手前では新しい橋上駅舎が完成間近

1985年の開業時から変わらない橋上駅舎

広電の駅と隣接する国鉄末期開業の駅

79 新井口

読み／しんいのくち
所在地／広島市西区
開業年月日／1985(昭和60)年3月14日
構造／2面2線
神戸駅から314.4km

ともに歩んでいくのです

西広島駅を出てしばらくすると山陽本線と広電はほとんど並んで走り出す。両者の並走は宮島口駅付近まで続く旅であり、互いの関係はいわばライバルといったところだろう。

ただし、駅に関しては広電の方が圧倒的に細かく刻む。市内では路面電車、ここでは宮島線という鉄道線ではあるが、基本的には路面電車仕様。そうした事情があるから細かく駅を刻んで地域の人たちの輸送に資するのは当然の役割である。広電西広島～広電宮島口間の駅の数は、臨時の宮島ボートレース場駅を含めて22ある。

対して、中長距離輸送を旨として開業した山陽本線は駅の数が少ない。1894年に広島～徳山間が開通した当時、西広島～宮島口間にできた途中駅は廿日市駅だけである。それ以外の駅はすべて開通後の新設開業だ。それでも駅の数は7しかない。広電の3分の1だ。これだけでも地方私鉄と国鉄路線の役割の違いが浮き彫りになる。

新井口駅も1985年に開業した比較的新しい駅だ。

ここから先は延々と同じような橋上駅舎が続くので言葉を選ばなければ退屈

だが、新井口駅においては少し変わった構造をしている。

　ホームそのものは相対式2面2線の最小限のものだが、橋上部分に出るとすぐ隣に広電の橋上駅が隣接している。とうぜん自由通路というか跨線橋というかペデストリアンデッキというか、そういう通路で直結しているのだが、駅名が違う。

　広電の駅は「商工センター入口」を名乗っているのだ。

　歴史的には広電が古く、1960年に井口病院前駅として開業。1971年に荒手車庫前駅に改称し、1979年に商工センター入口駅に再度改称して現在に至る。JR新井口駅と共用の跨線橋からはそのままアルパークという商業施設まで続くデッキが伸びる。このデッキはアルパーク開業を控えて1989年に設けられたものだ。

　こうした広電先行の歴史を見れば、1985年にあとから横にできた新井口駅は名前を広電に合わせることができなかったのかとも思う。お客にとってはそちらのほうがよほど便利だ。

　が、当時はまだ国鉄時代。天下の国鉄が私鉄の駅名をそのままいただくことも、特定施設の名を駅名に付することも許されないという事情があったことは想像に難くない。

広電の商工センター入口駅と隣り合う

山陽本線に面する山側は静かな駅前

広電五日市駅と駅舎を同じくするベッドタウンの玄関口

80 五日市

読み／いつかいち
所在地／広島市佐伯区
開業年月日／1899（明治32）年12月8日
構造／2面3線
神戸駅から316・8㎞

快活CLUBとエニタイムフィットネス

いつ終わるともしれぬ（宮島口駅で終わるんですが）山陽本線と広電の抜きつ抜かれつの並走区間。ここにおいては広電の駅の方がきめ細やかに設けられているということはすでに新井口駅の項で書いた。山陽本線は廿日市駅以外がいずれも新設開業だ。

新設開業という話をすると、どうしても広電の駅が先にできて山陽本線が後発という印象を抱かれてしまう。だが必ずしもそうではなく、五日市駅は山陽本線が先行して開業している。

五日市駅はまだ広島市内ではなく五日市村だったこの場所に1899年に開業した。山陽鉄道広島～徳山間の開業から5年後のこと。そのとき、広電はまだ路線すら通っていなかった。

広電の広電五日市駅は1924年にいまより少し西側に五日市町駅の名で開業。1931年に電車五日市駅に改め、1961年に広電五日市駅となった。頭に電車とか広電とかを付けているのは国鉄の五日市駅と区別するため。これは広電が国鉄さまに忖度したわけではなく、先行して山陽本線の五日市駅が開業しているのだから文句は言えない。

ちなみに、東京には武蔵五日市という駅があるがこちらは１９２５年の開業。後発なので〝武蔵〟を頭につけて区別している。

現在の五日市駅の駅舎は１９８６年に橋上化されたもので、その翌年には広電五日市駅も現在地に移転してきて共用の駅舎となった。だから改札口を抜けると自由通路を歩けば広電に乗り換えられる。なかなか便利だが、どれだけ乗り換える人がいるのかはよくわからない。北口・南口ともに同じ顔をしていてシンメトリーな橋上駅舎には、橋上化計画段階から共有化する前提だったことがうかがえる。

もともとの五日市駅の正面駅舎は北口にあったが、現在駅舎としていかにも正面然としているのは広電の通る南口。きれいに整備された駅前広場があってその先には国道2号が通る。北口がかつての正面だったのは、旧西国街道が北口側を通っていたからだろう。

南口の広場の脇の雑居ビルには快活ＣＬＵＢとエニタイムフィットネス。いかにも大都市近郊のベッドタウンの駅前らしいテナントだ。私の暮らす東京郊外の駅前ともあまり変わらない。

五日市村は五日市町への昇格を経て１９８５年に佐伯区として広島市に編入された。広島市街地の拡大、宅地化の進行に伴うものだ。郊外のベッドタウンらしい駅前風景もそうした背景による。何があるのかと問われると答えにくいが、それでもなんとなく安心感のある駅前である。

国道2号に面する広電側の駅前の方が賑やかだ

木材の町の玄関口らしく、木を多く使った駅舎

木工業の盛んな宿場町のターミナル

81 廿日市

読み／はつかいち
所在地／広島県廿日市市
開業年月日／1897（明治30）年9月25日
構造／2面2線
神戸駅から320.2㎞

三山ひろしさんの歌をよく知りません

1年の締めくくりは紅白歌合戦と決めている……というほど大げさなものではないが、毎年大晦日には紅白歌合戦を見る。見どころはなんといっても三山ひろしさんである。ここ数年、三山ひろしさんは歌の途中にたくさんの人がけん玉をやってギネス世界記録に挑戦するという斜め上の企画をやっているのだ。

これがまた、とてつもない緊張感で溢れている。ただでさえ、紅白は秒刻みの生放送で緊張の現場。そこに120人以上が続けてけん玉を成功させるか否かという緊張感が加わるのだから、これはもうとてつもないことである。見ているだけでも手に汗握る緊迫のシーン。おかげで、というかけん玉のせいで三山ひろしさんの歌は毎年まったく頭に入ってこないのである。

さて、このあたりで廿日市駅である。

廿日市駅は1897年に開業した広島～徳山間における一期生の駅のひとつだ。旧西国街道の宿場街があったこと、そして山地を越えて津和野方面に向かう石見津和野道との分岐点でもあった。津和野藩の御船屋敷も設けられ、木材の集積地としても賑わっていたという。地名の由来は毎月20日に市が開かれたから。

そんな旧宿場町ということで鉄道の時代にもいち早く駅ができた。以前は西国街道が通っていた海側に向けて駅舎があったが、現在は２０１５年に完成した真新しい橋上駅舎に変わっている。橋上駅舎はふんだんに木材を使ったデザインになっていて、これは廿日市が木材集積地だったことによる。いまでも廿日市は木工団地があるなど木工業が盛んな町である。

……ここまで来ればお気づきになる人も多いのではないか。廿日市は、けん玉発祥の地だと言われているのだ。けん玉によく似た玩具は日本特有のものではなく、世界中にあった。棒と玉と穴があればいいわけで、そんなに特殊なものでもない。日本でも古くからけん玉らしきものが遊ばれていたようだ。

今の形状が確立したのは大正時代になってから。広島で現在の形が考案され、木工業が盛んだった廿日市で本格的な生産がはじまった。だから廿日市はけん玉発祥の地、なのである。廿日市駅の自由通路にはそうしたことを誇らしげに記した案内板も掲げられている。

そんなけん玉の町・廿日市。三山ひろしさんは高知の生まれだが、けん玉は三段の腕前。日本けん玉協会のけん玉大使も務めている。もしかしたら、廿日市にも来たことがある……かもしれない。

広電廿日市駅に向かっては昔ながらの町が続く

山小屋風、といわれてもいまいちピンとこない宮内串戸駅舎

ニュータウンのために生まれた請願駅

82

宮内串戸

読み／みやうちくしど
所在地／広島県廿日市市
開業年月日／1988(昭和63)年4月3日
構造／2面2線
神戸駅から321・8㎞

バブルの香りを求めるも

山陽本線の各駅を降りて歩いてあれこれ書くということの本の趣旨に照らせば、本来ならばそれぞれの駅や町に何があるのかということを描写するべきだ。そこで起きたちょっとした出来事などもまだ許容範囲だろう。

が、申し訳ないけれど100以上も駅があるのだから特に書くに困る駅だっていくらでもある。そんなときには歴史などを引っ張って書き連ねてきたのだが、それにも限界がある。

というのも、新井口駅あたりから山陽本線はずっとよく似た橋上駅舎が続いているのだ。

何が「よく似た」だ、ぜんぜん違うじゃないかと言われるかもしれない。確かにまったくそっくりというわけではないし、駅が開業した時期もだいぶ違う。が、立て続けにこうした駅を巡っているとどれもこれも同じように見えてくるのだ。宮内串戸駅は、そんな徒労感にさいなまれる中でやってきた。

それでも何か書かねばならぬ。

駅は繰り返しになるがごくありふれた橋上駅舎。山側の西口には広場があるが、海側の東口は広場も何もなく、階段を降りても小さな路地に出るだけだ。

駅前広場は山側に。海側は出入り口があるだけだ

そこにクルマが入ってきたら、行き場を失ってバックで延々と戻るハメになるだろう。運転が苦手な人は要注意である。

駅の開業は国鉄からJRに移行しておよそ1年経った1988年4月3日。地域としては廿日市市串戸、串戸地域の中心にある。ただ、東口の路地から少し歩いて行けば広電の宮内駅があり、地域の玄関口の顔としては宮内の方が知名度が高い。そういうわけで、両地名を合体させて宮内串戸駅に決まったという。東京でいうなら小竹向原駅のようなものだ。

どうしてこのような駅を開業したのかというと、駅の西側の丘陵地に四季が丘・宮園というニュータウンが造成されたことによる。特に四季が丘ニュータウンは近鉄不動産が開発を手がけた総人口約6000人の新興住宅地。バブル真っ只中の1987年に分譲が開始され、その翌年の1988年に宮内串戸駅が開業した。

つまり宮内串戸駅はバブル期に造成されたニュータウンのための駅というわけだ。

そうなると駅舎にもバブルの香りを求めたくなるが、実際はそれほど大きくはない。コンセプトは「木のまち はつかいち」だそうで、山小屋風のデザインになっているそうだ。が、改めて言われてみないとよくわからない。

ニュータウンの玄関口らしく、通勤時間帯に運行される通勤ライナーが停車する駅のひとつだ。

橋上駅舎から直接歩道橋が伸びる

埋め立て地の遊園地最寄り駅の一時代

83

阿品

読み／あじな
所在地／広島県廿日市市
開業年月日／1989（平成元）年8月11日
構造／2面2線
神戸駅から324.8km

広島ナタリーの思い出

広島湾沿いをぐるりと走って先を目指す山陽本線は、ちょっとの間だけ少し離れていた広電宮島線と再び並走に入り、阿品駅を迎える。

阿品駅もこれまた今までと同じような橋上駅だが、海側には大きめの広場があってその上を駅から直結の歩道橋が伸びている。進んでいくとそのまま国道2号と広電阿品駅をまとめて跨ぐことができる。

かつて、この国道2号は海岸線ギリギリを通っていた。1897年に広島〜徳山間、つまりのちに阿品駅が設けられる区間を通っていた山陽本線の列車からは広島湾がよく見えただろう。遅れて開業した広電の車窓からも広島湾が望めたはずだ。

だが、いまではまったく海は見えなくなっている。

というのも、国道2号と広島湾の間に埋め立て地ができたからだ。その埋め立て地には1974年に遊園地「広島ナタリー」が開園。広島市民ならば誰もが一度は訪れたことがあるというほどの定番中の定番の遊園地で、キャンディーズがイメージキャラクターを務めていた。キャンディーズの大ファンでおなじみの石破茂さんもナタリーに足を運んだことがあるのだろうか。

そんなナタリー、広島出身者に聞けば必ず思い出をアツく語ってくれるのだそうだ。私は東京生まれなので広島ナタリーなんて聞いたことがなかった。東京で言うならなんですか？　と広島出身の知り合いに聞いてみたが、「東京で子どもの頃を過ごしていないからわからん。でもディズニーじゃないことは確か」と言われてしまった。そりゃね、ディズニーじゃないことくらいはわかります。おそらく後楽園ゆうえんちとかとしまえんとか、そういう類いのものなのだろう。

1974年の広島ナタリー開園から4年後の1978年に広電の田尻駅（現・広電阿品駅）が開業。山陽本線の阿品駅はそれより後の1989年に開業している。結果として、阿品駅はナタリー最寄り駅として広島市民の思い出に刻まれているということになる。

しかし、そんなナタリーも1996年で閉園。跡地はショッピングセンターやマンションなどに生まれ変わっている。ナタリーの名前や遊園地現役時代の面影はいまでも残されているというが、広島の人たちがナタリーに濃厚濃密な思い出を持っていることの現れかもしれない。

阿品駅から人気のない歩道橋を歩いて国道2号の上に立つ。ナタリー跡地のショッピングセンターなどがよく見える。なんとなく、リゾート感が漂っているのはナタリーの余韻なのだろうか。

国道2号を渡った右側がかつてのナタリー跡地

横長の宮島口駅舎には国鉄時代の面影

84 宮島口

最後の鉄道連絡船のターミナルも閑散と

読み／みやじまぐち
所在地／広島県廿日市市
開業年月日／1897（明治30）年9月25日
構造／2面3線
神戸駅から326.5km

GOTO宮島キャンペーン

言うまでもない。宮島口駅は安芸の宮島に向かうフェリーと接続している、いわば世界遺産の玄関口である。

1897年9月25日、山陽鉄道広島～徳山間の延伸開通と同時に開業した。当時は宮島駅といったが、1942年に宮島口駅に改称している。駅があるのは宮島ではなくあくまでも宮島の対岸だから、現在の駅名のほうが正しい。

宮島口駅近くのフェリー乗り場から宮島桟橋までを結んでいるJR西日本宮島フェリーも、その源流が駅開業とほぼ同じくして開設されている。

広島在住の実業家・早速勝三という人が私財を投じて桟橋を設けたのがはじまりで、その後は宮島の人たちが出資した会社への譲渡を経て1903年に山陽鉄道に買収された。以来、宮島口駅を介して山陽本線と〝連絡〟する鉄道連絡船となって今に続いている。乗車券も通しで買えるし、終電間際にダイヤが乱れたら船もそれに合わせて運航される。青函連絡船も宇高連絡船もなくなったいま、最後に残っている鉄道連絡船である。

そんなわけで、宮島口駅はいまでも鉄道連絡船に接続するターミナルだ。船ののりばは駅前の通りをまっすぐ進んで国道2号を地下道で渡ったその先に。近くには広電宮島線の終点・広電宮島口駅もある。宮島口桟橋からはもうひとつ宮島松大汽船のフェリーも出ているから、2つのフェリーが宮島までを結ぶ。

もちろん私も何度か宮島を訪れたことがある。最近ではJR西日本宮島フェリーの取材をした2019年の夏。そのときはまだまだ誰もコロナウイルスのことなんて思いも寄らぬ夢の世界。フェリーのりばはたくさんの外国人観光客で溢れていて、フェリーに乗っても彼らが楽しそうに船の外を眺めていた。実に賑やか、さすがの世界遺産、安芸の宮島であった。

そして2021年の夏である。宮島口駅にはほとんど人がいなかった。

2年前はまっすぐ歩いて進むのも難しかった駅前からフェリーのりばまでの道のりも、誰ひとり歩いていない。フェリーのりばに着いても人の気配はまったくナシ。運航していないのかしらんと思ったが、そんなことはないようでフェリーの発着案内はされている。

いくらなんでもここまで人が来なくなるものなのか。やってきたのが夏休みも終わったあとの平日だからなのか。テレビでは「人流が減りません」などとやっているではないか。

そんなわけで駅員さんに聞いてみると、「いやあ、外国人観光客が来ないとこんなものですよ。コロナになってからはずっと。夏休みも……あまりねえ」。

言われてみれば、2019年に訪れたときも外国人観光客ばかりであった。あとは休日に遊びに来たような若いカップルがちらほら。時期によっては修学旅行の学生たちもよく来るようだ。が、ごく普通の日本人がふらりと観光に訪れるような場所ではなくなってしまったのかもしれない。近くにあるボートレース宮島の方が、賑わっているくらいだ。

コロナ禍が終息すれば、宮島フェリーの賑わいは戻るのか。外国人観光客が増え、かえって日本人観光客が減ってしまって苦境に立たされる。そうした観光地はほかにもたくさんあるだろう。

コロナ前、「観光大国ニッポン」などと言っていた偉い人がいたが、そうそう簡単な話ではないのである。だからとりあえず、また時間ができたら宮島に行こうと思う。

駅前からまっすぐ先にフェリーに乗れる宮島桟橋

団地前の新駅は高校生たちの賑わいも

85 前空

読み／まえぞら
所在地／広島県廿日市市
開業年月日／２０００（平成12）年3月11日
構造／２面２線
神戸駅から３２８・３km

山側の駅舎が高校にも近いメインロータリー

山賊が海に現れた

長らくともに走ってきた広電宮島線とは宮島口駅でお別れをした。別に私はJR西日本の回し者でも何でもないのだが、隣に広電の電車が走っていると思うと各駅下車の旅をしていてもなんとなく圧迫感を覚えてしまう。それが解放されたのだから喜ばしいはずだが、いなくなればそれはそれでさみしい。

そんな思いにかられても、電車は走ってゆく。宮島口駅はひとつの区切りのような感じになっているが、現実的には宮島口から先も電車の本数が変わるわけでもないから、相変わらずステンレスがまぶしい２２７系の旅が続く。

前空駅はそんな微妙な場所にある駅だ。

開業は２０００年。駅の山側に広がる前空団地に暮らす人たちのための駅として開業した新しい駅で、通勤時間帯は広島方面に向かう人で大変賑やかになるという。また、近くには広島県立宮島工業高校もあるから、前空駅で降りる学生たちでも溢れる。私が訪れたのは夕方だったからそんな光景は見られなかったが、一度はそんな前空駅を見てみたいと思う。

こうしたことから駅の事実上の〝正面〟は山側だ。海のすぐ近くまで山が迫っているから、山側は橋上駅舎の改札口と同じレベル。反対の海側は線路と同じで標高が低く、橋上駅舎から階段を降りて駅前に出る。

駅前に国道2号が通っているのは宮島口駅などと同じだが、それまでと違うのは国道の先に広電ではなく海が見えるということだ。山陽本線の旅で海を見たのは久々だ。尾道駅以来である。

駅の脇には飲食店もあった。「山賊焼き」の幟がはためいていたから例のアレかと思った。広島や山口の人が免許を取ったら最初に行く決まりになっているという「いろり山賊」。山奥に突如現れる砦のような飲食店のことだ。その別の店舗があるのかと思ったのだ。山賊が海にも進出かと色めき立った。

が、よくよく見てみたら店が違う。前空駅前にあるのは「田舎茶屋　わたや」という店だ。別にこの店が悪いわけではなく、勝手に勘違いしたこちらが悪い。

つい最近、よく使っている駅の近くに「ワイルドラッシュ」というハンバーグ店がオープンしていた。おや、あの有名店ができたのか是非行こうと友人と話していたが、あの有名店の名は「ゴールドラッシュ」。この勘違いは前空駅前のそれとは違い、店の名前が紛らわしいのが悪いと思っている。

海側駅舎の広場の先の国道を渡ると広島湾が見える

何の変哲もない橋上駅舎

日中は半数の電車がここで折り返し

86

大野浦

読み／おおのうら
所在地／広島県廿日市市
開業年月日／1919（大正8）年3月16日
構造／2面3線
神戸駅から331・4㎞

「奥座敷」の概念を考える

前空駅からしばらく山陽本線は海の近くを走る。車窓から一面の大海原が広がる、などというシーンはなく、海がよく見えるところも少ないが、久々に車窓に海がちらつくだけでも気分があがる。海の向こうに浮かんでいる島は厳島、宮島だ。

永慶寺川という小さな川を渡るあたりで再び内陸に進路を取り、少し走ったところで大野浦駅だ。

大野浦駅は広島都市圏における〝終着駅〟という側面を持つ。首都圏なら籠原駅や小金井駅、京阪神なら野洲駅や網干駅といったところか。具体的には日中に広島都市圏を走っている電車のうち半分が大野浦駅発着。残り半分は岩国駅まで行くから、その少し手前で電車が折り返しているということになる。

ただ、終着駅とはいっても籠原駅や野洲駅のように車両基地があるわけではない。1本や2本の留置線があるわけでもない。大野浦駅の構造は単に2面3線というごく普通のものだ。そのうち2番のりばに大野浦駅折り返しの電車が入ってきて、そこからまた出て行く。終着駅といってもそれだけのことである。

だから朝や夜には大野浦駅を終着とする電車はなく、すべて岩国駅まで走り通す。大野浦駅は日中だけの終着駅なのだ。

それでもこのあたりに住んでいる人にとっては一大事。大野浦駅を境に電車の運転本数が1時間に4本から2本に半減する。不動産価格などにはビシッと影響してきそうな、ダイヤ上の分岐点なのである。

ちなみに、こうしたダイヤ上の分岐点というのは今にはじまったことではない。1982年に〝シティ電車〟なるものが広島都市圏で走り始めたとき、最初のシティ電車の一部は運行区間を広島〜大野浦間としていた。のちにすべてが岩国駅まで走るようになるが、大野浦駅が〝広島都市圏の西端〟として扱われるのはなぜだか伝統になっているようだ。

そんな大野浦駅だから、きっと何かがあるのだろう。そう思って駅の周りを少しうろうろしたが、予想通りたいして語るべきものはない。2017年から使われている新しい橋上駅舎は立派で、北口にも南口にも住宅地が取り囲む。

南口にはすぐ近くに国道2号が通っていてクルマの量はそれなりに多いが、背の高いマンションはなくどちらかというとのどかな雰囲気だ。

駅からクルマで5分ほど行ったところには宮浜温泉という温泉街がある。1964年開湯という歴史の浅い温泉で、広島の奥座敷。奥座敷ってなんやねんといつも思うが、つまりは妻子から逃れた男どもが集まってあれこれ楽しむというそういう場所だ。昔はよさげな響きだったが、これから廃れていく代名詞になりそうだ。

駅前には古く小さな商店街

古い商店の連なる道の向こうに見えるのが玖波駅舎

大竹市に入って最初の駅は旧宿場町の玄関口

87 玖波

読み／くば
所在地／広島県大竹市
開業年月日／1897（明治30）年9月25日
構造／2面2線
神戸駅から336・4㎞

南北朝時代からの香りとともに

宮浜温泉の温泉街と広島湾の間を抜けて走って、山陽本線の電車は廿日市市から大竹市に入る。海の向こうではカキの養殖場が広がっている。ああ、広島だ。そんなことを今さら思う。広島駅のような大ターミナルではあんがいその地域性を感じることができないものなのだ。

大竹市に入って最初の駅が玖波駅である。海側にだけ駅舎がある小さな駅で、駅前にはこれまた小さな広場と昔ながらの商店街。こういう駅は広島都市圏ではなかなか見かけなかったので、ずいぶん久しぶりな気がしてしまう。橋上駅舎ばかりが続くと、こんなありふれた駅がありがたい。

ホームの裏には木造のいかにも古びた物品庫のようなものも建っている。近づけないのでいつ建てられたものなのかはわからなかったが、見る限りでは相当に古い。古い駅舎に古い物品庫があれば、それだけで味のある駅ですね、などと言いたくなるのはなぜなのか。鉄道が少しなりとも好きだからなのか、駅巡りをしている中で知らず知らずのうちに昔ながらの駅を求めているからなのか。

とにかく玖波駅にやってきて、どこか安心した気分になった。つい数時間前には、快活CLUBとエニタイムフィットネスがある五日市駅にホッとしていたのに、人間の感情というのはゲンキンなものなのである。

駅の近くにはどうやら新築っぽい戸建て住宅街があって、広島方面なのか岩国方面なのかはよくわからないがベッドタウンとしての役割も持っているようだ。

電車の本数は大野浦駅を境に日中1時間に2本という少なさになっているが、それでもピーク時には1時間に6本の電車がやってくる。広島方面だろうが岩国方面だろうが、通勤通学には便利に決まっている。

開業したのは1897年で、山陽鉄道広島〜徳山間における駅一期生だ。小さな駅なのになぜ一期生の駅なのか。かつて玖波の町には西国街道の宿場町が置かれていたからだ。

古い商店街がそのまま旧宿場町にルーツがあるというのは言い過ぎだが、少なくとも江戸時代から一定の賑わいを持っていた町であったことは間違いない。本陣跡の洪量館をはじめ江戸時代からの街並みが今も残る。

玖波の地名の由来は「木場」。南北朝時代に生まれたこの地域の原始集落の名にあるという。どうして玖波というちょっと複雑な漢字を当てるようになったのかはよくわからない。

駅前には新しい戸建て住宅の集まる一角

武骨な駅舎と駅前広場。橋上駅化の工事も予定されている

88 大竹

広島県最後の駅にはコンテナ貨物も待ち受ける

読み／おおたけ
所在地／広島県大竹市
開業年月日／1897（明治30）年9月25日
構造／2面3線
神戸駅から340.8㎞

やねよりたかいこいのぼり

広島県でいちばん西の町、大竹市。大竹駅はその玄関口たる駅である。旅客駅としては2面3線、山側に2階建てのコンクリート駅舎が建つ。横長のコンクリート駅舎は国鉄時代の地方都市のターミナルらしい面構えである。駅前広場も賑やかすぎずかといって小さすぎるわけでもなく、ザ・地方都市。こういう駅は都市部に住んでいるとなかなか出会えないから貴重なものだ（悪口ではないですからね、本当に）。

駅前から少し歩いてみる。駅の周りには大きな商店街があるようなことはなく、昔ながらの古びた商店街のようなものがある程度。県道202号線という大きな通りがあって、そこにはクルマも盛んに走っているし、学校帰りの学生たちの姿も見かけるが、町としては静かなものだ。

そういう町であるのも無理はなく、大竹は観光都市という側面はほとんどない。

大竹市は伝統的に和紙の生産で知られた町だった。古代からの山陽道の渡船集落で、江戸時代になって和紙の製造が盛んになった。いまでも手漉き和紙は大竹市の地場産業であり、手漉き和紙を使ったこいのぼりは大竹のシンボルに

駅の近くの商店街

なっている。毎年5月のこいのぼりの季節には、和紙を使って作った巨大こいのぼりが大空を泳ぐイベント「コイ・こいフェスティバル・イン・おおたけ」も行われている。

駅前広場にも鯉のイラストが描かれた看板があって、最初はここでもカープ愛なのかと思ったり、それとも錦鯉の産地なのかと思ったりもしたが、実際は和紙のこいのぼり。カープや錦鯉よりも伝統的なものであった。

ただ、いまの大竹市における最大の産業は化学産業や製紙業。大竹駅から見て海側には埋め立て地が広がっていて、そこにいくつもの化学工場が建ち並んでいる。化学繊維を専門にする三菱ケミカル、石油化学の三井化学やダイセル。日本製紙の工場もある。

こうした工業都市であることから、大竹駅を介して化学製品の輸送も行われている。下り線のホームから海側を見ると貨物駅が見えるが、ここではコンテナ以外にも化学薬品などの輸送が行われているのだ。

山陽本線はとにかく貨物列車が多い。それは大竹市のように工業が盛んな都市が多く、長く工業製品や原材料の貨物輸送が行われていたからだ。大竹市内にもかつてはいま以上に専用線なども敷設されていて貨物列車が行き交っていたが、だいぶ縮小された。それでも旅客駅の規模に比して立派な貨物駅があるあたりは、いかにも工業都市らしいといったところである。

山口県に入って最初の駅はこの和木駅だ

89

和木

県境の小さな町に生まれた小さな玄関口

読み／わき
所在地／山口県和木町
開業年月日／2008（平成20）年3月15日
構造／2面2線
神戸駅から342・3km

四つの元号を跨いでつないだ夢

広島県と山口県を隔てているのは小瀬川というそれほど大きくない川だ。山陽本線は、その小瀬川を大竹駅を出てほどなく渡って山口県に入る。海側には国道2号、さらにその先には工場群が続く。大竹市から岩国市にかけて、つまり県境を跨いでの工場群。三井化学にいたっては〝岩国大竹工場〟という県を跨ぐ都市を連ねた名前を与えているくらいだ。県が変わろうが同じだろうが、民間の経済活動には関係がないということなのだ。

いずれにしても山陽本線の旅はようやく山口県にやってきた。山口県東端の町は岩国市。だからさっそく岩国市の駅が待っている……と思ったら違った。山口県で最初の駅は和木駅といい、所在地は山口県那珂郡和木町。わずかに瀬戸内海に面するが、県境を除けばほとんどは岩国市に囲まれた町だ。

県境の小さな町は何かとややこしい立場に追い込まれることが多く、江戸時代には岩国藩領に属してはいたものの和木と広島藩領の大竹の間で山野の境界・入会権を巡る紛争が絶えなかったそうだ。主たる産業は農業と海苔。ただ、明治の末頃から製紙工場や化学工場などができて大竹・岩国にはさまれた工業地帯の一部になった。

岩国の工場群が遠くに見える

そんな和木町にある唯一の駅が和木駅だ。大竹駅からも国道2号で小瀬川を渡ればそれほど離れていないことから、なかなか駅には恵まれなかった。山陽鉄道が1897年に和木町を経由する線路を通して以来というもの、100年近く〝駅のない町〟であり続けた。

それが急転したのが1991年、和木町がJRサイドに「駅を作ってくれませんかね」と打診したのがはじまりだ。さらに翌年には町議会も駅設置を求める決議を可決。1996年に和木駅設置期成同盟会が設立され、岩国市に仲介してもらう形で駅設置の協議を開始した。

そうした取り組みがようやく結実したのが2008年。着工からおおよそ半年で和木駅の新設開業が実現したのである。本格的に駅設置に動き出したのは1990年代以降だが、地元の人たちにとっては100年越しの悲願成就であった。

2000年代の駅だからもちろん最初から橋上駅舎。山側の駅舎は和木町が管理する和木駅交流プラザになっており、町の玄関口としての役割を存分に与えられている。山側の出口から10分も歩けば和木町の中心市街地だ。

反対の海側は広場もなく、単に出入り口があるだけだ。出入り口のすぐ前に小さな公園があって、子どもたちが遊んでいた。国道2号を渡って海側に行けばそこはもう工場群である。

現在の岩国駅舎は2017年に完成した

90 岩国

227系とお別れの山口県最初のターミナル

読み／いわくに
所在地／山口県岩国市
開業年月日／1897（明治30）年9月25日
構造／3面6線
神戸駅から346.1km

カムカムエヴリバディ

このところ、外国人の姿を見かける機会がかなり少なくなった。つい数年前までは、日本中どこに行っても外国人観光客を見かけたのに、いまやそれも皆無だ。新幹線の中で聞こえる英語の案内放送がむなしく感じられる。

私もここ2年でリアルに見かけた外国人は野球場でジェフリー・マルテ、競馬場でクリストフ・ルメールくらいなものだ。いずれも日本で野球や競馬、つまりお仕事をしている人だし柵で隔てられた向こうだからテレビの画面越しとあまり変わらない（ルメールさんなんてずっと日本に住んでいますしね）。

だから知らず知らずのうちに外国人を見ると驚くようになっていた。こういうのが差別につながる思想だとお叱りを受けるかもしれないが、そういう意図があるわけではないので許してほしい。だって、ほとんど見かけないんだからしょうがないですよ……。

そんなこんなで岩国駅にやってきたら、いきなり町中を外国人が歩いている姿を見かけた。宿泊したホテルでチェックインの手続きをしていると、あとから外国人の男性もひとりやってきた。

もちろん彼らは（たぶん）観光客などではなくて、岩国にある米軍基地（海

海側の駅舎。工場や基地に近いのはこちらだ

兵隊岩国航空基地）の関係者なのだろう。岩国は基地の町。ルーツは戦前にあって、陸軍燃料廠や海軍航空隊が置かれ、戦後それが在日米軍海兵隊の基地や海上自衛隊の航空基地になったというわけだ。だから、このご時世でも岩国の町には外国人の姿を見かける。横須賀や沖縄などでもそうなのだろう。

岩国駅は1897年に開業した岩国市の玄関口で、現在の橋上駅舎は2017年に完成したものだ。わざわざ言うまでもないことかもしれないが、広島都市圏の主役だった227系の運転はここで終わる。岩国から先まで直通する電車は基本的に設定されていない（通勤時間帯には徳山駅発広駅ゆき、由宇駅発糸崎ゆきみたいな電車も走っているが、例外ということで）。

ここから先は115系とのお供が延々と続くことになるわけで、乗り心地のよかった新型車両との別れにちょっと悲しい気持ちになる。

橋上駅舎なので海側・山側それぞれに出入り口がある。以前の駅舎は山側にあるだけだったので、それからするとずいぶん便利になったのだろう。新しく生まれた海側は駅前広場も新しく整備され、その傍らには分譲マンションも建設中。その工事囲いの壁面には「完売御礼」と書かれた看板もあった。

別に岩国が田舎とは言わないが、大都会でもない。こういう場所のマンションも飛ぶように売れるなんて、いまは本当にマンションブームなのだと思う。が、よくよく考えてみると広島駅まで電

車に乗って1時間もかからない。東京だったら職場まで1時間以上かかる場所にマンションを買っている人もいくらでもいるわけで、あまり特別なことではないのかもしれない。

海側は駅前広場の先の住宅地の中を抜けてすすむと工業地帯。対して、以前から駅舎のあった山側はすぐに国道１８９号が通って周辺は岩国駅前の市街地として賑わいを見せる。

橋のたもとの城下町

この岩国駅前の市街地が岩国市の中心だ……と言いたいところだが、そこにはいくつかの歴史的な変遷がある。

もともと近世まで岩国は吉川氏が治める岩国藩の城下町であった。だが、その岩国藩の城下町はいまの岩国駅とは遠く離れ、錦川を山中へと遡った場所にあった。駅でいうなら岩徳線の西岩国駅付近がそれに近い。もっとわかりやすく言えば、錦帯橋のあるあたり。旧西国街道も現在の岩国駅方面ではなく山を越えて内陸を通っていた。岩国駅付近、地名でいうと〝麻里布〟と呼ばれる一帯は、江戸時代には藩の干拓地。明治の末に山陽鉄道が鉄路を通して岩国駅を開業したことで発展の足がかりを得た町だ。

本来ならば、鉄道も岩国の城下町を経由すればよかったのではないかと思う人もいるだろう。が、地形図を開いていただければすぐにわかるが、岩国城下町はちょっと鉄道にしては不利な場所にある。明治時代の技術力ではなかなか難しかったのだろう。

岩国の市街地。山口県では第5の都市だ

1934年に岩国城下町には岩徳線が建設され、一時的にそちらが山陽本線の名を乗っ取ったこともあるが、山中を走る鉄路はなかなか不利なことが多い。カーブも急勾配も繰り返されるから輸送力に限界が出てしまう。

そこで結局1944年になると海側を走っている路線が山陽本線に戻されて、内陸ルートは岩徳線としてローカル線の立場のままいまに続いている。

山陽本線が海沿いになったり山中になったりと行ったり来たりしているころに、岩国駅の駅名も行ったり来たりしていた。岩国を名乗っているけどここって本当の岩国じゃないよね、ということで1929年に麻里布駅に改称する。その時点では岩国市すらなく、麻里布町の駅だったからしかたがない。その直後に岩徳線が岩国城下町に向けて開業し、そちらの終着駅が岩国駅と名乗った。本来の岩国の中心に近いのだから、そのほうが正統と言えば正統である。

ところが、岩徳線は山越えのローカル線であり、その岩国駅は岩国の玄関口にも拘わらず優等列車も通過しないしがない小駅のままだった。これでは岩国の名が廃る。そこで1942年に麻里布駅を再び岩国駅に改称し、城下町の岩国駅は西岩国に改められた。

その頃には麻里布町と岩国町が合併して岩国市ができていたから、麻里布町に岩国駅があってもさほど不自然なことではない。

戦前からいくつかの工場が進出していたが、戦後になると本格的に石油化学コンビナートが形成されるなど工業都市化が一気に進む。岩国駅は工業都市の玄関口として賑わうようになり、市街地も発達していった。結果的には旧城下町から中心市街地の立場を奪い取った形だ。

ただ、別にそれが悪いわけではない。結果としてはそれで錦帯橋をはじめとする岩国城下町の雰囲気が残った。城下町の面影が残る岩国と工業都市・基地の町としての岩国と。2つの岩国が並立しているからこそ、地域の魅力が保たれているのである。

そして海を渡る
～門司

第4章 本州最西端へ、

南岩国

2021年3月完成、"最も新しい"橋上駅舎だ

91 南岩国

岩国市郊外、橋上駅舎は2021年の新築

読み/みなみいわくに
所在地/山口県岩国市
開業年月日/1952(昭和27)年6月20日
構造/2面3線
神戸駅から350.7km

大輪の花に清らかな心を

岩国駅は山陽本線における運行上の要衝になっている。岩国駅から先は岡山県で旅をともにした115系と再び手を取り合って進むことになる。その最初の駅が、南岩国駅だ。

広島の都市圏を抜けて新型車両から国鉄型車両へ、というとさっそくローカル感が出てくるような気がしてしまうが、まだまだ南岩国駅は岩国市郊外、都市部の一端だ。

南岩国駅は1952年の開業。駅の南側にあった東洋紡績への従業員輸送や専用線による貨物輸送が大きな目的のひとつだったようだ。その専用線は1982年に役割を終えており、南岩国駅も現在では岩国市郊外の通勤通学(むしろ通学に比重がある)の駅になっている。

駅舎は2021年3月に完成したばかりの橋上駅舎。それを出ていくと目の前には国道188号が通る。傍らでは駅前広場の整備が行われているのか、それとも旧駅舎の撤去作業が続いているのか、工事の仮囲いがあった。

駅前の国道はそれほど大きな通りではないのだが、道沿いにはパチンコ店や中古車販売店などがポツポツとあり、クルマ通りも多い。狭い歩道を自転車で

やってきて、駅のすぐ横にある駐輪場に向かう学生も多い。国道を家族が運転するクルマに乗ってやってきて、駅の中に消えていく学生もいる。

ちょうど朝の通学時間帯にこの駅に来たからなのだろうが、通学の駅としてはなかなかよく機能しているようだ。

……と、そんなこんなは南岩国駅を語る上でさして重要ではない。この駅の見どころはホームに立って堪能できる。駅の海側、駅舎のない側には一面のハス田が広がっているのだ。見渡す限り、どこまでいってもハス尽くし。

このハス田は実に200haもの広さを持つ岩国の名所のひとつなのだという。ハス、というかレンコンは江戸時代半ばからの岩国の特産で、現在でもレンコン生産量は国内第5位。ふつう、レンコンの穴は8つのところ、岩国レンコンは9つの穴があるのが特徴だとか。レンコンの穴の数って決まっていたのか、数えたこともなかったですけどね。

もちろんハス田そのものは食べるレンコンを栽培しているのだが、7月末から8月上旬にかけてはハスの花が咲く。南岩国駅の海側に、一面に咲き誇る白やピンクのハスの花。わざわざ南岩国駅で降りなくても車窓から見ることはできるが、予定のない旅だったら思わず途中下車をしてしまう。そんな景色が広がっているのだ。

南岩国駅の海側に広がるハス田（レンコン畑）

海側を向いて建つ藤生駅舎

92 藤生

開業一期生の駅の向こうに広島湾

読み／ふじゅう
所在地／山口県岩国市
開業年月日／1897（明治30）年9月25日
構造／2面2線
神戸駅から353・4㎞

基地の見える町

ハス田を抜けて東洋紡の工場を見ると車窓の左手には海が広がっている。ここで見える海はまだまだ広島湾。穏やかな海が朝日に映える。

……と思ったらすぐにまた海の車窓は工場に遮られ、まもなく藤生駅に到着する。海はこれから嫌というほど見せるから今はまだ我慢しておけといったところか。

藤生駅は1897年に開業した古い駅で、駅舎は海側に古いものが建っているだけの駅だ。それでも山側には山口県立岩国総合高校があるから学生たちが下車していく。朝や夕方にはそれなりに賑やかになるのだろう。

小さな駅前広場から少し行くと国道188号。押しボタン式の横断歩道を渡れば海が見える。港町、といいたいところだが海っぺりまで広がっているのは住宅地。比較的新しそうな戸建て住宅が並んでいて、海の近くのベッドタウンというところだ。

次の電車がやってくるまで時間があったので、ぼんやり海を眺めてみる。まっすぐ遠くに見えるのは倉橋島だろうか。近いところでは左手にも埋め立て地のような島があるが、これは在日米軍海兵隊と海上自衛隊の岩国航空基地。滑

駅の目の前にはすぐ海が広がる

走路から何かが飛んでいるようなところもなかったから、訪れた平日の朝の岩国の基地は少なくとも平和であった。

この岩国基地の飛行場には米軍と自衛隊だけでなく民間機も発着する。通称は岩国錦帯橋空港といい、就航路線はＡＮＡの羽田便と那覇便である。岩国駅からバスやタクシーに乗ればあんがい近いから、都市部に近い便利な空港のひとつである。広島駅からもうまいこと乗り継げば、広島空港より便利じゃないかと思うくらいだ。

これだけ都市部に近い空港がなかなか大きく栄えていないのは、あくまでも米軍（と自衛隊）が優先という点に尽きる。特に航空管制は日本の飛行場ながら米軍が担当しており、滑走路も米軍の管理下にある。そうした状況では思うように旅客機を飛ばすことは難しい。こうしたところにも、在日米軍を巡る微妙な問題が潜んでいるのだ。

と、海を見ながらマジメなことを考えてしまったが、とにかく海が見える以外にはとりたてて何があるわけでもない藤生駅。山側に出て登っていくと松巌院庭園という幕末の日本庭園があるようだが、さすがに距離がありすぎる。

国道を北上するとさきほど車窓からも見た工場が近い。ここからは海を見ながらの旅のはじまりである。

小さな木造駅舎が出迎える

国道188号とマックスバリュと港町

93 通津

読み／つづ
所在地／山口県岩国市
開業年月日／1934（昭和9）年8月11日
構造／2面2線
神戸駅から358.6㎞

泣く子と地頭には勝てぬ

岩国駅からいくらか駅を経てやってきて、車窓から海が見える区間も多いし駅舎も古いものだし、旅人の勝手でローカルな区間に入ったと思い込みたい。が、実際はまだまだ岩国市のベッドタウンなのだろう。

通津駅もそんな駅のひとつで、小さな古駅舎の前に小さな広場、そしてその向こうには国道188号と海があり、周りは住宅地で取り囲まれている。国道沿いにはマックスバリュがあり、いかにもロードサイドといった雰囲気も漂わせる。

そんなマックスバリュのあたりをうろうろしていたら、河野善治郎さんという人の碑があった。海のそば、港のそばになかなか誇らしげに建っている。ここは天下の山口県、維新の志士の誰かなのだろうか。

そう思って調べてみたら、維新の志士とはまったく関係がなかった。

通津の港と大島の久賀浦が漁業権を巡って争ったとき、河野善治郎さんが間に立って諍いを鎮めたのだとか。その時代は明治から大正にかけて。

漁業権や入会地を巡る争いは古くからほんとうにやっかいなもので、隣接した村同士では日本中あちこちで巻き起こっていた。その解決は一筋縄ではいかず、時代によっては武力を用いたこともあるし、戦国時代は戦国大名同士の激突の引き金にもなり得た。守護・地頭の地頭はこうした争いの解決も任されていた。よく、歴史の教科書に出てくる〝訴訟〟とはこういうものがほとんどだ。昔は労働争議なんてなかったですからね。

それを見事に解決した河野さん、たいした人物だったのだろう。通津の港の漁業会を立ち上げた人物でもあって、地元ではまさしく名士というほかない。河野さんの息子は通津小学校の校長先生も務めたのだとか。

また、駅の近くには一里塚がある。国道と駅の間を通っている細い路地の一里塚。

かつての西国街道は岩国から内陸、鉄道でいうなら岩徳線ルートを通っている。ならばこちらはどうなのかというと、上関街道という道筋があった。上関街道はここまで山陽本線と同じく海沿いを通ってきたが、通津から大畠までは内陸経由だ。いずれにしても、上関街道において通津はそれなりに賑わっていた町だったのかもしれない。

国道188号と並行

こいのぼりがはためき、駅への階段にもカープのマーク

駅舎の中も駅の外もカープ尽くし

94

由宇

読み／ゆう
所在地／山口県岩国市
開業年月日／1897（明治30）年9月25日
構造／2面3線
神戸駅から361.6㎞

空を泳げと天もまた胸を開く

私は阪神タイガースのファンである。

と、いうことを前提に正直なところをいうと、由宇駅にやってきて「何とも言えない駅だなあ」と思った。何しろ由宇駅、広島カープ推しが強すぎるのである。

ホームから山側にある駅舎に向かうべく跨線橋の階段を上ると、通路の壁面の縁が赤く彩られている。上りホームへの階段にはカープの若手選手の写真パネルがズラリ。上りホーム上には「ようこそカープタウンへ」といった看板があって、駅舎の外にはこいのぼりがはためく。振り返って駅舎を見ると、入口の脇にはJRの制服に身を包んだカープ坊やのイラストがあり、階段も赤く塗られてカープのマーク。次の電車が近づいてくると、「それ行けカープ」の接近メロディが流れる。

……と、とにもかくにも徹底的なまでにカープ尽くしの駅なのだ。

カープの本拠地球場はいわずと知れたマツダスタジアム。最寄り駅はターミナルの広島駅だ。が、さすがに中国地方でいちばんのターミナルをカープ尽くしにするわけにはいかなかったのだろう。駅そのものを見るだけではカープ推

しはあまり見られない（線路の上を走っている227系そのものが赤い帯を巻いているが、それにはこの際目をつぶろう）。それが由宇駅までやってきて、どうだこのカープ尽くしは。由宇駅がどういう駅なのか、何がある町なのかもまったくわからなくなるくらいにカープまみれの駅である。

どうしてカープまみれなのかというとはっきりした理由がある。由宇駅のある岩国市由宇町にはカープの2軍が使用する由宇練習場があるのだ。

駅からは1日に数本しか出ていないバスに乗り換えて山に向かってえっちらおっちらと進んでいかねばならないので、あまりアクセスは便利ではない。若鯉たちを応援したい熱心なファンはだいたいクルマで観戦に行くという。が、詳しい人に話を聞くと、むしろ球団としては2軍の試合はあくまでも〝練習〟という位置づけで、ファンがスタンドを埋め尽くして盛り上がるなどということは想定していなかったそうだ。入場料が無料なのもそうした意図によるものだ。

由宇町の山奥という場所に2軍の球場を設けたのも、「1軍の舞台で活躍していないんだから遊ぶなよ」というメッセージが込められているのだとか。1993年からこの由宇の球場を使っている。

そうしたわけで、由宇では町を挙げて若鯉たちを応援しようとなっているのだ。駅がカープまみれなのもそうした取り組みのひとつ。駅の近くの道には「カープタウンゆうまち」と書かれた横断幕も掲げられ、決してカープまみれなのは駅だけではない。

駅前広場には「誰がやる？ You（由宇）がやる」というカープの幟も並ぶ。ジャニーさんのようにでだじゃれのようで、そこに若鯉たちへのエールが詰まっている。

町をあげて若鯉を応援

駅舎の裏には竹林が

夏のみ営業の臨時駅から信号場を経て正式開業

95

神代

読み／こうじろ
所在地／山口県岩国市
開業年月日／1944（昭和19）年10月11日
構造／2面2線
神戸駅から366.8㎞

子どもたちも材木運び

由宇駅からは正真正銘、山陽本線は海の際を走ってゆく。海と線路の間には国道188号が通り、その道沿いに民家などが軒を並べ、海に向かっていくつかの漁港が突き出ている。

車窓の向こうの海は静かな瀬戸内で、進行方向には周防大島も見える。頭の中には小柳ルミ子の歌声が流れ、まさしく瀬戸の花嫁、島から島へとお嫁に行くの、なんて気分になってくる（おじさんですけどね）。山陽本線におけるいちばんの絶景区間がここからしばらく続くのである。

そんな絶景区間のまさに真っ只中に神代駅がある。古い小さな駅舎が国道188号と海に向かって建ち、反対の山側には竹林が迫る山と海の町だ。神代駅にやってきた時間は平日のお昼前。駅前に人の気配はほとんどなく、少し歩いて国道188号の先で海に突き出た神代漁港には、漁船が並んで休んでいる。天気はよく、海は穏やかだ。

人の気配といったら国道を通るトラックくらいなもので、神代駅前はとにかく静かでのどかな町である。

そんな駅前に、神代駅がどのようにして開業したのかを切々と語った案内板があった。それを読んでみると、だいたい次のようなことが書いてある。

1897年の山陽鉄道開通当時は神代の町に駅は設けられず、地域の人々は近隣の由宇駅か大畠駅を使っていた。そんな中、1917年に神代信号場が開設される。信号場ができるとお客の乗り降りはできないが、1日に1、2本程度の列車が停まるようになった。

そこで神代駅設置を求める声が高まり、地元の人たちは1921年に神代駅設置期成同盟を結成。そして山陽本線の複線化工事がはじまると、駅設置要望の声は高まるばかりとなって、1944年に悲願が成就した。駅の建設にあたって地域の人も寄付や奉仕作業で協力し、子どもたちも材木運びを手伝ったという。

1944年10月11日に開業した当時の神代駅は駅員が10名。のちに日勤1人勤務となり、1989年には無人駅になりました……。

別にこれに付け加えるようなことはないのだが、もう少し補足すれば神代駅開業への物語には前史がある。

山陽鉄道開通から2年後の1899年にわずか2ヶ月ばかりの間だけ神代駅が開業、その後たびたび開業と閉鎖を繰り返しており、夏場の海水浴シーズンに合わせた臨時駅という存在になっていた。

ちょうどそういう場所だから信号場ができ、駅に昇格するのも結果から見れば必然の歴史だ。

が、地元の人にとっては毎年駅ができたり閉じたりと翻弄されっぱなしの日々だった。そりゃあもう、常設の駅開業を必死に求める気持ちもよくわかる。

小さい海沿いの駅だけれど、そういうドラマが詰まっているのだ。

神代駅前には小さな漁港

大きな駅前広場は航路接続時代の名残か

かつては連絡船もあった周防大島の玄関口

96 大畠

読み／おおばたけ
所在地／山口県柳井市
開業年月日／1897（明治30）年9月25日
構造／2面2線
神戸駅から371.9km

みかん鍋ってどんな味？

大畠駅のホームからは海が見える。釣りをしている人がいる。橋も見える。その向こうには島がある。

山陽本線において、大畠駅ほどに絶景という言葉がふさわしい駅はほかにないといっていい。山側に建っている駅舎ではなく、下り線のホームに立つといい。大畠瀬戸の向こうに周防大島。架かっている橋は大島大橋だ。

周防大島との間は大畠瀬戸と呼ばれる。複雑に入り組み流れの速い海流と干満の大きさが生み出す渦潮は古代万葉集にも謳われた。『日本書紀』にはイザナミが生んだ大八島のうち七番目に生まれた島とある。

そんな周防大島を望む、大畠駅である。

大畠駅からも見える大島大橋は1976年に開通した橋だ。それより前は、周防大島に渡る方法は船だけであった。いくつかの船が昔も今も本州と周防大島を結んでいるが、大島大橋開通までの主役は鉄道連絡船。当時の国鉄が大畠港から周防大島の小松港まで約13分、1日に34往復運航されていた。

鉄道連絡船はいまや風前の灯火である。それどころかまったく壊滅状態といっていい。

広島には宮島フェリーという連絡船がかろうじて生き残ってはいるが、これも本当の意味での鉄道連絡船とは少し性質が変わっているのではないかと思う。

そうした中で、大畠駅からの大島連絡船もとうに消えている。もとは1921年に山口県によって開設された県営航路で、終戦直後の1946年に国鉄に移管されて鉄道連絡船になった。青函連絡船や宇高連絡船のように駅から直接桟橋に直結しているわけではなかったし、海の向こうの周防大島にももちろん鉄道は通っていなかったが、全国各地の連絡船の中でも特に賑わった航路のひとつだったというから侮ることはできない。

大島大橋の開通で大島連絡船は役割を終え、大畠駅も航路接続の駅ではなくなった。それでも駅前のバス乗り場からは大島大橋を渡って周防大島までを結ぶ路線バスも発着している。連絡船は消えても周防大島の玄関口であることは変わらない。駅のホームには、いまも「大島方面 のりかえ」という案内板が掲げられている。

周防大島の特産品は瀬戸内の海の幸とみかん。大畠駅の駅前バス乗り場には、「みかん鍋」なるものの看板があった。みかんを使った鍋料理。ただみかんを鍋に放り込んだわけではなく、オーブンで焼いたみかんを皮ごと入れるのだという。いったいどんな味なのだろうか。機会があれば、周防大島を訪れて食べてみたいと思う。

ホームから望む周防大島と大島大橋

港を見つめる駅舎というと聞こえはいいが……

かつては急行も停まったがいまは無人駅

97

柳井港

読み／やないみなと
所在地／山口県柳井市
開業年月日／1929(昭和4)年4月20日
構造／2面2線
神戸駅から376.4km

小さな駅と大きな港

大畠駅は周防大島への連絡船接続という機能を失ったが、この柳井港駅はいまでも航路とつながっている駅だ。むろん鉄道連絡船のようなものではまったくないが、柳井港駅は文字通り柳井港の最寄り駅である。

下り線ホームに面する小さな無人駅舎の柳井港駅から少し歩いて国道188号を渡ると、すぐにもう目の前にピカピカの柳井港ポートビルが見える。2015年にできたばかりの新しいビルだ。柳井港からは平郡島や祝島のほか、周防大島を経由して松山までを結ぶ船も出ている。

鉄道と船を比較すると、個人的にはどうしても鉄道の味方をしたくなる。船はそれこそ遙か古代からあるし、海や湖などがあってこそ役に立つ乗り物だ。対して鉄道は近代以降の技術の結晶として生まれたもので、陸地はもちろん橋やトンネルがあれば海も越えていく。スピードにしても鉄道の方が優位であることは間違いない。

だから港町の駅という柳井港駅のようなケースに出会うと、駅の方が小さい現実になんとなくうちひしがれる。柳井港駅でも駅は無人で小さいし、港のポートビルは新しくてきれいでそして大きい。格という点でいうと、どう見ても駅の方が格下なのである。

ここで誤解を恐れずにいってしまうと、歴史的に見ると鉄道は斜陽である。私が身を置いている出版業界と比べればまだましかもしれないが、鉄道は大きな流れの中では右肩下がり。クルマという乗り物が登場したことで、特に地方都市においてはすっかり役割を奪われてしまった。ローカル線が苦境に立たされている理由はいろいろあるが、ひとえにこのクルマの存在が大きい。

先日、取材で出会ったある人から聞いた話だが、地方に暮らしている人はクルマで移動するのがあたりまえ、だから〝移動にお金をかける〟という発想がないのだという。ガソリン代がかかっているのではとも思うが、駅できっぷを買って隣町のイオンまで250円、などというのがバカバカしく感じられるのだろう。なんとなく、その発想がわからなくもない。

柳井港駅のある山口県柳井市も地方都市。電車に乗っているのはほとんど学生ばかりだ。柳井港から船に乗るときも、柳井港駅まで電車でやってくる人はほとんどいない。ポートビルの前に広い駐車場があることもそれを物語る。

駅舎の脇には「急行停車記念」の小さな記念碑があった。実際、1975年まで柳井港駅は急行停車駅だった。が、クルマで港に来る人が多くなればその必要もなくなってしまう。

そして結局、鉄道も橋も通っていない島と島を結ぶなら、船はいまでも欠かせない。悠久幾千年、時代がどう変わっても船の役割はいまだに大きい。日本は無数の島々から構成される島国である。島国ニッポン、鉄道と船はこれからも共存してほしいものである。

地方の小駅にとって急行停車がどれだけの快事だったのか

柳井駅の正面には平仮名で“やない”駅

98 柳井

一時期は路線名にもなった観光都市のターミナル

読み／やない
所在地／山口県柳井市
開業年月日／1897（明治30）年9月25日
構造／3面4線
神戸駅から379.2km

金魚はどこからやってきた

山口県内の山陽本線は、工業都市ばかりを結んで走っているといっていい。すでに訪れた岩国もそうだし、これから待ち受ける徳山、宇部などもそうだ。もちろん山口県内にも観光地はたくさんあるのだが、それは日本海側や内陸地に多い。瀬戸内海沿いは総じて工業地帯になっていて、山陽本線はその中を通る。

こういう言い方だと山陽本線が工業都市の中を通ったように捉えられるが、実際には逆で山陽本線という大動脈が通ったからこそ工業地帯が形成された側面もある。いずれにしても、山口県内の山陽本線のターミナルは工業都市の玄関口ばかりだ。

そうした中で、純然たる観光都市が駅前に広がっているのはここ柳井駅くらいだろう。柳井といえば白壁の街並み。駅から歩いて10分もかからない場所にそれはあり、タイムスリップしたかのような雰囲気を楽しめる観光地である。

柳井駅は1897年に開業した広島〜徳山間における駅一期生。1934年に現在の岩徳線が全通してそちらが山陽本線に編入されると岩国〜櫛ケ浜間は一時的に柳井線と改称している。つまり柳井が路線名になったこともある。それだけ柳井がこの区間における中心的な都市であった。

柳井の白壁の街並みは、古くからこの地が商業の町であったことをいまに伝える。柳井の歴史は実に古く、中世には楊井津と呼ばれて大内氏による対明貿易の拠点になっていた。江戸時代以降は吉川氏岩国藩の領内で〝岩国藩の御納戸〟と称された商業都市になる。港町として、周辺の農産物などが集積したのが柳井だったのだ。白壁の街並みは、そうした繁栄の時代の残り香である。

商業が賑わえば特産品も生まれる。干拓地では製塩が営まれ、柳井縞や甘露醤油は『鉄道唱歌』でも歌われている。

そんな柳井の玄関口の柳井駅は、さすがのターミナルらしく立派な駅前広場を持ち、駅前からの目抜き通りをまっすぐ進んで柳井川を渡ればすぐに白壁の街並みにたどり着くという利便性の高さを誇る。

駅舎はその白壁の街並みのある山側に。海側にはかつて機関区が置かれていたが１９７０年代には役割を終え、その後も80系のトップナン

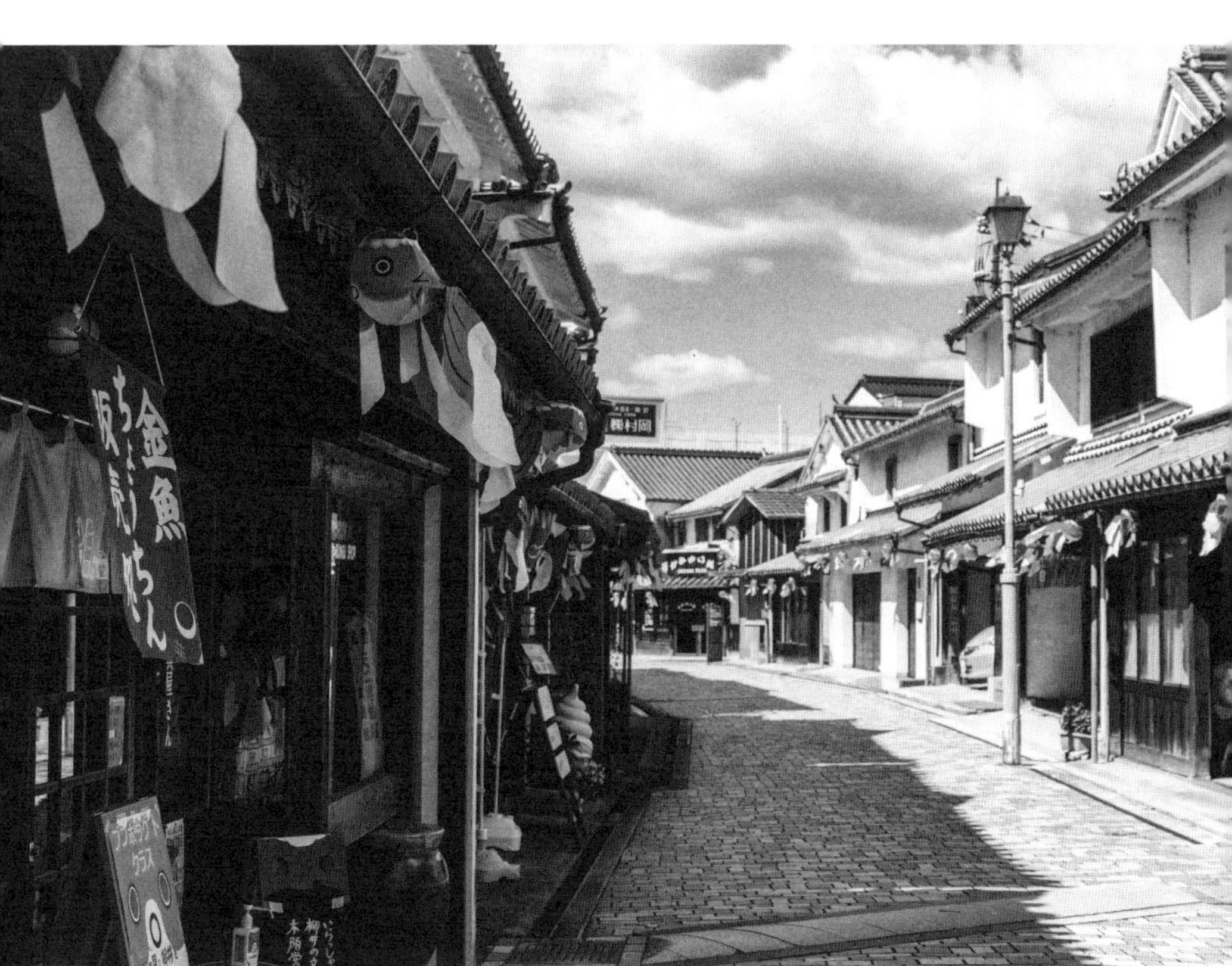

白壁の街並みは商業都市だった近世の名残だ

バーが保存されているなど留置線が残されていた。それも1990年代に入って撤去が進み、現在は再開発されてショッピングセンターに生まれ変わった。鉄道の合理化は便利になっても〝鉄道の町〟を減らしていくのだ。

さて、駅前広場や白壁の街並みを歩いていて気になるのが金魚である。柳井といったら金魚、金魚といったら柳井。柳井が金魚の産地だなんて聞いたことないですけどね……。

この金魚はお祭りの屋台で釣ったりする泳ぐ金魚ではなく、軒下にぶら下げられてふらふらと虚空を漂う金魚のちょうちん。柳井名物の金魚ちょうちんである。もちろん柳井にも金魚を飼っている人はいるだろうが、別に柳井は金魚の産地でも何でもない。

いったいどうして金魚ちょうちんなのか。白壁の街並みの一角にある「むろやの園」、江戸時代から有数の油商だった小田家の屋敷をそのまま博物館にした施設があったので中に入って尋ねてみた。

柳井の金魚ちょうちんは、なんと遠く青森の弘前ねぷたを参考に考案されたものだという。金魚ちょうちん、ねぷたがルーツと言われるとなんとなく納得できるような面構えをしている。鮮やかな赤染は柳井縞の染料を使っている。毎年お盆の時期に行われる金魚ちょうちん祭りでは、巨大な金魚ちょうちん（つまり金魚ねぷた）が登場するそうだ。

田布施駅の駅舎はごく普通のコンクリート造り

総理大臣2人を出した小さな町の玄関口

99 田布施

読み／たぶせ
所在地／山口県田布施町
開業年月日／1897（明治30）年9月25日
構造／2面2線
神戸駅から385・4㎞

栄ちゃんと呼ばれたい

田布施の町は、知る人ぞ知る総理大臣産みの町である。戦後の政治史において、というか日本の歴史そのものにおいて大きな足跡を残した岸信介と佐藤栄作（この2人は兄弟である）のふるさとが田布施町なのだ。いちおういっておくと、岸信介は日米安保条約改定、佐藤栄作は沖縄返還を実現してノーベル平和賞を受賞している。

山口県は日本でいちばん総理大臣を輩出した県として知られる。2021年の秋に岸田文雄さんが第100代内閣総理大臣に就任してこれまでの総理大臣は64人。そのうち9人が山口県出身だ。初代伊藤博文を筆頭に、戦前は山県有朋や桂太郎ら、戦後は例の岸信介と佐藤栄作に加え、最近も安倍晋三さんを出している。選挙区は東京だが、あの菅直人さんも生まれは山口県である。どうして、と思うのは愚問であって、維新の志士を多く出した長州藩の後継が山口県なのだから当然のことだ。

そんな中で、田布施は岸信介・佐藤栄作兄弟を出している。田布施駅の近くの郷土資料館にはふたりに関係する資料が展示されているという。

が、偉大なる総理大臣を2人も出しているからといって、田布施駅が格別立派なしつらえということはなく、ごく普通の地方都市の駅である。町にもかかわらずそれなりに大きな駅舎と大きな駅前広場を持っているあたりはさすがな気もするが、まあありふれた国鉄臭のする駅に過ぎない。

駅前からまっすぐ伸びる道もよく整備されているが、そこまで総理大臣との関連をあれこれするのは邪推というほかないので、この程度にしておこう。

と、次の電車まで時間があったので駅前をうろうろしていたら、キーケースの落とし物を見つけた。キーケースに入っているのは普通カギだ。落とし主は家に入れなくなって絶望しているかもしれぬ。とはいえ周りに落とし主らしき人は見かけない。

そこで駅に近かったので最初は駅に届けたが、預かるのは難しいという。かといって持ち帰るわけにもいかないし、落ちていた場所に戻すわけにもいかない。近くに交番があると聞いたのでそこに届けた。

気さくなおじさんのおまわりさんが、「へえ、東京から来たんか。駅を全部回ってるって？　ご苦労さんです。それなのにわざわざ悪いねえ」と笑顔で対応してくれて、ちょっとだけ手続きをして次の電車には間に合った。あのキーケース、持ち主のもとに返っているといいけれど。

駅前には昭和の怪物の像も栄ちゃんの像もない

瓦屋根の小さな駅舎は初代総理のふるさとの玄関口

伊藤博文生誕の地に近く

100 岩田

読み／いわた
所在地／山口県光市
開業年月日／1899（明治32）年6月5日
構造／2面2線
神戸駅から390.9㎞

懐かしい千円札の人です

岩国〜徳山間の山陽本線の駅には、「維新周防巡り」の観光案内看板がある。いくつかの駅をピックアップし、それぞれの町の出身の維新の志士たちをイラストで表現しているというようなものだ。

長州藩の主だった志士はほとんどが長州藩城下町、いまでいう山口県萩市の生まれである。だが、何人かはそれ以外の地域で生まれた人もいて、周防も志士を輩出している。どうしても知名度という点では劣るが、そんな中で特別に有名な人がいる。初代内閣総理大臣、伊藤博文。岩田の生まれなのだとか。岩田駅のホームには、伊藤博文が正面に大きく描かれた「維新周防巡り」が建っている。

となれば、伊藤博文ゆかりのなにかが駅の近くにもあるのではないかと期待する。

駅舎があるのは上り線ホームに面する山側だ。下り線ホームから跨線橋を渡って改札を抜け、駅前へ。すると……うっすら想像していたとおりではあるのだが、岩田駅前にはとりたてて伊藤博文感はないのである。

たしかに伊藤博文は現在の山口県光市、岩田駅を最寄りとする地域に生まれ

駅前広場の左手奥にはセブンイレブンがある

た。1841年生まれ、百姓の子であった。そこから幼少期に萩に転居して成り上がりへのストーリーがはじまるのだが、そこまで追ったら岩田駅とはまったく関係のない話になってしまう。なのでここではバッサリと割愛させていただく。

だから岩田が伊藤博文生誕の地であることは事実なのだが、問題は場所だ。生家跡には記念館などが整備されているのだが、岩田駅から歩くと1時間近くはかかる。本数の少ないバスに乗ると約10分、タクシーなら5分ほどで着くが、最寄り駅とはいってもあまり便利ではない。最初からクルマで行くほうがいいだろう。

それでも駅の近くには駅を中心に小さな町が広がっていて、すぐ近くの県道23号線に面してはセブンイレブンもある。古びた商店街もあって、通学の学生たちのための駐輪場も駅前だ。

その駐輪場なのだが、これまでは暫定的なものを使っていて、最近になって新しく整備したものができたようだ。そこで以前の駐輪場には「新しいところを使いなさい、ここは使用禁止です」みたいな貼り紙がある。

ところが、駅から降りてくる学生たちはあまり気にしていないようだ。新しい駐輪場に止めている自転車に乗っていく学生もいるが、けっこうな数の学生が使うなといわれている駐輪場に自転車を止めていただろう。

新しい駐輪場の方がきれいだから、自分だったら迷うことなくそちらに止める。反抗するのが若い人の特権なのかもしれないが、果たしてどちらが若者らしい発想なのだろうか。伊藤博文先生、教えてください。

シンプルな島田駅は無人駅

101 島田

開業一期生の駅の前にはお社が

読み／しまた
所在地／山口県光市
開業年月日／1897(明治30)年9月25日
構造／2面2線
神戸駅から395.9㎞

川のほとりのお多賀さま

伊藤博文生まれ故郷の最寄り駅である岩田駅は、広島～徳山間の開通から2年後の1899年に開業した。ちなみにこの前後の時期に伊藤博文は何度も総理大臣に就任しているが、ちょうど広島～徳山間の開通時や岩田駅開業時には総理大臣の職にはなかった。だからどうしたという話だが、この時代にはおかしな忖度がなかったことは間違いないようだ。

さて、そして島田駅である。島田駅が開業したのは1897年。広島～徳山間の開通と同時に開業した駅だ。

まったく同じ駅名の島田駅は東海道本線にもあるが、あちらは〝しまだ〟。山陽本線は〝しまた〟と読む。こちらの島田駅にはお茶畑もなく、中国地方の山間の小さな駅である。

駅舎のない山側にはホームの向こうに竹林があって、その先に島田川が流れる。島田川の両岸に小さな市街地が続き、島田駅はその町の玄関口というわけだ。

島田川は近代以降もたびたび氾濫して地域の人たちを悩ませてきた（最近では2018年にも氾濫している）。かつて、氾濫の折に三島橋という駅の近くの橋に流された牛馬が引っかかっていたこともあったとか。その牛馬たちの霊を鎮めるべく、駅の近くには慰霊の碑も建っている。

山側の駅舎は平屋建ての無人駅。昔ながらの古い駅舎というよりは、どちらかというとプレハブ感のある駅舎が建っている。駅前には駅の規模に比して大きく感じられる広場があって、そこにはクルマが何台か停まっている。通勤でこの駅を使っている人か、用事があって鉄道でどこかまで出かけた人のものだろうか。

駅舎の周りに何があるかというと、これは困る。古い集落というほかにないからだ。

川の向こうにはコミュニティセンターがあったり、県道8号線という比較的大きな通りがあったり、さらに丘陵地の上にはちょっとしたニュータウンのようなものも広がる。どちらかというと、駅のある側の集落の方が歴史が古いのだろうか。

駅のすぐ近くには多賀神社という神社がある。

滋賀県にある多賀大社から地元の有志たちによって分霊され、大正末から昭和の初め頃に創建したものだという。多賀大社と同じく祭神は伊弉諾尊と伊弉冉尊。戦時中には出征軍人たちがこの島田の多賀神社にやってきて武運長久を祈ったのだとか。島田に暮らす近隣の人たちのみならず、徳山や柳井の人たちも参拝に訪れたというからなかなか賑わったお社だったのだろう。

もしかすると、彼ら参拝客もこの島田駅を利用したのかもしれない。

駅近くの路地には多賀神社参詣の案内も

湾曲した駅舎正面には“光を集める”意味があるのだろうか

102 光

山陽本線唯一の「一文字駅名」の由来とは

読み／ひかり
所在地／山口県光市
開業年月日／1912（明治45）年4月11日
構造／2面3線
神戸駅から400.7km

光り輝く希望を求め

まったくどうでもいいトリビアだが、山陽本線の駅でただひとつ〝一文字表記〟なのが光駅である（ちなみに最も表記文字数が多い駅は須磨海浜公園駅の6文字だ）。

「光」という地名を持つ町は日本全国を探せばいくつか見つけることができる。ひとつは千葉県にある横芝光町。光町と横芝町が合併して2006年に誕生した町だ。この千葉の光町は、1954年に四つの村が合併した際に未来への希望に溢れるうんぬんといった理由で名付けられた。

もうひとつは、国分寺市光町。町の中に鉄道総合技術研究所があり、新幹線開発を担ったことから「ひかり号」にちなんで光町となった。

さて、それでは光駅を玄関口とする山口県光市はどうなのだろうか。

まずは駅の歴史を振り返ってみよう。光駅は1912年に新設開業した駅だ。開業当時の駅名は虹ヶ浜といった。虹ヶ浜は光駅の南側に広がる海岸で、白砂青松百選にも選ばれている風光明媚な海岸線。もちろん今でも健在で、駅前広場からまっすぐ歩いて国道188号を渡り、松林を抜けると海水浴場に出る。それが虹ヶ浜だ。

その絶景地に近いということで虹ヶ浜駅という名を与えられたのだろう。もちろん、その当時には「光」という地名はなかった。

虹ヶ浜駅が光駅に改称したのは1941年のこと。つまりその時期に何かがあった、というわけだ。

光市そのものは、1939年に光井村・浅江村・三井村・島田村が合併して周南町が発足したのがはじまりだ。その翌年には光町に改称した。光井村という村があって、同じ名前の川も流れていたからそれが由来なのかと思えるが、そうでもないようだ。

周南町が光町に改称した1940年、海沿いの広大な敷地に海軍工廠が設けられた。来たるべく日米決戦に備えたものなのかどうか、東洋一の軍需工場を目指して建設されたという。その名が「光海軍工廠」。東洋でいちばんに輝くように、という願いを込めて命名だったのだろうか。

そして突然町に生まれた海軍工廠の名にちなんで、町も光町に改称したというわけだ。その後、戦時中の1943年に室積町と合併して光市が誕生。1955年には周防村、2004年には大和町を合併していまの形になった。

つまり、である。「光」というインパクトのある町の名は、1940年に町に生まれた海軍工廠の名からいただき、駅名もそれに合わせて改称したのである。1940年という時代を考えれば、海軍の存在感はとてつもなく大きかったに違いない。町名や駅名の改称もごく当然のなりゆきだったのだろう。

そんな光駅と光の町だが、こうした経緯で成立したことからも推察できるとおり、町の中心は海軍工廠に近い一帯に広がっていた。

海軍工廠があったことで、戦争最末期の1945年8月14日にはB-29の空襲に晒され、動員学徒133人を含む738人

駅前広場は大きく、工業都市のターミナルらしい風格

が犠牲になった。海軍工廠そのものも灰燼に帰した。その跡地は戦後になって日本製鉄や武田薬品工業の工場として生まれ変わり、町の中心は今もその工場の近くにあり続けている。

だから光駅は玄関口といっても少し中心市街地からは離れた場所だ。中心市街地には駅がないので光駅からバスや送迎のクルマで自宅に帰る。ちょうど夕方に訪れたから、開放的な駅前広場はそうした学生たちであふれていた。駅のすぐ北側の丘陵地には1970年代以降にニュータウンが造成されているから、そちらに帰る学生もいるのだろうか。

いずれにしても、いまの光駅は開業当初の駅名・虹ヶ浜駅にどちらかというと合っていて、光市の市街地には少し距離がある。それでもいかにもターミナル然とした立派な面構えと駅前広場は、戦後になって工業都市に生まれ変わった光の町の矜持そのもの。そして「光」という地名には、町の苦楽の歴史が刻まれているのだ。

山口県内ではじめての橋上駅舎

103 下松

日立製作所笠戸事業所の車両はここから甲種輸送

読み／くだまつ
所在地／山口県下松市
開業年月日／1897（明治30）年9月25日
構造／2面3線
神戸駅から406.9㎞

生まれ故郷はここにあり

光駅を出てしばらくすると、車窓の左手には工場が見えてくる。よく見ていると、その工場から山陽本線に向かって引き込み線が伸びている。そして少し走れば下松駅に到着する。

この本を読んでいる人の多くが鉄道好きなのだとすれば、わざわざここで細かい解説をする必要はないだろう。下松駅は日立製作所笠戸事業所、多くの鉄道車両を世に送り出している鉄道ファンおなじみの工場の最寄り駅である。

日立製作所笠戸事業所が製造した鉄道車両には何があるか。ひとつひとつ挙げていたらほんとうにキリがないので主要どころだけ記すと、たとえば新幹線車両がある。現在活躍している新幹線車両ではN700A・N700S・E7系・E6系・E5系。大手私鉄でも東京メトロの10000系・15000系・16000系・17000系・18000系。西武鉄道のスマイルトレイン30000系もそうだし、阪急電車のほとんどの車両も笠戸生まれだ。

このあたり、車両についてはもっと詳しい人が詳しいことを書いていると思うのでこれ以上は触れないが、とにかくたくさんの鉄道車両が笠戸生まれだ。新幹線や阪急電車などは線路の幅が山陽本線と違うので船やトレーラーで運ばれるが、それ以外の車両は専用線を通っていったん下松駅までやってきて、そこからJR貨物による甲種輸送がスタートする。まさに下松駅は、鉄道ファンなら知っておかねばならぬ駅のひとつといっていい。

そんな下松駅だから、橋上駅舎から海側の駅前広場に階段を降りると「新幹線が生まれる街 下松へようこそ!」といった看板が待っている。0系を真ん中に、いくつもの新幹線のかわいらしいイラスト看板。やっぱりここは鉄道車両工場の町なのだ。

が、それで終わってはせっかく下松駅に来た意味がない。下松駅には日立製作所以外にいったい何があるのだろうか。

駅舎は1965年に完成した山口県内ではいちばん古い橋上駅舎で、駅の周辺にはマンションもいくつか建っている。日立製作所をはじめとする工場の町であり、さらにお隣の周南市にも大規模な工場群がある。下松駅はそうした町のベッドタウンターミナルとしての役割も持っているのだろう。

橋上駅舎の海側・山側ともにロータリーが設けられているが、正面然としているのは山側だ。木々が植えられていて比較的こじんまり。庶民的な居酒屋などもあって、工場で働く人が帰宅前にちょっと一杯引っかけるのだろう。

海側のロータリーはますます広く、笠戸島特産の海の幸などを食べさせてくれる居酒屋がいくつか。こちらは帰宅前にちょっと一杯というよりは、出張で来た人でも気軽には入れそうな店構えが多い。

工業都市とベッドタウンがないまぜになった、新幹線の生まれる町。それが下松駅の顔なのだ。

駅前には新幹線のふるさとであることを示す看板

コンクリート造りの武骨な駅舎

岩徳線と合流し、工業地帯の入口へ

104 櫛ケ浜

読み／くしがはま
所在地／山口県周南市
開業年月日／1928（昭和3）年2月11日
構造／3面5線
神戸駅から411.5㎞

旅の分岐はローカル線か本線か

日立製作所以外にもいくつも海側に続く下松市内の工業地帯を抜けて、小さな山に挟まれた谷あいを走ると、右手から岩徳線の線路が合流してきて櫛ケ浜駅に着く。

下り線のホームに面して小さな駅舎があり、駅の前にはほとんど広場のようなものはなくてすぐに県道366号線。夕方の帰宅時間に訪れたためか、たくさんのクルマが行き交っていた。周南工業地帯で働く人々が家路に就こうとしているのだろう。

この県道を少し下り方に向かって線路に沿って歩いて行くと、出光興産徳山事業所。さらに続けていくつもの工場が線路沿いに続いていく。駅の上り方や山側を中心に住宅地も広がる。さらに内陸、山陽新幹線の高架も越えた先には国道2号だ。もっと山の方にいけば山陽自動車道も通る。

山陽本線・山陽新幹線・国道2号・山陽自動車道という瀬戸内の大動脈がいよいよ近くを走り、徳山という周南地域の中心都市に向かって収束していこうという、その手前にあるのが櫛ケ浜駅なのである。

櫛ケ浜駅はいわば徳山の東の玄関口といった位置づけになるのだが、鉄道の歴史においては比較的大きな存在である。

というのも、最初に右手から合流してくるのを見た岩徳線が通っているからだ。

櫛ケ浜駅は1928年に開業した。すでに鉄道は通っていて、山陽鉄道から国有化されて山陽本線になったあとの開業である。そしてその4年後の1932年に岩徳西線の櫛ケ浜〜周防花岡間が開通。これによって櫛ケ浜駅は分岐のターミナルになった。

さらに1934年に岩徳線が全通すると、直線的に岩国と徳山を結ぶこちらのほうが距離が短いじゃないかという話になって、山陽本線は岩徳線経由に変更される。これまで旅してきた海側は〝柳井線〟の名で分離されてしまった。元に戻って現在の形になったのは1944年のことだ。

どちらが本線でどちらがローカル線だろうが櫛ケ浜駅を通ることには変わりがないのだが、同じ駅のこちらが本線、あちらがローカル線という線路とホームの区分けが一変したのだから駅の歴史にとっては一大事。

まあ、実態としては柳井線側が事実上本線として扱われていたようだからあまり大きな動きがあったわけではなく名前が変わっただけに過ぎないのだが、勝手な歴史に翻弄された櫛ケ浜駅。古い時代のできごとだからいいけれど、これがいまだったらあちらこちらの案内表示の変更だったりなんだったりを全部変更しなければならないから、かなりお金がかかってしまったんじゃないかと、思うのである。

駅の近くには出光興産の工場

新幹線のある海側駅舎はシンプルな面構え

市街地80%焼失から復興した工業都市のターミナル

105 徳山

読み／とくやま
所在地／山口県周南市
開業年月日／1897（明治30）年9月25日
構造／2面3線
神戸駅から414.9km

埼玉県のラーメンガイド？

みなさん、TSUTAYA図書館って覚えていますか？

2010年代の中頃、TSUTAYAを運営するカルチュア・コンビニエンス・クラブ（CCC）が図書館事業に乗り出し、佐賀県武雄市をはじめいくつかの自治体で図書館の指定管理事業者となった。で、選んだ本がなぜか埼玉のラーメン屋案内だったり古書としてはほとんど価値のない実用書がたくさんあったりしたことで問題になった。神奈川県海老名市のTSUTAYA図書館ではバンコクの風俗店ガイドまで取りそろえてたというから、なかなか個性的である。さらに図書館の揃えた書籍の一部がCCCグループが運営する中古書店から購入されており、そりゃいかんよという話になって炎上したのだった。

このニュースに接したときは、仕事柄図書館によくお世話になることもあって「それはよくないなあ」と思ったことを覚えている。

そもそも図書館はベストセラー小説とか実用書ばかりを揃えるでのはなくて、地域の図書館なら地域の文化や歴史を伝える資料も含めて集積していくのが役割のはず。それが図書館に行って「〇〇の資料、ありますか？」と尋ねたら「うちはTSUTAYA図書館なんで、埼玉のラーメン屋のガイドならあり

周南市立駅前図書館はTSUTAYA図書館

ますよ」などと言われたら大いに困る（実際はさすがにそんなことはないんでしょうけどね）。

ただ、そんな炎上案件のＴＳＵＴＡＹＡ図書館も、いつの間にかすっかり忘れていた。地元にＴＳＵＴＡＹＡ図書館があるわけでもなければ、世の中の多くの人も忘れてしまっているのではなかろうか。

ところが、そんなＴＳＵＴＡＹＡ図書館が徳山駅にあった。２０１４年に完成した新駅舎の駅ビルが周南市の徳山駅前賑わい交流施設となって、そこにＴＳＵＴＡＹＡ図書館が入っているのだ。

ＴＳＵＴＡＹＡ図書館のウリのひとつは、スターバックスコーヒーも出店していること。徳山駅前の図書館も例外ではなく、スタバのコーヒーを飲みながら本を読む、なんてことができるのだ。

夕暮れ時、老若男女ずいぶんたくさんの人がＴＳＵＴＡＹＡ図書館の中で憩いのひとときを過ごしていたから、こうしてみるとＴＳＵＴＡＹＡ図書館はそんなに悪くないものなのかもしれない。駅ビルの中に図書館があって、そこではコーヒーも飲める……。勉強している学生か新刊をタダで読む年配の人しかいないような図書館と比べたら、よほど賑わい創出に貢献している。

そうよ母さんもながいのよ

さて、そんなＴＳＵＴＡＹＡ図書館の存在感に圧倒されてしまったが、徳山駅は周南工業地帯の中核をなす周南市のターミナルだ。駅周辺は市街地になっているが、少し離れた海沿いは延々と工場が続く日本有数の工業地帯。かつて徳山駅は徳山市のターミナルだったが、平成の大合併で周辺の町と合併して周南市が誕生した。

駅前の商店街。写真は早朝なのでシャッターが下りている

戦前には海軍の施設などが開設されて工業化が進み、空襲で市街地の80%が焼失する被害も乗り越えて、今では商業都市としての顔も持つ。工業都市ということは出張でやってくるビジネスマンも多いということで、駅の周りにはビジネスホテルがいくつもある。新幹線も乗り入れて、「のぞみ」が1〜2時間に1本は停車するから利便性も充分だ。それに加えてTSUTAYA図書館。まさに周南地域の顔といっていい、大ターミナルなのである。

1897年に山陽鉄道が広島駅から延伸してきたときに終着駅として開業し、約半年後に三田尻駅（現・防府駅）まで延伸して途中駅になった。以前の駅舎は1969年に完成したかつての民衆駅だったが、現在の駅舎に切り替えられて海側と山側を結ぶ自由通路も設けられた。自由通路の名は「ぞうさんのさんぽみち」なのだという。なんでぞうさんがここに出てくるのか。ぞうさんが歩いてもぶっ壊れないほど頑丈な自由通路ですよ、というナゾのアピールなのか。

もちろんそんなわけはない。この愛称は徳山出身の詩人、まど・みちおにちなむ。まどの代表作「ぞうさん」から自由通路の愛称をいただいたということらしい。実際には階段もあるし少し細めの通路だからぞうさんがさんぽすることはできないだろうが、地域の誇りが感じられてそれはそれで悪くない愛称である。

駅の出入り口は山側が「みゆき口」、海側が「みなと口」。海側は納得できるにしても、山側の「みゆき口」は何か。駅前が「御幸通」という地名だからそう名付けられたのだろう。このほかに、徳山駅の周囲には有楽町、銀座、代々木、原宿、千代田といった町がありますねえ……。

これは別に東京への憧れからではなく、市街地のほとんどが焼失した中で迎えた戦後の復興期、ほとんどゼロからの町づくりを強いられた。地名に関しては古い地名を踏襲しようとしても、旧町内の利害関係も入り組んでややこしい。そこで巧みにそれらを変換する形で現在の地名にしたという（たとえば有楽町は有楽街があった町だから、代々木は代々小路という旧地名から）。

言われてみれば、東京の地名は単に知名度が高いだけでさして特殊な名前でもない。東京のひとたちが、勝手に「東京に憧れてるんでしょ」などと思い込むなどまったくの思い上がりなのである。

これは予備校ではなく駅舎です

106 新南陽

開業当時から貨物駅とともに歴史を刻む

読み／しんなんよう
所在地／山口県周南市
開業年月日／1926（大正15）年4月18日
構造／1面2線
神戸駅から419.0㎞

鶴の恩返し、ではありません

徳山駅からも海沿いの工業地帯を見ながらからし色の電車は走る。ほどなく富田川を渡り、新南陽駅だ。

新南陽駅は1926年に周防富田駅として開業した。最近は旅客専用の駅として開業するケースがほとんどだが、かつて新南陽駅が開業したころには旅客・貨物をともに取り扱う駅がほとんどだった。新南陽駅もそうで、開業当初から旅客駅であり、貨物駅でもあった。

時代とともに旅客と貨物の両方を扱う駅は少なくなり（貨物を取り扱うには広大なスペースが必要なので郊外に移転した例も多い）、ほとんどがそれぞれの専用駅になっている。

そうしたなかで、新南陽駅は開業時から変わらずに旅客と貨物をともに取り扱う駅であり続けている。

旅客のためのホームや駅舎を取り囲むようにして貨物駅としての線路が広がり、駅舎から東に向かって続くように貨物の駅がある。いまは鉄道貨物のほとんどがコンテナだから、出発を待つのかそれとも到着したばかりなのか、構内にはたくさんのコンテナが並んでいる。

昔は車扱い貨物のホームとして使っていたのだろうか、古びたホームらしきものもあるのだが、その上には「駅理容所」と書かれた看板が目立つ。貨物駅の中の床屋さん。いったい誰がやってくるのか、駅職員の専用というには今の時代は駅員さんは少なくなっている。新南陽駅の大きな疑問のひとつである。

山側にある旅客のための駅舎は、のっぺりしたコンクリート造りのいかにも武骨で国鉄臭が漂う建物だ。国鉄らしくないところは、使われなくなった駅舎の半分に宇部進学教室という地元の予備校が入っていること。掲げられている看板の存在感は、白地に黒文字の駅名よりも青地に黄文字の宇部進学教室の方が目立つ。これではどちらが主役なのかわからなくなるが、そのあたりに地方都市における鉄道の立ち位置が現れているような気がしなくもない。

最初に書いたとおり、新南陽駅は最初に周防富田駅と名乗っていた。それが新南陽駅に改称したのは１９８０年。〝新〟が付いているからといって〝南陽駅〟があるのかと思って探したが見つからない。新南陽駅の〝新〟は新横浜や新倉敷とは違うルーツを持っている。

周防富田駅として駅が開業した当時の所在地は山口県都濃郡富田町。１９５３年にお隣の福川町（福川駅があるところだ）と合併して南陽町が成立した。そして工業地帯としての発展により人口が急増し、１９７０年に新南陽市になった。

ここで「新」を付けたことで駅名も新南陽駅になったのだが、なぜ南陽町から南陽市ではなく南陽町から新南陽市になったのか。答えは、遠く東北は山形県に南陽市があったから。

いつだったか、鹿島アントラーズで有名な茨城県鹿島町が市に昇格するにあたって鹿島市にしようとしたら、すでに佐賀県に鹿島市があって、同じ市名はまかりならんということで字面を変えて鹿嶋市になったという話があった。それと似たようなことが瀬戸内沿いの工業地帯でもあったのだ。

駅舎のすぐ脇に貨物駅

駅前旅館もたたずむ旧宿場町の駅

107

福川

読み／ふくがわ
所在地／山口県周南市
開業年月日／1898（明治31）年3月17日
構造／2面2線
神戸駅から421・9㎞

炎のストッパー

長らくご無沙汰していたが、山陽本線は旧西国街道の後継たる交通のひとつである。道路としては国道2号、山陽自動車道などがそれにあたるが、鉄道でいえば山陽本線こそが西国街道の跡を継ぐ。

ただし、すべての道筋で一致しているわけではなく、むしろ岩国駅を出てからというものすっかり西国街道と離れて走ってきた。ようやく徳山駅付近で西国街道と再会し、福川駅の周辺は徳山に次ぐ西国街道の旧宿場町。駅の北側、少し西に進んだところに宿場町があった。

そうした経緯もあってか、古くから福川駅周辺は市街地として栄えていた。山側の駅舎の前には県道347号線が通っているが、駅前の交差点には駅前旅館の類いもあった。

ビジネスホテルが隆盛を誇るいまでは、すっかり廃れてしまった駅前旅館。だが、かつては小規模な集落でも駅前にはきまって小さな駅前旅館があって、旅人をもてなしていた。飛び込みでも空きがあれば泊まることができ、簡単な食事や酒も供された。

仕事柄、旅をすることの多い私は昼間外を歩き回って夜には原稿を書いて、という疲れを癒やすために設備が全国共通のビジネスホテルチェーンを選んで泊まるようにしている。だから、駅前旅館に泊まったことはあまりない。なにより、宿屋で酒が出てきたら飲まれてしまって仕事どころではない。

そんな話はどうでもよくて、福川駅は駅前旅館もあるほどににぎやかな町だった歴史を持っている。1898年、徳山〜三田尻（現・防府）間の開通と同時に駅ができていたことからも、そのあたりの事情を察することができる。

駅の近くには山口県立南陽工業高校。何の変哲もない工業都市の工業高校だが、出身者に津田恒実がいる。

社会人を経て広島カープに入団し、剛速球を武器に抑え投手として活躍するも、脳腫瘍に倒れた伝説の投手だ。打者に立ち向かう強気の姿勢から「炎のストッパー」などと称された。炎のストッパーも、若き日に福川駅を使って高校に通っていたのかもしれない。

そんな炎のストッパーが歩いた福川の駅前だが、駅舎と県道347号線の間に小さな広場がある。そして広場の県道沿い、ずいぶん目立つところにひとつだけ建物がある。エメラルドに塗られた外壁が印象的だが、何やら怪しい香りもする。なんだこれ。

古い写真をたまたま見る機会があったが、もとはこの建物以外にもいくつか県道沿いに店が並んでいた。それらが撤去されて広場を拡張したのだが、その流れから取り残されたというだけのことのようである。

駅前には旅館もあるなど宿場町の賑わいの面影が

大きな瓦屋根の駅舎だが、残念ながら無人駅だ

湯野温泉への最寄り駅も駅前は国道が通るのみ

108 戸田

読み／へた
所在地／山口県周南市
開業年月日／1911（明治44）年3月1日
構造／2面3線
神戸駅から425.7km

こどもの時から損ばかりしている

徳山駅を中心とする工業地帯を走ってきた山陽本線は、福川駅を出ると再び平地から山あいに入る。全体的に山がちな中国地方においても、とりわけ山口県は山が多い。山が瀬戸内海沿いまで迫っているところが多いのだ。だから海の近くを走っているはずの山陽本線も、気がつけばすぐに山に囲まれた場所を走ることになる。

戸田駅もそうした駅のひとつだ。読み方はボートレースの戸田とは違い、〝へた〟という。徳山駅を中心とする一帯と、防府駅を中心とする一帯を隔てる山の中。福川駅までは都市の雰囲気もあったが、戸田駅は完全にローカルな趣を漂わせた駅である。

戸田駅が開業したのは1911年。すでに開業済みの山陽本線に新たに開業した〝新駅〟だった。

どうしてこの駅が開業したのかはわからない。駅の北西、夜市川沿いの山間に湯野温泉という古い温泉地があるから、それにまつわるものではなかろうか。

湯野温泉には、新羅征討後の帰路にあった神功皇后が、まだ幼少の後の応神天皇の病を癒やしたなどという伝説も伝わる。史実としては親譲りの無鉄砲で

おなじみの『坊ちゃん』のモデルになった弘中又一の出身地。まあ、どちらにしても歴史的な温泉であり、玄関口たる駅が設けられてもおかしくはない。

いまでも戸田駅の近くには「湯野温泉」と書かれた案内が建っていて、温泉地への旅を誘っている。とはいえ、いまどき普通列車しか停まらない（というか走っていない）戸田駅から湯野温泉に行く人はろくにいないだろう。

無機質な無人駅舎を出ると、ひとけのない広場があってそのすぐ向こうには国道2号。国道2号は西国街道と同じく山陽本線の旅がはじまったときからの長いお付き合いだが、駅前で直接見かけるのは久々だ。振り返って見ると、岩国駅の駅前広場の向こうに通っていた大通り以来の再会である。

ただ、岩国駅前で見かけた国道2号とはまったく違う顔を見せる。岩国では駅前のロータリーに乗り入れてくるクルマもあったが、戸田駅前では傍らに駅があることなどまったく目に入らないかのようにクルマたちはすっ飛んでゆく。115系というのんびりした電車で各駅下車の旅をしているこちらからすれば、驚くようなスピード感だ。

戸田駅はその国道2号を走るクルマにとってはドライブインのようなものか。いや、駅前広場の構造こそドライブイン感があるけれど、うどんやサンドイッチの自販機もないからドライバーにとってはあまり利用価値はなさそうだ。

国道の向こうには「湯野温泉」の大看板

海水浴場に近い小さな駅

109 富海

海水浴場を控える山に囲まれた里山の駅

読み／とのみ
所在地／山口県防府市
開業年月日／1898（明治31）年3月17日
構造／2面2線
神戸駅から434.2㎞

好きなんだもの

南沙織、というか私の世代的には森高千里が歌った『17才』という歌がある。誰もいない海で恋人との愛を確かめるためにあれやこれやとじゃれ合うという歌だ。

富海駅は、その歌に出てくる「誰もいない海」の最寄り駅である。海側に向いた小さな駅舎を出て、入り組んだ集落の中を歩いて抜けるとものの5分で松林、その向こうに海がある。富海海水浴場という。

海水浴場としてはこの一帯では比較的知名度があるようで、明治の終わりから大正にかけてエドワード・ガントレット博士というイギリス人が富海海岸の美しさに目をつけたのが、海水浴場となったルーツ。エドワード博士は秋芳洞や長門峡と並ぶ山口県の名所だと絶賛したというからなかなかのものだ。それ以来、山口県内の文化人や財界人らが別荘地を構えて訪れるリゾート地になっていたという。

その玄関口の富海駅は1898年、つまり徳山〜三田尻（現・防府）間の延伸開通時に設けられている。きっと鉄道が通るよりも前からよく知られた景勝地だったのだろう。海水浴場発祥の地は大磯だとはよく知られているが、山口県における海水浴場発祥は富海なのだ。

ちなみにこの富海は、幕末の下関戦争に際して急遽イギリス留学から帰国した伊藤博文と井上馨が上陸した地でもある。駅の近くの富海の町中にはそんな歴史を記した案内板も建っている。

誰もいない海

瀬戸内らしい穏やかな海の町をアピールしようとしているのか、駅のホームには「おいでませ富海」の観光案内ポスターがある。「富海の藍」「富海の愛」と大きく書かれた文字と写真から、真っ青な海と空に恵まれた町の魅力は確かに伝わってくる。
海だけではなく、駅舎とは反対側に向かうと山もある。藍染めをやっているカフェ兼民宿などもあったり、ミカン農園があったりブルーベリー工房があったり、さらに海辺に出たらカフェもあったり、ひとつひとつ歩いていけば山に囲まれた小さな町でも魅力は多いのだろう。
駅のポスターのキャッチコピーは「好きなんだもの。」。へえ、地元の人に愛されているんですねえ、などと思って終わってはいけない。これは『17才』の歌詞の一部だ。やっぱり、ヒットソングにも歌われた海水浴場こそが富海のシンボルというわけだ。
訪れたのは夏の終わり。30℃を超えるかという暑くてよく晴れた日だったが、海水浴場にはほんとうに誰もいなかった。〝誰もいない海〟を体感できたのはありがたいが、もう少し賑わっていてもよかったように思う。だいいち、取材でひとりやってきた筆者には確かめる愛もなにもあったものではないのだから。

写真の駅舎は南側、つまり"三田尻"側だ

山口県最大の平野の中央に位置する高架駅

110

防府

読み／ほうふ
所在地／山口県防府市
開業年月日／1898（明治31）年3月17日
構造／1面2線
神戸駅から441.4km

商売繁華な三田尻は

『鉄道唱歌』という歌があるのはよくご存知のことと思う。『汽笛一声新橋を』ではじまる、鉄道の旅を歌ったものだ。沿線の名所とともに明治時代の鉄道の様子が歌われているので、資料的にも価値がある。

で、この『鉄道唱歌』、よく知られているのは新橋から神戸までの東海道本線を歌ったものだ。だが実はまだまだ続きがあって、山陽・九州編やら東北編やらいろいろなバリエーションがあるのだ。これまでもこの本の中で何度か登場したのも山陽・九州編。1900年に発表されている。

ところが1900年当時は、まだ山陽本線は全線開通していなかった。山陽本線の全通をどの時点におくのかは個人的に諸説紛糾してもいいのではなかろうかと思っているが、それ以前の問題として1900年の12月3日に山陽鉄道が厚狭駅まで開通させるまでは、現在の防府駅、三田尻駅が終着だった。

もちろん『鉄道唱歌』もそれに倣っており、「出船入船たえまなき 商業繁華の三田尻は 山陽線路のをはりにて 馬關に延ばす汽車のみち」と歌う。すでに厚狭・馬関（下関）までの延伸工事は進められていたのでそれを踏まえつつ、三田尻駅が山陽鉄道の終着ですよ、としているのだ。

ちなみに、このあと『鉄道唱歌』は九州に向かうのだが、そのためにわざわざ一度徳山に戻って船に乗り換えて門司を目指している。鉄道の乗り潰し旅があんがい面倒なのは、明治の頃から変わっていない。

さて、そうしたわけで1898年に三田尻駅の名で開業した防府駅は、約2年9ヶ月にわたって山陽鉄道の終着駅だった。開業時から駅構内に機関庫が設けられていたのは終着駅だったからだ。

3年近い三田尻終着駅時代には、鉄道史において大きなできごともあった。ひとつは、1899年に日本で初めて食堂車連結の列車が運行されたことだ。国営の東海道本線から山陽鉄道に直通して京都〜三田尻間で運転された急行列車が、食堂車のことはじめである。

さらに続けて1900年の4月には寝台列車も日本で初めて運転された。山陽鉄道は私鉄ながらも先進的なサービスに積極的に取り組み、のちの国鉄ネットワークの礎を築いた。そのスタートの終着駅が、三田尻駅だったのだ。

実際には『鉄道唱歌』にあるように、寝台列車や食堂車を使ったお客たちの多くは徳山駅で船に乗り換えたのかもしれないが、とにかく三田尻駅はそうしたエポックメイキングな時期に山陽鉄道の終着駅であった。

北側駅舎前の目抜き通り。“宮市”側になる

種田山頭火の旅のはじまり

それではその当時の三田尻駅はどんな駅だったのだろうか。

三田尻駅が設けられた場所は防府平野のほぼ中央にあたる。防府平野は山口県でも最大の平野であり、古代には周防国国府が置かれた要衝の地。平野北部の〝宮市〟と呼ばれた一帯は古くは山陽道の宿駅、近世には西国街道の宿場街として栄えている。その地に創建されたのが日本三大天神のひとつに挙げられる防府天満宮だ。

防府天満宮は菅原道真が太宰府に流される途中に立ち寄ったことを由縁としていて、〝日本最初に創建された天神様〟と名乗っている。その門前に広がったのが宮市で、いまの防府市の市街地はそれがルーツになったといっていい。

もうひとつ、駅名にもなった三田尻は駅の南側、海沿いに広がる地域を指す。戦国期には毛利水軍の基地が置かれた瀬戸内海支配の要衝の地。さらに東の赤穂・西の三田尻と言われるほど製塩が盛んで、海沿いの干拓地には塩田が広がっていた。現在の防府市は、この宮市と三田尻というふたつの町が合わせて発展したのである。

実際、三田尻駅が開業した当時の地図を見てみると、駅の周りにはとりたてて何があるわけでもなく、むしろ駅から北に離れた宮市と南に離れた海の近くの三田尻に市街地があることがわかる。

逆にいうと、ふたつも市街地があるのに駅はどちらからもちょっと離れた場所にできた、ということだ。ちょうどどちらからも似たような距離だから両者のバランスを取ったのだろうか。結果として南北から駅に向かって市街地が拡大していって、互いに合体していまの防府市ができあがったわけで、駅の場所は最適だったといっていい。

三田尻駅が防府駅に改称したのは1962年のことだ。駅が開業した当時は駅の海側が三田尻村、駅の北側が佐波村といった。開業2年後の1902年に三田尻村と佐波村が合併して防府町が誕生。昭和の初め頃から三田尻の塩田は工場に置き換わっていき、工業都市化が進んでいった。そのさなかの1936年に防府町ほか複数の町村が合併して防府市となる。

北側の駅前広場の端っこには種田山頭火の像

つまり防府市が誕生してから20年以上にわたって三田尻という旧村名を駅名にしていたのだが、それがかえって駅の立ち位置を現しているようで興味深いところだ。防府天満宮への参詣などに鉄道を使う人もあっただろうが、やはり鉄道の本懐は貨物輸送。防府の工場群はそうした意味で鉄道との親和性が高かった。

いまの防府駅は1994年に完成した高架駅。駅の海側にはイオンモールもあり、駅前広場も大きくてまさしく立派なターミナルだ。ただ、駅のホームは島式1面2線だからとてつもなくシンプル。高架駅で面構えは立派だが、そこは山陽本線が通っていくだけで他の路線が乗り入れているわけでもないからしかたがないところだ。

メインの駅前広場はイオンではなく防府天満宮に近い山側にある。緑豊かで、広場の一角にはこの地で生まれたという種田山頭火の像もある。山頭火は〝昭和の芭蕉〟と言われる全国を旅した俳人で、だからあちこちの駅に山頭火にまつわる碑などが残っているのだが、防府駅前が本流だ。

山頭火も防府駅から旅に出たのだろう。私は山頭火のような句はまったく詠めるはずもないが、防府駅から電車に乗って次の駅に向かって旅を続けるとしよう。

2004年に完成した橋上駅舎

111 大道

高校移転に合わせて駅舎が橋上化

読み／だいどう
所在地／山口県防府市
開業年月日／1900（明治33）年12月3日
構造／2面3線
神戸駅から449.2km

試合終了は21時40分、プロ野球より遅いです

防府の市街地の中を抜けた山陽本線は、佐波川を渡ってまもなく大道駅に着く。

大道駅のある一帯は、1955年に防府市に編入されるまでは山口県吉敷郡大道村だった。そうした事情からか、1900年に三田尻（現・防府）～厚狭間が開通したのと同時に大道駅も開業している。

防府駅のようなターミナルならともかく、山口県内の山陽本線の小駅は古い時代の駅舎がそのまま使われていることが多い。ところが、大道駅はずいぶん新しい橋上駅舎なのだ。

これは2004年に完成した、山口県内では下松駅に次ぐ2例目という橋上化。橋上駅など都市部では珍しくもなんともないのだが、こうしたところに山口県における鉄道のポジションが透けて見える。

しかしいったい、どうして大道駅は橋上化することができたのか。橋上駅になれば、駅の海側と山側の往来はそれまで以上に便利になる。電車を降りたお客が駅のどちら側にも出ることができるようになるから、鉄道利用者にとってはかなりの利便性向上だ。そんな必要性がどこにあったのか。

それは駅の海側を見てすぐにわかった。大きな校舎やグラウンドなどを持つ高等学校があるのだ。高川学園高等学校・中学校。私立の中高一貫校である。

高川学園はスポーツの強豪校で、甲子園にもたびたび出場。多々良学園高校といった時代のOBには大洋ホエールズで活躍した高木豊などがいる。

2021年夏の甲子園大会にも出場しており、小松大谷高校との1回戦ではサヨナラ勝ちをおさめている。この試合は内容以上に試合時間が記録的で、19時10分試合開始、21時40分試合終了。オリンピックやコロナ、さらに長雨にもたたられた特殊条件下の大会ではあったが、夏の甲子園史上最も遅い試合終了時刻である。

その試合は私もテレビで見ていたが、とっぷり日の暮れた甲子園で球児たちが野球をしていることになんとなく違和感を覚えたものだ。そんな記憶に新しい高校が、大道駅の目の前にあるからちょっと驚いたし、なんの縁もないのにちょっと嬉しくなった。全面人工芝の大きな野球場もあって、さすがの強豪校である。

ともあれ、この高川学園が2004年に現在の場所に移転してきた際に大道駅も高架化された。以前は何もなかった海側に、たくさんのお客が見込まれる中高一貫校がやってきたのだからとうぜんの成り行きだ。

もともとの町の中心だった山側にはいまも古い市街地があり、山の裾まで行ったところに国道2号が通っている。

立派な私立高校です

簡易駅舎になっても松の木が植えられて品は良い

リニューアルされた簡易駅舎がお出迎え

112 四辻

読み／よつつじ
所在地／山口県山口市
開業年月日／1920（大正9）年5月16日
構造／2面2線
神戸駅から454.0㎞

鋳銭司ってどんな意味？

四辻駅からはいよいよ防府市を出て山口市に入る。山口市は山口県の県庁所在地だ。北の方では島根県とも接している縦に長く広い市で、人口は約19万人。下関市に次ぐ、山口県で2番目に人口が多い。

……といったところで、そんな県都の雰囲気は四辻駅にやってきてもほとんど感じることはない。

駅そのものは最近になってリニューアルされたようで、細めの相対式ホームとシンプル極まる無人駅舎が海側にある。駅舎の脇には小さくも新しい公衆トイレがあるが、ほかには取り立てて何があるわけでもない街並みだ。駅前で次の電車を待っていると、サイクリング中の人たちが何人か駅前に立ち寄ってトイレを済ませてまた去っていった。新しくきれいなトイレはどんなときにもありがたい。

駅舎が駅前の道路よりも一段高いところに建っているところを見ると、同じ場所に古い駅舎があったのだろう。簡易駅舎の脇にはかつてこのあたりにも線路があったかのような、古びた区画も残されている。

もともとは2面3線の昔ながらの構造だったが、すべてリニューアルされてしまって痕跡はそうした古びた区画くらいしか残っていない。ただ、そんな中でも「継電化達成記念」という国鉄時代の記念碑だけは残っていて、いまの鉄道網を築いた先人たちへの敬意は忘れていないようだ。

築堤上にあるような一段高いホームを挟み、駅の山側には自転車がすれ違えるかどうかという細いガード下の通路を抜けてゆく。通路の際には県道が通っているが、こちらも何があるようなことはない。

が、気になるのは駅のある町の住所だ。「鋳銭司」と書いて〝すぜんじ〟と読む。何やら深い由来がありそうだ。

鋳銭司は、読んで字のごとく銭の鋳造を司るところ。いつの時代かというと、なんと平安時代半ばまで、この場所に国内で唯一の鋳銭所が置かれていたというのだ。和同開珎など国内で流通していた通貨がこの地で作られた。

山口の片田舎に国内唯一の鋳銭所とはなぜかも思うが、この時代は中国(唐)から銭貨の輸入もあったからそれで満たされていたのだろう。四辻駅は小さな村の小さな駅だが、歴史的には実に重要な土地だった。

まあ、だったら四辻駅ではなく鋳銭司駅としたほうが良かったような気もするが、1920年の開業当時からその名前なのだから文句もいえない。

駅舎とは反対の北側の通りには「銭のふるさと」

新幹線側の駅舎は比較的画一的なデザイン

4路線が交わるターミナルは旧小郡駅

113

新山口

読み／しんやまぐち
所在地／山口県山口市
開業年月日／1900（明治33）年12月3日
構造／5面8線
神戸駅から459.2㎞

阪神優勝の年に起こった大きな変化

小郡駅が新山口駅に改称したのは2003年のことである。

2003年というとサッカーの日韓ワールドカップがあった翌年で、阪神タイガースが1985年以来の18年ぶりのリーグ優勝を飾った記念すべき年だ。個人的にその年は阪神タイガースのことしか記憶になくて、小郡駅が新山口駅に改称したことはほとんど覚えていない。

と、思わぬところで阪神タイガースとリンクしてしまったので興奮して関係のないことを書き連ねてしまったが、とにかく新山口駅への改称からもう18年である。

18年経てば当時の正捕手が監督になってしまうように、世の中は大きく変わってしまう。もう新山口駅が小郡駅だったことなど、どれだけの人が鮮明に覚えているのだろうか。

今回新山口駅にやってきて、現代的なターミナル然としたその駅舎には圧倒された。山陽本線のホームは地上にあるが、海側の頭上に高架で山陽新幹線が通る。乗り入れている路線はほかに山口線と宇部線だ。新幹線を含めて4路線が乗り入れている。これは山口県内の駅では最多だ。新山口駅は山口県で最大のターミナルであることに、異論を唱える人はいないと思う。

新山口駅のすごいところはそれだけではない。立派な橋上駅舎は段階的に建設が進められてきて、2015年に在来線も橋上化。2018年に北口の駅前広場が完成して現在の形になった。

この北口の広場というのがすごいのだ。立体的な構造をしていて自由通路からそのまま広場を取り囲むように歩くこともできるし、白を基調としたデザインに広場の中の木々の緑がまたよく映える。

本来、新山口駅は山口線の1番のりばからはじまるのだが、北口広場には大きな「0」のオブジェがあって、そこに「新山口駅北口駅前広場　0番線」とある。広場と駅を一体化させようというもくろみなのだろう。少しあざといような気もするが、あんがい悪くないと思っている。いずれにしても芸術的な北口駅前広場は、普通のターミナル駅とは明らかに異質な雰囲気を漂わせているのだ。

駅前の動輪は何を語る

反対に、新幹線が通っている海側の広場は実に王道。バスやタクシーの発着する大きな広場があって、周囲にはビジネスホテルも建っている。地方都市の新幹線のターミナルは、在来線側ではなく新幹線側にビジネスホテルが集まっていることが多いが、これは開発が後から行われたからだ。

そんな海側の広場の一角には、蒸気機関車の動輪がドカンと鎮座している。「新幹線開通記念」とある。1975年に山陽新幹線がこの駅までやってきたことを記念して、動輪のオブジェが設けられたのだろう。

とはいえ、である。本来的にいえば、新山口駅の本質は新幹線よりむしろ

北口の駅前広場はちょっとした公園に

この動輪の方にあるといっていい。

新山口駅が小郡駅の名で開業したのは1900年。もちろん三田尻(現・防府)～厚狭間の開通と同時に開業している。小郡という駅名は駅の北東、椹野川のほとりにあった旧西国街道の宿場町、小郡宿に由来する。所在する自治体も、2005年に合併して山口市になるまでは山口県吉敷郡小郡町であった。

小郡の町は中世まで東大寺領に属して開発が進められ、江戸時代には宿場町として賑わった。幕末には政事堂がおかれて長州藩の政治の中心になった現山口駅周辺へのアクセスも良好。いまはJR山口線だが、かつては石州街道という街道が主役だった。

そうした場所に開業したのが小郡駅。1928年には三田尻から機関区が移転して小郡機関区が設置され、山口線と山陽本線が分岐するあたりには扇形機関車庫などもあった(いまもSLやまぐち号のために現役である)。以来、小郡駅と小郡機関区は山口県の交通の要衝として栄えていった。宿場町にルーツを持つ旧来の市街地は駅の方に向かって拡大。駅周辺には「明治」「大正」といった地名があり、それは開発された時代に由来している。

反対に海側は長らく田園地帯のままだったが、1970年代以降開発が進んで現在は市街地に組み込まれた。新幹線側の駅前広場は、そうした新しい町に面して建っている。

駆け足で小郡駅としての歴史を振り返ってきたが、これでわかるように機関区の町、鉄道の町であったことが小郡駅の本質であった。新幹線は後年になってやってきた新参者で、古い時代の鉄道から高速鉄道への移り変わり、つまりむしろ機関区の町としての地位を低下させる役割を果たしている。だから、駅前の動輪を「新幹線開通記念」とするにはちょっとだけ矛盾

南口の駅前広場にある動輪

を感じてしまうのだ。

まあ、そうは言っても新幹線が来たら町の人はうれしいだろうから、目くじらを立てるほどではないけれど。

ともあれ、小郡駅はそうした鉄道の町としての本質を持っていた。それが新幹線開通以降、徐々に薄れていって今に至る。駅名の改称は、単に小郡町が山口市と合併したからというだけのことではない。開業以来の鉄道の町としての小郡駅が、新幹線の駅に生まれ変わったことを名実ともに宣言する。そういう意味を感じるのである。

平屋建ての嘉川駅は無人駅

旧街道沿いの面影を残す駅前風景

114 嘉川

読み／かがわ
所在地／山口県山口市
開業年月日／1900（明治33）年12月3日
構造／2面2線
神戸駅から463.2㎞

宇部ゆきの電車と別れて

山口県の鉄道における最大のターミナルはいうまでもなく新山口駅であった。新山口駅というと、山陽本線はもとより新幹線やSLも走る山口線などの印象が強いが、地域輸送という点で忘れてはならないのが宇部線である。

宇部線は新山口駅からしばらく山陽本線に沿って走る。こちらはエヴァンゲリオンでおなじみ庵野秀明監督のふるさとを訪れるほどの余裕はないので、山陽本線の車窓から宇部線の線路をぼんやりと眺める。

ほどなく宇部線の線路は海側に少しずつ離れていくのだが、少しだけ山陽本線から離れたところに宇部線の上嘉川駅がある。そして宇部線もすっかり見えなくなって、山陽本線も嘉川駅につく。山側に平屋コンクリート建ての駅舎がひとつあるだけの小さな無人駅である。

小さな無人駅といっても開業は1900年で、三田尻（現・防府）～厚狭間の開通と同時の開業だから、それなりの町が駅の周りにはあったのだろう。駅前にはちょっとした広場があって、その先にまっすぐ山に向かって伸びる道がある。

その道を進むと、すぐに線路に沿って北東から南西へと走っている道にぶつ

山口銀行の建物に風格を感じる

かる。道沿いには山口銀行があったり、奥には小学校があるのも見えるから、やはりこの一帯は小規模ながらしっかりとした町があり、それは今にも受け継がれているのだろう。

いくら無人の小駅といってもターミナル・新山口駅のお隣だから、この駅から市街地の学校や会社に通勤・通学するような人もずいぶんいるのかもしれない。

嘉川駅は1900年の開業だから、それ以前の地図には駅も線路も存在していない。そんな時代の地図を見てみたら、それでも嘉川駅の付近にはそれなりの集落があったことが確認できる。

というのも、山口銀行などがある道は旧西国街道だ。鉄道がやってくるまでは、この道こそが中国地方でいちばんの大動脈だった。嘉川に宿場町のようなものはなかったが、それでも西国街道沿いに集落などが形成されていったから、嘉川にも一定の規模の町が古くからあったであろうことは想像にかたくない。

裏を返せば、そうした町だったから鉄路開通とともに最初から駅が設けられたのだろう。嘉川駅そのものは小さい無人駅だが、古くは街道筋の町の玄関口だったというわけだ。

この嘉川の町を歩いていると、これまでの駅とは違って意外に起伏に富んでいるなと感じた。地形図を見て納得で、西国街道は山と平地の際を通っている。海側は今も昔も田園地帯になっているから、鉄道はもう少し海側を通っても良かったはずだ。それが山の際に近いところを通したあたり、やはり西国街道ぞいの町への意識があったに違いない。

駅前にユニクロの店はありません

山あいの小さな駅はあの会社の本社最寄り駅

115

本由良

読み／ほんゆら
所在地／山口県山口市
開業年月日／1900（明治33）年12月3日
構造／2面2線
神戸駅から467.7km

みんなユニクロが大好きです

日本人のほとんどの人が、ユニクロにはお世話になっていると思う。「国民服」などというと戦時中の標準服が思い浮かんでしまうが、いまの日本人にとってユニクロはもはや国民服といっていいほどに浸透している。

とにかく安いし、どこにでもあるからすぐに買える。それでいて品質もまずまず。誰が見てもユニクロじゃん、というコーディネートにはなりがちだが、それでも恥ずかしいほどのことはない。

で、あちこちを旅する機会の多い私もユニクロには大変助けられている。取材旅行における最大の悩みどころは着替えの服で、何日分かをすべて担いでいたらとてもじゃないが荷物が増えすぎてしまう。かといって外を1日中歩き回るのだから、同じ服を何日も着るわけにもいかない。

そうなると、宅配便を活用したり、途中で洗濯をしたり調達したりすることになる。そんなとき、だいたいのターミナル駅の近くにきまってユニクロがあって、大助かりなのである。

いや、もちろんこれはしまむらでもGUでもなんでもいいのだが、なぜだかだいたいユニクロが多いのだ。

そんな私のようなユニクロ愛好者にとって、本由良駅はぜひ一度は訪れておくべき駅である。なぜかというと、ユニクロの登記上の本社の最寄り駅は実は本由良駅だからだ。

山口県の山あいの小さな町の小さな駅。その本由良駅を降りると、目の前には小さな町に不釣り合いなユニクロの店舗があって……などということは、残念ながらない。

細い路地沿いには昔ながらの戸建て住宅

本由良駅は山側にぽつんと古い駅舎があるだけで、駅前の小さな広場の先には古い集落が広がっている程度だ。周囲をうろうろ歩いてみても、路地のような細い道がうねうねと入り組み、昔ながらの戸建て住宅が並んでいるという地方の田舎町の駅前そのもの。そこにファストファッションの王者、ユニクロの気配はまったく漂っていない。

が、駅から少し離れた山の上に山口テクノパークという工業団地があって、そこにユニクロの（そしてファーストリテイリングの）本社がある。本社といっても事実上の本社としての機能は東京にあるから、あくまでも登記上の本社に過ぎない。それでも本社は本社。天下のユニクロは、山口県の小さな駅の小さな町にある。

本由良駅のあたりを歩いているだけではそんなことはまったく想像できないが、下り方の踏切や郵便局くらいから山の方に向かって比較的新しくきれいな道が通っている。その先をずーっと進んでいけば工場団地。

もちろん工場団地は本由良駅に頼って生まれたわけではなくて、近くを通る山口宇部道路とそれに接続している山陽自動車道である。

駅舎の真上を通る新幹線の高架

厚東川のほとり、新幹線の高架下

116

厚東

読み／ことう
所在地／山口県宇部市
開業年月日／1900（明治33）年12月3日
構造／2面3線
神戸駅から478・0km

公衆トイレは誰が掃除をしているの

本由良駅から厚東駅を経て宇部駅までのあいだ、山陽本線はうねうねと山の中を抜けてゆく。この間、海の近くには宇部の工業地帯が広がっているのだが、それとはまったく無縁の山あいの旅だ。山陽本線なのにまるで本線とはいえない実態だが、その話はまた別のところで。

ここで言いたいのは、山の中を走っている山陽本線に対して新幹線はほぼ一直線にトンネルで山を抜けていく。そんな中、厚東川のほとりで両者はまさに偶然の出会いを果たす。そこに厚東駅という小さな駅があるということだ。

もちろん新幹線は勝手に高架で通り抜けていくだけで駅はない。山陽本線だけに厚東駅がある。海側に山陽本線の線路が通っていて、駅舎は山側だけにある。その駅舎のちょうど真上を新幹線が高架で駆ける。駅で待っていると頭上から轟音と振動が響くから、新幹線が通ったかどうかがすぐわかる。

そういう場所にあるからなのか、駅舎は少々プレハブ感を感じさせるシンプルなものだ。工事現場の片隅にある事務所のようなものをイメージしていただければわかると思う。高架下のプレハブ駅舎という武骨な姿が厚東駅である。

その印象でいうと比較的新しい駅なのかと勘違いしてしまうが、実際には長

い歴史を持つ。

1900年に山陽鉄道三田尻（現・防府）～厚狭間が開通したのと同時に開業した駅だ。今よりほんの少しだけ下り方に駅舎があったという。それが新幹線が頭上に通ることになって、いまの位置に移された。

駅の近くの田園地帯を通る新幹線。そのすぐ下を山陽本線

そんな厚東駅、1時間後の次の電車を待つ間に駅をうろうろしていて気になることを見つけた。

トイレに行こうかと思ったのだが、そのトイレがバチッと閉鎖されているのだ。

封鎖されたトイレの入口には貼り紙があり、閉鎖されたのは2017年のことだと書いてある。なぜ閉鎖されてしまったのかというと、トイレの便器に何度も異物が入れられてしまい、そのたびに高額な修繕費用を投じていたのだという。だが、それでも異物混入は続いて修繕と異物のいたちごっこ。そこでJRさんは「次に同じことがあったらトイレを閉鎖するぞ！」と宣言していた。ところが敵はひるまずに同じことを繰り返し、結局閉鎖されてしまった。

貼り紙にはそんな経緯が書かれているのだが、そこには繰り返されるトイレへのいたずらに対するJRさんの怒りがにじみ出ている。

改めて考えれば、駅などのトイレは1円の儲けにもならないのに結構なコストをかけて整備して清掃してくれているもの。つまりは親切心によるものだといっていい。それを意図的に汚したり、あまつさえ異物を便器に混入させるなどもってのほかだ。JRさんの怒りもごもっとも。みなさん、トイレはきれいに使いましょうね。

市制施行100年を祝う横断幕も

117

宇部

西宇部駅の改称も経験したかつての貨物輸送の要衝

読み／うべ
所在地／山口県宇部市
開業年月日／1910（明治43）年7月1日
構造／3面6線
神戸駅から484.5km

どちらが本当のターミナル？

山側を走ってきた山陽本線と宇部の工業地帯の間を抜けてきた宇部線は、この宇部駅で邂逅する。

宇部という駅名の通り、いちおうは宇部市を代表するターミナル。駅構内にはおびただしい数の留置線があって、そのあたりからも工業都市の玄関口らしい空気感をたたえている。

言わずもがなのこと、宇部の中心市街地は宇部駅にはない。宇部新川駅という宇部線の駅が市街地に近い。繰り返しになるが宇部のイメージそのままの工業地帯もそちらのほうだ。だから、宇部市の代表的なターミナルとして「実は宇部新駅なんですよ」などとする向きもある。山陽本線ではなくてローカル線の方が市街地のターミナルを持っているなんて、ちょっとおもしろいですね、などといった感じだ。

だが、しかし。現実はまたちょっと複雑だ。宇部市内におけるもっともお客の多い駅はこの宇部駅になる。2019年度のデータだと、1日の平均乗車人員は宇部新川駅が828人。対して宇部駅は1783人に及ぶ。倍以上ではないか。この関係性を無視して「宇部の中心ターミナルは実は宇部新川駅」などと言ってしまうのはいささか早計に過ぎると思うのである。

そうしたこともあって、宇部駅の周りは新山口駅ほどではないがそれなりににぎやかである。古い雑居ビルが駅前に建っているほか、昔ながらの雰囲気も残した商店街が続く。かつては駅の周りに歓楽街や映画館、そして競馬場まであったほどの繁華な町であり、その面影がいまも宇部駅前に残っているというわけだ。

宇部駅の開業は１９１０年。すでに山陽鉄道が国有化されたあとの新設開業の駅のひとつだ。その４年後の１９１４年には宇部軽便鉄道（宇部鉄道を経て現在の宇部線）が宇部新川駅まで開業している。以来、美祢方面から宇部の工業地帯に向けて石炭や石灰石の輸送を行う貨物輸送上の拠点として栄えることになった。

なお、１９１６年にはローカル私鉄の船木軽便鉄道（のちの船木鉄道）が開通している。この区間において、旧西国街道はより山側（山陽新幹線のルートに近い）を通っていたので、旧宿場町だった船木が鉄道の恩恵にあずかることができなかった。そこでローカル私鉄が開業したのだが、１９６１年限りで廃止されていまはその痕跡もほとんど残っていない。駅の北側、留置線が広がっているあたりのどこかに船木鉄道の小さな駅があったのだろうか。

山陽本線の宇部駅に戻ると、この駅は１９４３年に宇部鉄道が国有化されると「西宇部駅」への改称を余儀なくされる。工業都市としての宇部の中心は宇部新川駅周辺にあったからというごくまっとうな理由で、同時に宇部新川駅も宇部駅に改めている。この時代の名残は宇部駅周辺の地名や施設名などの「西宇部」に見ることができる。

再び当初の形に戻ったのが１９６４年のこと。なぜ元に戻されたのかはわからない。ただ、１９７２年に宇部興産専用道路が開通すると石灰石輸送などは鉄道からそちらに移り、貨物輸送の要衝としての宇部駅の存在感は低下した。それに伴って、宇部駅周囲にあった繁華街も衰退。いまは、かつての繁華街の残滓と新たに生まれた商業施設、住宅地が入り組んだ町になっている。

駅前には古い商店もあり、お客は宇部新川駅より多い

小野田線と接続する小野田駅

セメント産業で賑わう都市の玄関口

118

小野田

読み／おのだ
所在地／山口県山陽小野田市
開業年月日／1900(明治33)年12月3日
構造／2面4線
神戸駅から488.0㎞

ローカル線の先には何がある

小野田駅は宇部駅とよく似ている。駅舎が海側にだけある構造やこじんまりとしつつも古い商店街があるような駅前もそうなのだが、何より駅の位置づけがよく似ているのだ。

宇部駅は工業都市・宇部市を代表する駅としての存在でありながらも、中心市街地は宇部駅の近くにはなかった。小野田駅もほとんど同じだ。小野田市は山陽小野田市を代表する駅でありながら、小野田の本来の町の中心は小野田駅の近くにはない。

というよりも、1900年に小野田駅が開業した当時、この場所は小野田ではなく山口県厚狭郡高千帆村といった。高千帆村は1938年に町に昇格し、1940年に小野田町と合併して小野田市が成立した。だから駅名に「高千帆」と付けられてもおかしくはなかったのだ。

小野田駅になった経緯はわからないが、有帆川河口の旧小野田町は干拓地で製塩が盛んで明治に入るとセメント産業が急速に発展。小野田セメントという我が国のセメント産業の先駆たる企業も興り、工業地帯として発展していった。小野田駅は、そうした町の玄関口という意味で「小野田駅」と名付けられたのではなかろうかと思う。

宇部では宇部駅から中心市街地に向かうにあたって宇部線というローカル線に乗り継ぐ必要があったが、小野田駅でも同じように小野田線というローカル線が海に向かって分かれている。

小野田線と宇部線はともに隣接する瀬戸内海沿いの工業地帯を走るいわば工業路線。つまり、いずれも工業都市の玄関口という役割を持ちながら、少なくとも今では駅前にそうした雰囲気はない。ちょうどよい静かな住宅地といったところが適切だ。工業地帯を見たければローカル線への乗り継ぎが必要だ、というわけだ。

それがかえって悪くない。駅にやってくるだけで工業都市であることを実感させてくれるのも、旅のおもしろさのひとつではあるけれど、宇部駅や小野田駅のように工業都市の〝玄関口〟だけの機能を持つターミナル。ここから分かれるローカル線の先に、どんな風景が待っているのかと旅への期待が膨らむばかり。旅の続きに何があるのか、想像力を刺激するのも、駅の役割のひとつなのである。

ちなみに、何の説明もなかったのでナゾなのだが、小野田駅前にはミロのヴィーナスの偽物のような像が建っていた。ミロのヴィーナスと小野田の関係は何にもない（たぶん）。真っ白い像だから、もしかしたら石灰石でできているのかもしれない。

ミロのヴィーナス像に似ているけれど、よく見るとまったく別物

北側が厚狭駅の"正面"。新幹線はこの裏側を通る

119 厚狭

1999年に新幹線の駅も開業

読み／あさ
所在地／山口県山陽小野田市
開業年月日／1900(明治33)年12月3日
構造／4面5線
神戸駅から494.3km

"こだま"が聞こえる山の中

厚狭駅は、「新幹線なのにローカル駅」として取り上げられる駅の先駆けといっていい。

山陽新幹線において当初厚狭駅は開業しておらず、山陽本線の厚狭駅のすぐ海側を高架であっけなく駆け抜けてゆくだけだった。それが1999年になって請願駅、つまり地元の人たちのお願いによって新たに新幹線が停まるようになった。

停まるようにはなったのだが、今に至るまで基本的には「こだま」しか停車しない。山陽新幹線を使っている人は数多いるが、その中でも厚狭駅の存在を認識している人はそこまで多くないだろう。だいたい「のぞみ」はもとより「ひかり」も停まらないわけで、気がついたときにはとっくに厚狭駅を通過しているというのが実際のところだ。

そうした事情から、「厚狭駅って新幹線が停まるのに地味だよね」と話題になってしまう。ほかにもそうした駅はいくらでもあるのだが、新幹線という天下に燦然と輝く大幹線にして地味な駅だから、そのギャップがおもしろいということなのだろう（ちなみに、実際には山陽新幹線にも厚狭駅よりお客が少な

い駅が3つある。さて、どこでしょう)。

ただ、そんな厚狭駅も、実際にはそんなに地味でしがない小駅というわけではない。

ひとつに、山陽本線と美祢線が分岐するターミナルであるという点がある。美祢線がそもそも地味じゃないかと言われたら返す言葉もないのだが、かつては石炭・石灰石輸送で活躍したこともある貨物輸送の大動脈だった。今でこそ超のつくローカル線になっているが、歴史的にいえば地味扱いするのはさすがに不憫である。

もうひとつに、かつての山陽町の中心市街地であったという点がある。

山陽町は2005年に小野田市と合併して山陽小野田市となり、代表駅はお隣の小野田駅に定まった。おかげで厚狭駅の立ち位置はますます微妙になってしまったが、これまた歴史的には旧西国街道の宿場町があったのは厚狭で、駅のすぐ近くだ。1900年に山陽鉄道が厚狭駅まで延伸し、一時的に終着駅として開業したのもこうした事情があったからに違いない。

つまり、新幹線駅としては地味な存在であるが、山陽本線という在来線の視点でみればなかなかの存在感を放つ駅といっていい。厚狭駅において、明らかに立場は在来線が上回る。

山陽本線のホームから跨線橋をわたって駅舎に出るのだが、新幹線のある海側に目が向くことはほとんどない。流れのままに歩いていけば山側の正面駅舎へ。新幹線駅でありがちな橋上自由通路などもないから、在来線の駅に新幹線駅をおまけでつくりましたよ、といった印象が拭えない。

だから山側の正面駅舎の前には立派な駅前広場が設けられている。駅舎は古くも堂々としたコンクリート造りの2階建て。新幹線側にはいかにも新幹線

三年寝太郎もマスク姿で

らしい駅舎があるのだが、それはあくまでも〝裏側〟だ。

母の顔が見えたとき、涙がとまりませんでした

正面の駅前広場には、目立つところに2つのシンボルがある。ひとつは三年寝太郎の像。

三年寝太郎なんて知らないよ、という人もあんがい少なくないのではないかと思うので簡単に説明をしておかねばならぬ。似たような話は全国各地にあるのでこれが正統というものを定めるのは難しいのだが、厚狭に伝わる寝太郎のエピソードはおおよそ次の通りだ。

庄屋の息子の太郎は仕事をせずに寝てばかり。周囲からは〝寝太郎〟とバカにされていた。ところが、3年3ヶ月寝続けたある日突然起き出して、父親に千石船と船一杯の草履を求めた。父がそれを与えるとどこかへこぎ出していってしまった。しばらくして太郎が戻ってくると、佐渡島から砂金を持ち帰ってきた。新しい草履を金山で働く人のボロボロの草履と交換、その草履の中に砂金が混じっていたのだ。その砂金を元手に太郎は厚狭川に堰を設けて灌漑水路も整備、田を開墾して村人に分け与えた……。

ざっといえば、3年間も寝続けていた怠け者がある日突然起き出して大きなことをなし、村を救うというイソップ的な物語だ。厚狭に伝わる話がとくに有名で、実際に厚狭川には寝太郎が整備したという寝太郎堰があるとか。本当かどうかはこの際どうでもよくて、寝太郎伝説が伝わっている厚狭の駅

「献眼をたたえる碑」は寝太郎像よりも目立つ

前には、この寝太郎の像がある。

寝太郎の像だから寝ているんじゃないかと思ったら、立派に立って正面を見据えている。寝てばかりいる寝太郎ではなく、村を救った偉大なる寝太郎の姿だ。

もうひとつのシンボルは、寝太郎像の傍らにある「献眼をたたえる碑」だ。

献眼、つまり角膜移植のためのアイバンク。日本で初めて角膜移植を受けたのは、岩手県に暮らす14歳の少女で、手術を終えて目が見えたときの喜びを詩に綴っている。その詩が刻まれたのが「献眼をたたえる碑」。はじめて母の顔が見えたとき涙が止まらなかった、すべてが新しい感動でした、とある。1949年、アイバンクの制度も角膜移植に関する法律もなにも整備されていない時代のことだ。

なるほど、とてもいい話ですね……。

で、なんで厚狭駅前にこれがあるのか。岩手の少女が岩手の大学の先生によって手術を受けた。それはとてもいい話なのだが、厚狭とは何の関係があるのか。

モニュメントの由来書きには「山陽ライオンズクラブ40周年記念事業」とある。献眼、アイバンク事業はライオンズクラブが「三献運動」として推進している事業のひとつで、国内のアイバンク制度整備にも力を注いでいる。厚狭の町と献眼がなにか関係があるということではなく、ライオンズクラブの記念事業のひとつとしてこのモニュメントが設けられたというわけだ。

いずれにしても、岩手県の少女から角膜移植がはじまったなんて、まったく知らなかった。寝太郎さんのエピソードもさることながら、より興味深い「献眼をたたえる碑」であった。

比較的大きな駅舎を持ち、周囲には駐車場も

120

埴生

駅前から続く通路の先にはオートレース場

読み／はぶ
所在地／山口県山陽小野田市
開業年月日／1901（明治34）年5月27日
構造／2面3線
神戸駅から502.6㎞

響くエンジンと日本で初めてのカーセックス

新山口駅を出てからというもの、山陽本線は山の合間を縫うようにしてカーブを繰り返して走ってきた。宇部・小野田両駅でいったん海の近くに進出したが、すぐに進路を北に変えてまた山の中。厚狭駅で新幹線や旧西国街道と交わって、これからは西国街道に沿うのかと思いきやまたも海側に進路を変える。

山も何も関係なくトンネルで貫く新幹線や、勾配があろうがなかろうが無視してしまう旧街道などとは異なり、うまく勾配を避けながらトンネルもできるだけ掘らずに進む明治時代の鉄道の険しさを感じさせるルートだ。

そうして少し海側に出たところに、埴生駅がある。

埴生駅は少し高台に位置する駅で、駅前には大きな広場があって周囲をよく見渡すことができる。見渡すとすぐに目に入ってくるのが、山陽オートレース場だ。普通にオートレース場まで行こうとすれば、駅前広場から下ってさらにオートレース場まで階段を登るという艱難辛苦を強いられる。そこで駅前から直接オートレース場に通じている専用通路が設けられていて、これを使えば階段いらず。つまり、埴生駅は山陽オートレース場の駅といって差し支えないのである（他にも住宅地とかいろいろありますよ、もちろん）。

オートレースとは、あの元SMAPの森くんも活躍するオートバイの競走だ。山陽オートレース場を含めて全国に5場のオートレース場があって、日々レーサーたちがしのぎを削り、ギャンブラーたちが身銭を切っている。

競馬・競輪・競艇・オートレースをあわせて三競オートというのだが、いまは競艇ではなくボートレースと呼ぶ決まりになっている。どれもここ数年は右肩上がりで売り上げを増やしており、トップはJRAの約3兆円。2位はボートレースの約2兆円。次いで9000億円の地方競馬、7500億円の競輪と続き、オートレースは約946億円だ。いちばん少ないので心配になるが、オートレースも売り上げは増加傾向にあるから問題はないようだ。

山陽オートレース場はしばらくSGレース（賞金額の大きいレース）が開かれていない。だから埴生駅がたくさんのオートレースファンで賑わう、なんてこともめったにないのだろう。それでは駅前からの通路も宝の持ち腐れ。私が訪れた時も開催はしていなかった。

ちなみにオートレース場の向こうには、和泉式部の墓がある。和泉式部は全国各地に墓があるキリストのような人なのだが、平安時代の歌人としての事績はよく知られる。『和泉式部日記』には牛車の中でちぎりを結んだ歌もある。日本で初めての、カーセックスである。

右側の通路を進んでいけばオートレース場の中へ

ローカル私鉄・長門鉄道が消えた跡

121 小月

読み／おづき
所在地／山口県下関市
開業年月日／1901(明治34)年5月27日
構造／2面3線
神戸駅から508.8km

平屋の駅舎はシンプルだが、駅前には商店街も

小さな町のキャバレーで

埴生駅から山陽本線は比較的海の近くを通る。近くを通るから海が見えるわけではないのがツラいところだが、小月駅も海に面した町の小さな駅だ。木屋川が周防灘に注ぐその場所に、小月駅を中心とする町が広がっている。

小月駅が開業したのは1901年5月27日。山陽鉄道厚狭～馬関間の開通と同時の開業である。そうしたところからもわかるように古い時代から小月には町があった。旧西国街道の宿場町だ。

駅舎は北側にあり、広場の先には小月の市街地が広がる。その傍ら、バス乗り場の脇から東に向かってサンモール商店街という細い道筋の商店街が続く。

少し入ってみると、最初はブティックや小児科、大衆居酒屋などが続き、しばらくいくとスナックやキャバレーの類いが入っている雑居ビルもあった。こうした田舎町のブティックは〝おしゃれの店〟をうたいながらもなぜかもんぺや股引を店頭で売っているのがおもしろいが、それはともかくサンモール商店街は単なる商店街というよりはどちらかというと小さな歓楽街のような位置づけになっているようだ。

なぜこんな小さな町に歓楽街があるのかはよくわからないし、訪れたのが午

サンモール商店街の奥まったところにスナックなどが

前中だったのですべてのスナックもキャバレーも店を閉じていたから実態を探るのは難しい。旧宿場町であったということ、近くに海上自衛隊小月航空基地があることなどが関係しているのかもしれない。

さらにいうと、駅の南側の木屋川のほとりにはシマノの工場があるのだが、そこにはかつて競馬場があった。下関競馬場といったようで、１９３１年から競馬を開催。戦時中の中断や占領軍の接収を経て１９４９年に再開、１９６３年まで競馬開催を継続している。廃止のきっかけは、防府競輪や下関ボートにお客を奪われたためだ。

古い宿場町、戦前から戦後にかけての競馬場。そうしたものが入り組んで町を構成し、歓楽街が生まれ得たのだろうか。

そしてサンモール商店街、古い地図と照らし合わせてみると、どうやらここには鉄道が通っていた、つまり廃線跡の商店街のようだ。

その鉄道とは長門鉄道という。小月駅前を起点に中国山地に分け入って西市駅までを結んでいた。沿線の木材輸送を最大の目的として１９１８年に開業。その名の通り将来的には日本海側の長門市まで連絡することを目指していたが、それは実現せずに１９５６年に廃止された。サンモール商店街は、この長門鉄道の駅舎や線路の跡地付近に伸びている。廃線跡が、小さな町の小さな歓楽街になったのである。

橋上駅舎は2012年完成。山口県では下松駅以来の橋上化

城下町とボートレースと

122 長府

読み／ちょうふ
所在地／山口県下関市
開業年月日／1901（明治34）年5月27日
構造／1面2線
神戸駅から515.0㎞

高杉晋作、ここで挙兵す

ふたつ手前の埴生駅はオートレース場の駅だったが、長府駅はボートレースの駅である。久々の橋上駅舎から海側の広場に出て、少し歩いて国道2号を渡れば下関ボートレース場。もちろん長府駅が最寄り駅だ。こちらは山陽オートレース場とは違い、定期的にSG競走が行われていて最近では2017年のチャレンジカップ。優勝したのは毒島誠である。

さすがに毒島誠はどうでもいいが、2012年に完成した長府駅の橋上駅舎にはボートレースのポスターがあちこちに貼られている。私は競馬が大好きだが、ときどきはボートレースもやっているのでついついテンションが上がってしまった。ちょうど訪れた時に峰竜太でも来ていたら間違いなく寄り道をしてしまっていただろう。

しかし、である。長府駅はそんなボートレースの最寄り駅としてまとめてはあまりにもったいない。何しろ長府、長門国の国府に由来する名を持つ歴史由緒溢れる港町なのだ。

長府の町で起こった歴史的な出来事は枚挙に暇がない。たとえば、戦国時代に中国地方を支配した大内氏が滅亡したのもここ長府だし、近世には長州藩の

駅前の国道2号。この交差点右手にボートレース下関

支藩・長府藩の城下町として栄えた。幕末には関門海峡を通った外国船を長州藩が砲撃、下関戦争の引き金になっている。さらに高杉晋作や伊藤博文らは長府で兵を挙げて（功山寺挙兵）、幕府恭順に傾いていた藩論の転換をもたらす。以降、長州藩は倒幕の意思を明らかにして明治維新への動きが加速していった。

と、そうした歴史の中において長府の町は明らかに大きな存在であった。1901年に厚狭〜馬関間が延伸開通したのと同時に駅が開業したのもとうぜんの成り行きだった。

旧城下町なのだからもう少しそのあたりが強調されてもいいものだと思うし、外国船の砲撃も功山寺挙兵も、みな歴史好きならば間違いなく興味を惹かれるできごとだ。もちろんそんな町の散策も楽しい。駅の下り方に国道2号を進んでいけば、そうした歴史の町、長府の中心に出る。

それが単にボートレースの最寄りと言われては、なんとも言えない気持ちになる人ももっといるのではないか。観光案内所のひとつくらいがあってもいいのではないか。そう思ったが、観光客はおそらく下関からバスやレンタカーなどでやってくるのだろう。山陽本線といっても、特急も走らず新幹線に大動脈としての地位を奪われていては、やはりすこしさみしい立場に追いやられてしまっているのだ。

長門一ノ宮からの駅名変更は新幹線のおかげ

123 新下関

読み／しんしものせき
所在地／山口県下関市
開業年月日／1901（明治34）年5月27日
構造／2面2線
神戸駅から520・9㎞

新幹線乗り入れで大飛躍

ヤシではなくてワシントンヤシモドキ

山陽本線の駅は、駅名が変わっている例が実に多い。新倉敷駅が元玉島駅、防府駅が元三田尻駅、新山口駅が元小郡駅。ほかにも細かいところではいくつも駅名が変わっている。そしてこの新下関駅も、駅名変更の歴史を持つ駅のひとつである。

新幹線と交わる〝新〟の駅ということで、新下関駅は比較的新しい駅なのだと勘違いしている人もいる。だが実際には歴史は古く、1901年5月27日に山陽鉄道厚狭〜馬関（現・下関）間が開通したのと同時に開業した。当時の駅名は、「一ノ宮」。1906年に国有化され、10年後の1916年には長門一ノ宮駅に改称している。

新下関駅になったのは、言うまでもなく新幹線のせい……もといおかげだ。1975年3月10日に山陽新幹線が乗り入れるとそれに合わせて新下関駅に改称している。

そんな新下関駅にやってきたのだから、まずは新幹線との乗り換えはどうなっているのかを見ねばならない。在来線の新下関駅は実に小さく、相対式のホーム2面2線。そのホームに近い改札口は実に小さいものであって、見つけるのにも苦労するほどだ。やはり新下関駅は駅名改称とともに中心が在来線から新幹線へと移ってしまったのだろう。

新下関駅においては在来線と新幹線は十字に交差している。南北に通るのが新幹線、東西に通るのが在来線だ。在来線のホームと新幹線の高架ホームの間には小さな小川と大きな道路があり、互いにかなり離れている。離れているから、いったん外に出て移動するのもいいが、それだと在来線の下をくぐって川と大通りを渡って駐車場の間を抜けて……となかなか面倒だ。

ならば構内で移動しようと思っても、動く歩道も設けられているとてつもなく細長い通路を延々と進まなければならない。どちらをとっても、移動時間は10分では怪しいくらいだ。

いつだったか、新下関駅で新幹線から在来線に乗り換えたことがある。そのときは乗り換え時間を8分ほどと見積もっていたのだが、撮影機材などをたっぷり抱えていたおかげで最後は走ってギリギリだった。新下関駅の乗り換えには、かなり余裕を見ておくべきであることをここで強く訴えておきたい。

正面然とした駅舎はもちろん新幹線側にあり、駅前広場には小さなふぐのオブジェと背の高いワシントンヤシモドキ。なぜ下関で南国風のイメージを醸しているのかはわからないが、駅の周りにはビジネスホテルや飲食店もあってそこそこにぎやかだ。長門一ノ宮駅から新下関駅への改称は、やはり駅の中心が在来線から新幹線へと移るエポックだったのである。

山陽本線の上を跨ぐ山陽新幹線新下関駅

車両工場最寄りの小さな駅舎

山陰本線と初めての出会いは車両基地の下で

124

幡生

読読み／はたぶ
所在地／山口県下関市
開業年月日／１９０１（明治34）年5月27日
構造／２面４線
神戸駅から５２４・６㎞

工場か、県道か、それとも古い門前町か

下関市北部の山間部を抜けてきた山陽本線は、再び平地に出ると右手から山陰本線を合流して幡生駅に着く。

山陽本線は中国地方の南側、瀬戸内海沿いを走る。それに対して山陰本線は日本海側をゆく路線だ。こう書くと簡単な話に感じられるが、実際は途方もない。

山陽本線の起点は関西もだいぶ奥まった神戸だが、山陰本線は京都駅がスタート地点。関西の入口から始まって長駆この幡生駅まで走ってくるわけだ。山陰本線の距離は実に６７０㎞を超える。もちろん国内の在来線では最も長い。こちらは山陽本線の旅をしてきたので幡生駅ではまだまだ感慨を覚えるには早いが、山陰本線の旅を続けてきた人からしたら、実に感動的な山陽本線との出会いだと思う。

そんな幡生駅だが、やはり最初に触れておかねばならないのは下関総合車両所であろう。

広い構内を持ち、その端っこに小さな古駅舎。改札を出ると目の前の塀の向こうには何やら倉庫のような建物が見える。この塀の向こうはもう下関総合車両所で、山口地区の車両たちが集まって検査されたり修繕されたりをしているというわけだ。

私も以前、取材で下関総合車両所を訪れたことがあるが、もちろん幡生駅を利用した。塀に沿って歩いて2分ほど、実に近くてありがたい。車両基地の類いは正門が駅と離れた場所にあることも多く、どうせなら回送列車にでも乗せてくれないかなと取材などで訪れるたびに思うのだ。

いずれにしても、古い駅舎と広い構内、鋼鉄製の車両が集まる車両工場。この三要素を取り上げるだけで、もう幡生駅の色は9割方明確になったといっていい。

しかし、これで終わってしまってはさすがに楽をしすぎである。だいたい、幡生駅の小さな駅舎を出ると下関総合車両所のほかに目につくものがある。すぐ下り方に大きな道路があって、それが線路をまるごと跨いでいるのだ。

この大通りは山口県道２５８号線。かつて、山陽本線はいまとは違うルートを通っていた。いまの山陽新幹線とほぼ同じルートで新下関駅（当時は長門一ノ宮駅）から南下し、中国自動車道の下関ＩＣあたりで西に進路を変えていた。そのとき通っていたのが、いまの県道２５８号線にあたる。

廃線跡というには大げさに過ぎるかもしれないが、１９０１年から１９２８年までの約27年間はいまの県道の位置に線路があり、幡生駅もそちらに建っていた。

駅舎がどちらにあったのかはわからないが、おそらく南に面していたのだろう。県道を渡った先には昭和の面影を残す小さな市街地が広がっている。住宅もあれば商店もあれば、奥に行けばお寺もある。このお寺の門前町だったのかもしれない。

幡生の町は、下関総合車両所の存在感があまりに強い。おかげで〝鉄道の町〟であると思い込んでいるが、必ずしもそれだけではない。車両所は１９３１年に移転してきた下関工場がルーツだから、それ以前からあった小さな町を歩く。それでようやく、幡生駅にやってきたということになる。

こちらが幡生駅の町の本当の姿?

リニューアル後の下関駅は小さくなった?

125 下関

山陽鉄道の終点は航路接続、大陸進出の拠点都市

読み／しものせき
所在地／山口県下関市
開業年月日／1901（明治34）年5月27日
構造／3面6線
神戸駅から528.1km

船に乗って海の向こうへ

山陽本線はどこからどこまで走っている路線なのか。これは単に起点と終点はどこかというだけの問題ではない、深い問題だと思っている。

いやいや、わかりきっていることを聞くなと言われそうだ。確かに、どんな資料を見ても起点は神戸駅で終点は門司駅である。それは文句の付けようのない事実だ。だからここからの問題はいくらか哲学的にもなるのだが、この本の最初の方でも書いたとおり、山陽鉄道が最初にこの路線を開通させたときには起点は神戸駅ではなく兵庫駅だった。これはほどなく神戸駅まで延伸されたが、山陽本線のルーツを私鉄の山陽鉄道であるとするならば、その起点を兵庫駅に置くというのもあながち間違った考え方ではないと思う。

そして終点である。こちらのほうが難しい。山陽鉄道は、現在の下関駅、当時の馬関駅まで鉄路を開いた。1888年に兵庫〜明石間で開通したのを皮切りに、実に13年後の1901年に馬関駅まで線路が到達（翌年に下関駅に改称）。これをもって神戸〜下関間が鉄道で結ばれたことになり、いちおうの山陽本線の開通を見た。

1901年には関門航路も開かれている。下関から関門海峡を通って門司港へ向かう航路で、当初から下関駅で鉄道と接続した鉄道連絡船であった。開設したのも山陽鉄道で、1906年に山陽鉄道が国有化されると関門連絡船も国有化。つまり、この航路を含めて事実上の山陽本線が確立されていたといっていい（なお、下関到達以前には山陽鉄道が徳山港～下関港～門司港間の航路を運営していた）。

鉄道と関門連絡船が接続していた時代は、駅の場所はいまとは異なるところにあった。

いまの下関駅は彦島にむけて突き出た埋め立て地に設けられている。しかし、かつての山陽本線は国道191号と交差する手前で東にカーブし、海に面して駅があった。そのまま桟橋に通じて船に乗り換えて門司港に向かう、というあんばいである。

1942年に関門トンネルが開通すると駅舎は現在地に移転し、1964年に関門航路そのものが廃止されると旧駅の跡地は再開発され、沖合への埋め立ても進んでいまは痕跡すら見られない。

旅の終わりはステーションホテルで

山陽本線が下関まで達し、関門航路が開設されたことは下関駅が我が国の鉄道ネットワークの上で実に重要な立場を得たということである。そのため、というだけではないだろうが、下関駅はいくつもの鉄道史に名を残すできごとの舞台になっている。

ひとつは、貨車航走。貨物を船に積み替えるのではなくて、船の上に線路を敷いて貨車をそのまま積み込む方式で、青函連絡船などでも用いられた一般的なスタイルだ。これが初めて実用化されたのが関門連絡船であり、下関駅であった。

関門航路接続時代の駅舎跡や港は再開発で姿を変えた

もうひとつは、ステーションホテルだ。いまや駅直結の、すなわち駅ビルの中にホテルがあるのは当たり前になっているが、その最初が下関駅である。1902年、山陽鉄道が山陽ホテルの営業を開始した。下関駅は関門連絡船を介して九州の旅の起点にもなっていたから、その旅を控えて一休みするお客がいたのだろうか。

ほかにもある。大きなところでは、1912年に運転が開始された日本で初めての特別急行列車の終点は下関駅であった。その後、1929年に特別急行列車が「富士」「桜」と命名されるが、そのときももちろん終点は下関駅。関門連絡船を介さなければ先に鉄路が通じていないのだから当たり前といえば当たり前だが、そうした本州の鉄道ネットワークの終点であることは間違いなかったのである。

とりわけ下関駅は中国大陸に近いターミナルだ。実際に1905年からは朝鮮半島の釜山に向かう関釜連絡線も運航を開始しており、大陸にいくなら下関からという人は多かった。大陸への進出を進めていった戦前の日本において、その玄関口でもあった下関駅の比重はいまでは想像がつかないほどに大きかったのである。

だが、1942年に関門トンネルが開通するとすっかりそうした下関駅の担ってきた役割は失われてしまった。さらに戦争に負けて大陸から撤退することになると、関釜航路も役割を終えてますます下関駅の立場は低下する。そうして、時代が下ったいまでは下関駅は単に本州最西端のターミナルに過ぎない。

それでも下関駅は人口約25万人、山口県では最大の都市だ。全国の水揚げの80%を占めるふぐや捕鯨などが有名で、造船業などの工業も盛んだ。古くは平家が滅亡した壇ノ浦の戦い、宮本武蔵と佐々木小次郎が雌雄を決した巌流島などがあり、

ペデストリアンデッキに直結する新駅舎

観光都市としても名が知られる。

そうした町のターミナルらしく、下関駅の駅前には大きなペデストリアンデッキが広がっていて商業施設の入った駅ビルも建ち、周囲にはいくつも大きなビルが取り囲むような都会的な雰囲気が強い。

山口県内ではこれまでもいくつかの都市のターミナルを経てきたが、そのどれよりも都会的といっていい。もちろん、行き交う人も老若男女さまざまで、賑わいに溢れた駅前風景である。

ホームは高架の島式3面6線で、寝台列車などが走っていた時代の名残でとてつもなく長い。西側には海も見えるが、むしろ長いホームに長距離列車全盛期の面影が感じられる。

現在の下関駅舎は2014年に完成した新しいものだ。もともとは1942年に完成した三角屋根の古い駅舎を使っていたが、2006年に放火で焼失。現在の駅舎に建て替えられた。現在の駅舎も正面に三角形のステンドグラスがしつらえられて、旧駅舎を踏襲したデザインになっている。

駅ビルには商業施設も入る門司駅舎

関門トンネルを通れば鹿児島本線に合流して旅のおわりへ

126

門司

読み／もじ
所在地／北九州市門司区
開業年月日／1891（明治24）年4月1日
構造／3面6線
神戸駅から534・4㎞

海の向こうは交流の島

下関駅を最後に、ＪＲ西日本の旅は終わって最後のひと駅はＪＲ九州の旅になる。が、

ＪＲ各社間の境界をことさらに意識する必要はないだろう。もちろんいろいろシステムが違ったりＩＣカードを跨いで使うことができないなどの問題はあるので、否が応でも意識させられてしまう。だが、線路は繋がっているのだから、お客の立場としては普通に乗っていればそれだけでいいのだ。

などとトンネルの中で考えていたら、あっという間に九州に渡った。１９４２年という戦争真っ只中の時代に開通した関門トンネルを抜けたのだ。車窓からはまぶしい太陽の光が飛び込んでくる。さすが九州、日差しが強い。ま、下関とほとんど変わらないんですけどね。

九州に入ってほどなく山陽本線の終点、門司駅に着く。門司駅は鹿児島本線の駅でもあり、実際的には単に山陽本線が鹿児島本線に乗り入れてくるだけの途中駅に過ぎない。それは歴史的にもそうだ。

門司駅の開業は１８９１年。下関駅よりもだいぶ古いが、山陽本線とはまったく違う歴史を刻んでいるからとうぜんのことだ。開業当時の駅名は「大里」

といった。当時はいまの門司港駅が門司駅だったのだ。

１９４２年に関門トンネルが開通すると、それにあわせて門司駅に改称（旧門司駅が門司港駅になった）。関門トンネルのおかげで九州の玄関口になったのだから、知名度の低い大里駅ではなくて門司駅のほうがふさわしいとなったのだろう。

玄関口とはいえ、門司駅からすべての列車がそのまま小倉駅まで乗り入れる。中には小倉駅から先、鹿児島本線や日豊本線に乗り入れていく列車もあるから、関門トンネルを渡る列車は事実上すべて九州内のネットワークに組み込まれているといっていい。

山陽本線はずっと直流電化で走ってきたが、九州の電化路線はほとんどが交流電化。だから門司駅構内にデッドセクションがある（なので車内の照明が一瞬消えるが、それにびっくりしたら周囲の目が気になるかもしれない）。１１５系のような直流電車は使えないので、４１５系という交直流電車が活躍する区間だ。

このように、あらゆるところにおいて門司駅は山陽本線においては異質な存在である。終着駅がそんな異質な存在でいいのか、とすら思う。だったら、最初から下関駅が終着でいいじゃないか。そう考えると、また下関駅の項で考えたような〝終着駅はどこなんだ〟という疑問に思いを巡らすことになる。

それでも終着駅は終着駅。門司駅の外に出てみよう。２００４年に完成した大きな橋上駅舎で、南側に広場がある。その先には九州の道路交通の大動脈・国道3号。人通りもクルマ通りも実に多くて、大ターミナルの小倉駅をお隣に控える大都市・北九州市の一部であることを実感する。

駅の北側は、九州で最初のビール工場だった旧サッポロビール醸造棟をはじめとする赤煉瓦の町が観光スポットとして控え、その向こうには関門海峡

門司駅北側はすぐに関門海峡。向こうに見えるのは下関の町だ

が見える。

関門海峡には大きな船も小さな船も盛んに行き交い、つい数十分前までそちらにいたはずの下関の市街地も間近に望む。夏の日差しに照らされながら、海を眺めてこの長旅も終わりである。

はじまりは神戸駅という神戸市内では三ノ宮駅よりも小さいターミナルで、おわりは小倉駅というターミナルのお隣の小さな駅。はじまりとおわりは微妙だが、まあそれでもいいではないか。小さな駅で終わる旅だからこそ、次なる旅への欲望がかきたてられるのだから。

山陽本線歴史年表

西暦（和暦）	月日	出来事
1888（明治21）年	11月1日	山陽鉄道により兵庫～明石間が開業
	12月23日	明石～姫路間が延伸開業
1889（明治22）年	9月1日	神戸～兵庫間が延伸開業。神戸駅で官営鉄道（のちの東海道本線）と接続
	11月11日	姫路～竜野仮停車場間が延伸開業
1890（明治23）年	7月8日	貨物支線の兵庫～和田崎町（現・和田岬）間が開業。のちの和田岬線
	7月10日	竜野仮停車場～有年間が延伸開業
	12月1日	有年～三石仮停車場間が延伸開業
1891（明治24）年	3月8日	三石仮停車場～岡山間が延伸開業
	4月25日	岡山～倉敷間が延伸開業
	7月14日	倉敷～笠岡間が延伸開業
	9月11日	笠岡～福山間が延伸開業
	11月3日	福山～尾道間が延伸開業
1892（明治25）年	7月20日	尾道～三原（現・糸崎）間が延伸開業
1894（明治27）年	6月10日	三原（現・糸崎）～広島間が延伸開業。三原駅を糸崎駅に改称
1897（明治30）年	9月25日	広島～徳山間が延伸開業
1898（明治31）年	3月17日	徳山～三田尻（現・防府）間が延伸開業
1899（明治32）年	5月25日	官設鉄道京都～三田尻（現・防府）間に日本で初めて食堂車連結列車の運行を開始

1900（明治33）年	12月3日	三田尻（現・防府）～厚狭間が延伸開業
1901（明治34）年	5月27日	厚狭～馬関（現・下関）間が延伸開業
1906（明治39）年	12月1日	山陽鉄道が国有化
1909（明治42）年	10月12日	線路名称制定により山陽本線と称する
1912（明治45）年	6月15日	新橋～下関間に日本で初めての特別急行列車1・2列車が運行を開始
1929（昭和4）年	9月15日	特別急行列車1・2列車に「富士」、3・4列車に「櫻」の愛称がつけられる
1934（昭和9）年	12月1日	麻里布（現・岩国）～周防高森～櫛ケ浜間が全線開業し、山陽本線に編入。麻里布～柳井～櫛ケ浜間を柳井線として分離
1942（昭和17）年	7月1日	関門トンネルが開通し、貨物専用線として下関～門司間が開業。山陽本線全通
	11月15日	関門トンネルを含む下関～門司間の旅客営業を開始
1944（昭和19）年	4月1日	決戦非常措置要綱に基づいて特急・急行列車を廃止
	10月11日	岩田～光間を最後に全線の複線化が完了。柳井線を山陽本線に編入し、岩国～周防高森～櫛ケ浜間を岩徳線として分離
1953（昭和28）年	3月15日	京都～博多間の特急「かもめ」運転開始。9年ぶりとなる山陽本線特急の復活
1956（昭和31）年	11月19日	東京～博多間の特急「あさかぜ」運転開始。ブルートレインの先駆け
1964（昭和39）年	7月25日	横川～小郡（現・新山口）間を最後に全線の電化が完成
1972（昭和47）年	3月15日	山陽新幹線新大阪～岡山間が開業
1975（昭和50）年	3月10日	山陽新幹線岡山～博多間が開業
1987（昭和62）年	4月1日	国鉄分割民営化。神戸～下関間がJR西日本、下関～門司間がJR九州に移管される
1988（昭和63）年	3月13日	大阪～神戸～姫路間に「JR神戸線」の愛称を使用開始
2009（平成21）年	3月13日	特急「はやぶさ」「富士」が廃止され、倉敷以西の定期優等列車が消滅

著者プロフィール

鼠入昌史

1981年東京都生まれ。週刊誌・月刊誌などにあらゆるジャンルの記事を書き散らしつつ、鉄道関係の取材・執筆も継続的に行っている。阪神タイガースファンだが好きな私鉄は西武鉄道。好きな車両は乗り心地がいいというだけの理由でJR東日本E233系。著書に『特急・急行 トレインマーク図鑑』(双葉社)、『終着駅巡礼』(イカロス出版)など。

降りて、見て、歩いて、調べた

山陽本線126駅

2021年12月5日発行

著者 ―――――――― 鼠入昌史
編集 ―――――――― 大野達也
表紙デザイン ――――― 木澤誠二(イカロス出版)
本文デザイン ――――― 木澤誠二(イカロス出版)
発行人 ――――――― 山手彰弘
発行所 ――――――― イカロス出版株式会社

〒162-8616
東京都新宿区市谷本村町2-3
[TEL] 03-3267-2831(編集部)
03-3267-2766(販売部)
03-3267-2716(広告部)
[E-Mail] jmilitary@ikaros.co.jp

印刷 ―――――――― 図書印刷株式会社